〈方法〉としての思想史

安丸良夫

法蔵館文庫

本書は一九九六年五月二五日、校倉書房より刊行された。

目次

〈方法〉としての思想史

はしがき

1

日本史を専攻する専門課程の学生となったころから、私は思想史をやりたかった。日本思想史の研究とは、私の独りよがりの願望からは、人はどのように生きたらよいのか、人間が生きることにはどのような意味があるのかというような茫漠とした人生論的問いの形を変えたもののはずで、私はもともとそうしたとらえどころのない問いをかかえて学生生活をはじめたのであった。こんな漠然とした問いで具体的な研究をはじめうるはずもないが、さらに具合の悪いことには、そのころの私が所属することとなった勉学環境のもとでは、日本思想史を専門にしている先輩や友人は皆無といってよく、予備知識のない私は、どのような問題意識や方法論や対象設定でやってゆけばよいのか、まったく見当がつかなかった。途方に暮れた私は、卒業論文ではそのころもっとも活発な研究領域のひとつだった幕末政治史をとりあげることとし、それをいくらか思想史風に味付けしてすませた。

私が京都大学文学部へ入学したのは一九五三年のことであるが、そのころは戦後の学生運動の高揚期のひとつにあたっており、マルクス主義は広範な学生に圧倒的な影響力をもっていた。いまとなってみれば、あの人も?と思いがけないような人で、そのころマルクス主義的学生運動の影響下にあった人（リーダーだった人も）は、無数にいるといってよい。そのころの私も、マルクス主義が私たちの生きる世界の全体をとらえることにおいてある根源的な説得性をもっているらしいと感じたけれども、他方でまた学生運動で通用している言説のパターンや、固苦しい土台―上部構造論については、なにほどかの違和感をもっていた（本書第Ⅰ部一「日本マルクス主義と歴史学」の主題は、さかのぼると、この違和感に由来するといってもよかろう）。

しかし、他の学問分野はともかく、日本史研究にかんする限り、講座派マルクス主義はその時代に圧倒的に有力な歴史理論だったから、日本思想史研究がその枠組のなかで位置と意味とを与えられると、魅力の乏しい小さな添物になりやすいのであった。一方でマルクス主義的な世界把握の真理性を承認しながら、他方で乾涸びた土台―上部構造論をぬけだして、日本思想史研究に固有の位置と意味とを見出そうとすれば、どのような問題意識と方法を設定すればよいのだろうか。

　こうした問いにとらわれていた私にとって、そのころべつのモデルとなりそうな思想研究の二つの流れがあった。いうまでもなく、丸山真男氏とその学派、そして鶴見俊輔氏らによる『思想の科学』系の研究と運動である。私は、学部学生のころは主として鶴見氏と『思想の科学』に関心をもち、大学院に進学したころからは丸山氏の著作から影響をうけた。戦後のはじめ十年間ほどを正統派マルクス主義の権威と影響力のもっとも大きかった時期とすれば、スターリン批判をはさんで、時代はひとつの曲り角にあり、正統派マルクス主義と雁行しながらも近代主義的知識人の影響力が大きくなった時期に当っていた。だから、当時の私は、戦後日本のこうした精神史の一端にいたというだけのことになるが、私は一方でマルクス主義的な全体性認識の優位性で丸山氏や鶴見氏を批判したいと思いながら、他方で公式的なマルクス主義にたいしては、丸山氏や鶴見氏、また竹内好氏や久野収氏などの批判を対置してみていた。もとよりこれはどっちつかずの立場で、私はいつも他人の言葉でしか考えることのできない、自信のない状況を免れることができなかったのである。

　丸山氏の方法的立場は、マルクス主義の用語法でいえば土台にあたる領域では講座派マルクス主義の研究成果をいちおう承認しながら、そうした土台とはいったん区別された

「思想構造乃至心理的基盤」、「思惟様式」に独自の分析次元を設定するものであり、『日本政治思想史研究』（一九五二年、東京大学出版会）と『現代政治の思想と行動』（一九五七年、未来社）には、対象の性格がまったく異なるにもかかわらず、一貫した方法的自覚が貫かれているといえる。そして、思想史研究に独自の分析の次元を確保することで内在的で掘りさげた探求が可能になるのだということこそ、丸山氏がその実作で私たちに証明してみせたことであった。そのような意味では、今日の私でさえ丸山氏の大きな影響力の末流につらなるといえるのだが、しかし丸山氏は、独自に確保された分析の次元を再度「土台」にかかわらせようとはしなかった。現代歴史学風にいえば、社会史とのかかわりをほとんど欠いた抽象的次元に丸山氏はその研究の論理次元をおき、それをまた今日ではやはり抽象的に屹立しているかに見える近代的思惟や近代的人格の主体性という「視座構造」からとらえかえしたのであった。

いまからふり返ると、G・ルカーチやフランクフルト学派にはじまる西欧マルクス主義の系譜が、そのころの私の問題関心にずっと近かったといえるかもしれないし、事実、その後の私はこうした思想系譜から大きな影響をうけた。H・ルフェーブルやL・ゴルドマンの諸著作、F・ボルケナウ『封建的世界像から近代的世界像へ』（水田洋他訳、一九五九年、みすず書房）などはなかなか面白かったし、ルカーチ『歴史と階級意識』とK・マンハイム『イデオロギーとユートピア』（二著とも複数の邦訳がある）はくり返して読んだ。梯明秀氏の哲学的著作や梅本克己氏らの主体性論には学生時代から関心をもっていたし、高島善哉氏の社会思想史の構想をモデルにして日本思想史を構想してみようと思いたったこともあった。

またある時期には、J・P・サルトルの『弁証法的理性批判』（竹内芳郎他訳、一九六二〜七三年、人文書院）が私のバイブルだった。覚醒剤のチューブをむさぼりながら、「まるでペンが追いつけない観念に喰いつかれたみたいに、原稿用紙に書き飛し」た（S・ボーボワール）というこの著作は、あまりに難解で推敲も十分でなかったけれども、しかし、スターリン批判やハンガリー動乱（ともに一九五六年）につづく日々に、サルトルは自分の健康と引きかえになにかある根本的なものを探索しようとして苦闘していたのであり、その気持はとてもよくわかる、と思った。後年、サルトルはこの著作について、「抒情的とも哲学的とも呼びうるような書物」と回想しているとのことだが、その頃の私にはその抒情的ともいえる（？）難解さが自分の内面にあるモヤ〳〵としたものと波長があっていて気分がよかったのである。肉体的にも精神的にももっとも困難な状況にあった頃に、『方法の問題』（平井啓之訳、一九六二年、人文書院）一冊を道連れに孤独な旅をしたこともある。のちに私は、『日本の近代化と民衆思想』第二篇に当る論稿を書くとき、『弁証法的理性批判』にヒントを求めたけれども、それはこの書物の内容からすれば、いずれにしろ一知半解のことだった。そして、一知半解という点では、さまざまの学問や思想についての私の読書は、いつもそのように皮相的なものだったが、ただ、難解な翻訳書を前にして、オレはこれまで自分のなかでとらえかねて苦しんでいた問題についていまなにか新しい洞察を得ようとしているのだぞという感覚をもつのが好きだった、とはいえるかもしれない。

しかし、あまりに私的な感慨はこれくらいにして、その頃の私のなかにあった問題を、戦後日本の学問史・思想史のもうすこし広い文脈のなかに置きなおしてみよう。

2

いちがいにはいえないことかもしれないが、明治大正期の日本の知識人は、日本は欧米に比較してすこし遅れており、克服されるべき欠陥をもってはいるが、基本的には欧米とおなじ方向に向かっている近代の文明国だと考える傾向があった。彼らはたいがい国民主義的な近代派であり、この立場からは江戸時代は近世、明治維新は革命であった。これにたいして、一九三〇年前後に体系化された講座派マルクス主義は、近代日本に焦点をおいて、日本社会の特徴をその前近代性との結びつきによって説明した。丸山氏らの学説も、こうした講座派マルクス主義をふまえて構成されており、たとえば日独のファシズムは、ドイツのばあいの「強い精神」と「能動的ニヒリズム」、日本のばあいの「弱い精神」と「矮小性」などとして、類型的に異なるものとされた。前近代対近代、民主主義革命と近代的個人の主体性確立による前近代的・封建的なものの克服というのは、戦後民主主義の時代にふさわしい見取図で、明快な説得性があった。しかしこうした説明原理は、近代日本を近代というものそのもののひとつのあり方として説明する視角に乏しく、その点でおそらく啓蒙主義的な単純化であった。そのため、やがて日本経済の高度成長という思いがけない現実の方が圧倒的なリアリティをもってくると、こうした説明原理は説得力を喪失した。高度成長という現実に焦点をおいた説明原理は、日本社会の特徴をその後進性にではなく文化類型に求めて、高度成長を支えているのはそうした広い意味での文化だとされるようになり、日本の伝統への再評価の気運が高まった。

歴史意識を日本社会の自己意識の重要な内実と考えれば、この自己意識に右のような転換がおこった画期として、一九六〇年が重要である。六〇年安保闘争と池田内閣の登場、「所得倍増計画」と近代化論の登場などという一連の事態は、今日から顧みていえば、戦後思想における啓蒙的近代の主張からその思想的よりどころを奪うもののようにその頃の私には見えていたのであり、そのことが私を不安にしていた。拙稿「日本の近代化についての帝国主義的歴史観」（本書第Ⅱ部十二）は、この不安と焦燥のなかから生まれたもので、私は、近代化論による批判に十分に対抗しうるような「理論構築」の必要を訴え、「民衆の日常感覚」から離れたところで営まれている歴史研究の状況を批判することで論を結んでいる。この小論は、第一回近世史サマー・セミナーにおける口頭発表を原稿化したものであるが、当時の私の気持からすると、このような議論で近代化論を論破しようというよりは、右にのべたように、歴史学界の状況への批判と方法論的再検討への問題提起の方に重点があったように思う。そして、この小論の後半部でまだたどたどしく窮屈な形で論じられているような問題が、その後の私の主要な関心対象になったともいえる。この小論は、すでに三十年以上も以前の若書きで、いま読み返して赤面してしまうような幼い表現や再考すべきところも少なくないが、私の歴史観の形成の大きなきっかけとなったものなので、逃げ隠れしたくないという気持から、敢えて原型のまま本書に収めた。また、本書第Ⅱ部十三「反動イデオロギーの現段階」も、現在の私の気持からすると、イデオロギー批判が優越しすぎていて拙劣だという印象があるが、右の小論の続篇というほどの意味で本書に収めた。

一九三〇年前後に体系化された講座派歴史学は、十五年戦争期に対象に沈潜した研究がすすんで深められ、それが敗戦直後にいくつかの輝かしい業績となって大きな影響力をもつようになった。石母田正、遠山茂樹、井上清などの諸氏のいくつかの著作は、丸山氏や大塚久雄氏などの著作とともに、戦後日本の社会科学を代表する労作で、広い意味での歴史研究は、私たちの世代の知的な若者に人気のあるリーディング・サイエンスといってよかった。もっとも、論壇や思想界全体の潮流のなかでは、正統派マルクス主義の影響力は、五〇年代にはいると大きく損なわれた。五〇年代はむしろ近代主義諸理論の最盛期で、近代日本を対象とする丸山学派の研究は、五〇年代なかばのきわめて短い期間に体系化された。しかし、論壇や思想界全体の動向から眼を転じて、日本史研究の状況だけを見ると、日本共産党の政治路線上の混迷やスターリン批判などの影響をうけて、一時的な後退はあったものの、五〇年代なかば以降もなお講座派マルクス主義が圧倒的に有力な歴史理論として君臨していた。日本史の学界だけが、当時の学問・思想状況のなかでやや特殊だったのは、ひとつには、戦後の歴史研究のなかで発掘されてその後の研究内容を豊饒にした史料上の根拠である地方文書が、さしあたっては土台―上部構造論的な分析になじみやすかったという事情があったのかもしれない。しかしまた、六全協とスターリン批判以降、マルクスやエンゲルスの著作を精密に読みなおすという潮流があって、マルクス主義の理論に新鮮な発展が見られた、という状況にも由来するのであろう。

私のばあいは、例の主観的な拾い読みにすぎないとはいえ、実際、自分で読んでみると、

『資本論』も『ドイツ・イデオロギー』や『経済学・哲学草稿』も本当に興味深い内容で、私は自分の思想史研究の方法論的なヒントのいくつかをこれらの著作から借用した。こうしたマルクス・ルネッサンスは、今日では私たちのような旧世代の昔語りに属するにすぎないように見えるかもしれないが、それでもやはり戦後日本の精神史の大切な一齣なのだと思う。その頃の私たちには、「古典を読む」という言葉があったが、それはマルクスとエンゲルスとレーニンの著作を読むことを意味していた。古典といっても、カントやヘーゲルでもなく、ウェーバーやデュルケームでもなく、ましてやベルンシュタインやトロツキーでもなかったことには、私たちの井蛙の見がよくあらわれているが、『資本論』を毎夜の枕頭の書としているような先輩もいて、そうした研鑽のなかから、のちに芝原拓自『所有と生産様式の歴史理論』(一九七二年、青木書店)、中村哲『奴隷制・農奴制の理論』(一九七七年、東京大学出版会)、原秀三郎『日本古代国家史研究』別篇(一九八〇年、東京大学出版会)などがまとめられた。

右には、私個人のごく親しい先輩・友人の著作をあげてみたが、さらに小谷汪之氏のいくつかの歴史理論的著作や広松渉氏・良知力氏などの研究や宇野理論なども視野に入れれば、マルクス主義理論の視圏はさらに大きく拡大されることになる。新左翼的な学生運動の展開がマルクス主義古典の多様な読み込みと結びつきえたことも見逃せない。しかしまた他方で、六〇年代には、『共同幻想論』(一九六八年、河出書房)をはじめとする吉本隆明氏の華々しい活躍があったが、この時期の吉本氏の活躍もまた右のような潮流のひとつの先端として理解すべきものであろう。吉本氏のばあい、マルクスの方法をひとまず前提におきながら、マルクスがあまり具体的には展開しなかった「幻想過程」を、そこに内在する論理にそって把握することが目ざされており、それは私にとってとてもよく理解できる問題設定のように思われた。そのため、一時期の私も吉本氏の著作を好んで読んだが、私よりも若い世代への影響はずっと大きく、いまでも研究会の席上などで吉本氏のことが話題になるばあいがある。いうまでもないことだが、この世代の人びとにとって、吉本体験と新左翼運動体験とは深く結びついており、そこに正統派マルクス主義の影響力の強い日本史の学界状況とのズレがあったのである。しかし、日本史の方でも、一九七五年の『大系日本国家史』（東京大学出版会）あたりを最後に、マルクス主義の立場からの新しい理論的展開は、すっかり頭打ちになったのではなかろうか。それにかわってということではないが、私たちの世代の研究者であれば、自治体史の編纂などに従事して職人芸を発揮し、すこしゆたかになる道がひらかれていたし、大学などの職場で忙しくなるという事情もあった。思想界の大きな流れとしては、七〇年代なかばの構造主義革命が戦後進歩主義の足元をすくうこととなった。

3

大雑把な状況論としては、戦後民主主義を支えた正統派マルクス主義と近代主義諸理論は、六〇年代には急進化する学生運動と近代化論の台頭に挟撃されて、その影響力を失いつつあったといえよう。こうした状況のなかで自分を見失わずに批判的な立場を確保しようとすれば、戦後の進歩派の思想の問題提起をうけとめながら、しかしその革袋を内側から食い破って新しい地平へ出なければならない。しだいに複雑化してくるように見える全体状況のなかで、どこで私たちは陥穽にはまりこんだのか、なにをどのように論ずれば新しい地平に出られるのだろうか。正統派マルクス主義と近代主義諸理論が見逃していたのはどのような問題であり、どんな問題をどうとりあげることで状況に屹立した自分の立場を構築できるのだろうか。変貌する時代状況のなかに、いったい私たちはなにを読みとるべきなのか。——当時の私たちが直面していたのは、そのような問題状況だったといえようか。そして「民衆思想史」研究とは、今日から顧みて、歴史学のなかで手探りするようにしてすすめられた、こうした探求のひとつだったといってもよかろう。

戦後に民衆の意識ないし思想に注目した歴史的研究の先蹤としては、村上重良氏の『近代民衆宗教史の研究』（一九五八年、法藏館）や『幕末国学の展開』（一九六三年、塙書房）にまとめられた芳賀登氏の草莽国学の研究があり、家永三郎『日本道徳思想史』（一九五四年、岩波書店）などもあげるべきかもしれない。しかし、ひとつの新しい研究潮流としての「民衆思想史」研究は、色川大吉氏の二論文、「困民党と自由党――武相困民党をめぐって――」（『歴史学研究』二四七号、一九六〇年）と「自由民権運動の地下水を汲むもの――北村透谷と石坂公歴――」（同誌二五九号、一九六一年）にはじまる、といい切ってもよかろう。戦後日本の大きな分水嶺にあたる一九六〇年と六一年とにこの二論文が発表されたことには、時代状況を象徴するほどの大きな意味があり、この二論文によって色川氏は、それまでは氏自身がその一隅に属していた講座派歴史学から自立したといえる。まもなく右の「地下水」論文を中心にして黄河書房版『明治精神史』（一九六四年）が上梓され、『近代国家の出発』（一九六六年、中央公論社）、『明治の文化』（一九七〇年、岩波書店）、『新編明治精神史』（一九七三年、中央公論社）などがあいついで世に問われた。

「民衆思想史」研究と名づけうるひとまとまりの研究潮流がもし存在していたとするなら、それは色川氏が切り拓き、鹿野政直氏、ひろた・まさき氏、私などをまきこみ、命名も色川氏がして、色川氏がある形象化をはかったという色合いがつよい。色川氏の研究の基盤には、三多摩地方を中心とする地域史研究の発展があるが、こうした地域史研究の発展にもまた色川氏の刺激や指導性が大きかったのであろう。色川氏には、近代主義的なところと土着派的なところが併存していたり、歴史研究者としての活動のほかに、市民運動家や旅行家としての側面もあって、一人の人間としての色川氏には一筋縄では計れない複雑さがあるが、時代状況と向きあいながら、講座派歴史学と近代主義諸理論から自立しようとしていたという一点で、私なども共通していた。歴史学という自分が選んだ場である自立をはたさなければ、時代状況のどこかで陥穽にはまり、たちまち窒息してしまうだろう。

色川氏の研究は、地方文書を発掘して地域史に即して具体的な歴史像をつくりだしてゆくという点では、戦後歴史学の大きな流れにそっており、実証主義という歴史学の王道に叶っていた。しかし、実証主義的手法で発見されてゆく〝事実〟は、色川氏ならではの生彩にあふれた形象化をへており、そこには従来の歴史像の通念からはみだした思いがけないところ、驚くべき内容が充満していた。自由民権運動と武相困民党との「断絶＝雁行」・「分離＝敵対」の関係や、石坂公歴、秋山国三郎、須長漣造、千葉卓三郎の人生の軌跡などは、そのリアリティに富んだ形象化で私たちを驚嘆させ感銘させた。色川氏のこうした「民衆思想史」研究の発見的性格は、私の模索に大きな励ましとなったので、私はいくつかの機会に『明治精神史』その他の作品の方法論的な意味に触れた文章を書いた（本書第Ⅰ部二「方法規定としての思想史」、同三「『明治精神史』の構想力」、同五「思想史研究の立場」。本書には収録していないが、書評『明治精神史』(『東京経済大学人文自然科学論集』第八・九合併号、一九六五年))。

だが、『明治精神史』が世に問われた頃、私の方は「日本の近代化と民衆思想」(『日本史研究』七八・七九号、一九六五年、のちに同名の著書の第一章)を書きあげており、問題意識や方法における色川氏とのちがいにもすぐ気付いた。右にあげた『明治精神史』書評のなかで、私はたとえば、

明治十年代の日本の民衆は、豪農層を先頭に、広範な小生産者や半プロレタリアートなどの大群であろう。彼らは、一方ではもはや封建的小農民ではないが、他方では近代的ブルジョアジーでもプロレタリアートでもない過渡的な多様な諸階級といえよう。このような諸階級は、どのような思惟様式をもち、どのような思想形成の方向や可能性をもつものだろうか。民権運動は、このような諸階級のどのような自己表現なのだろうか。私には、近代的功利主義も市民的自由も、これら諸階級にはほど遠い、ほとんど無縁な思想と見えるのだが……。だが著者は、「市民的自由」に対比することをいそぎすぎるために、民衆の思想形成の方向をそれ自体として把握することができなかったように思える。

とのべているが、これはいわば社会的意識形態論とでもいうべき立場から構想されている「日本の近代化と民衆思想」を、『明治精神史』に対置したものにほかならない。右の引用部分にすぐつづいて、「著者のいう「真のかくされた動機」の研究を、著者が実際におこなっているよりはもうすこし客観的な方向で推進してみれば、さまざまの可能性が拓けるように思う」と、不遜な表現をしたうえで、『明治精神史』にも登場する「倹約勤勉」について、色川氏とはべつの方向で論ずる可能性があることを指摘したりもしている。色川氏は、「日本の近代化と民衆思想」の意義をいち早く認めてくれた人の一人だが、その後の色川氏は、右の拙稿を色川説のなかへ統合してひとつのまとまりをもった民衆思想史像をえがこうとした(たとえば、「天皇制イデオロギーと民衆意識」〈『歴史学研究』三四一号、一九六八年〉の方法論的部分や『明治の文化』の「V民衆意識の峰と谷」。前者についての私の批判は、本書第I部五「思想史研究の立場」にある)。

しかし、色川氏と私とでは、おなじく「民衆思想史」といっても、とりあつかっている対象や方法が歴史研究のなかで担っている論理次元がいちじるしく異なっており、短絡的に結びつけると付け焼き刃的な折衷説に陥る可能性が大きいと考える。のちに私は、色川氏らが発掘した史料を用いて、色川氏とはかなり異なる武相困民党像を画いてみた(「困民党の意識過程」、『思想』七二六号、一九八四年)。困民党と負債農民騒擾に限定していうと、その後のこの分野の研究は、モラル・エコノミー論などの影響もうけて色川説からも大きく変貌し、稲田雅洋『日本近代社会成立期の民衆運動』（一九九〇年、筑摩書房）や鶴巻孝雄『近代化と伝統的民衆世界』（一九九二年、東京大学出版会）などを生みだした。両著には教えられるところが大きく、画期的な労作だとは思うが、私とは見解を異にする点もある。こうした見解のちがいを考えるさいに、秩父事件の評価はひとつの試験台となると思われるが、この事件についての私の見解は、「民衆運動における「近代」」（深谷克己氏と私との共編『民衆運動』、一九八九年、岩波書店）でのべた。世直し一揆や負債農民騒擾は、近世的な共同性の崩壊過程に成立した新しい動向で、そこで新しくつくりだされてゆくものを、運動に内在する意識形態と行動様式の展開に即して具体的にとらえる努力をしなければならないのだと考える。

4

歴史家の仕事の本領は、具体的な対象と取りくむ現場の職人仕事にあり、方法論や歴史哲学について大仰に論ずるのはふさわしくないだろう。それに、こうした歴史家の仕事の性格上、歴史家の方法論には対象の性格に応じてつくりなおされてゆく側面があり、一般化した記述にはなじまないところもあると思う。しかし、私たちが自分の日ごろの勉強の中身をすこし吟味してみるとわかるように、歴史家の仕事にはかなり複雑な認識理論上の諸問題がふくまれており、鋭敏な方法意識をもつように努力することは、私たちの自己訓練として重要なことだと考える。私の方法論的立場は、やや一般化した形では、本書第Ⅰ部二「方法規定としての思想史」や同四「「民衆思想史」の立場」にその概要がのべられているが、ここでは粗笨なスケッチを試みてみよう。

私はまず史料のなかに私が見出して私自身が面白いと思った「事実」から出発する。研究史や既存の知識などはひとまず括弧にいれ、できるだけ先入見を排して、私がその時その場で素朴に面白いと思うということが、さしあたっては唯一の史料選択の基準である。百姓一揆は村単位に組織され、動員強制が行われること、そのさいの強制手段は打ちこわしか焼払いが多いこと、蜂起した農民が鎌や鍬などの得物をもつことも少なくないが、近世の一揆では竹槍はほとんど用いられないことなどは、そうした「事実」の事例である。近世と近代の民衆思想には私のいう「通俗道徳」型のものが多く、それはしばしば「心の哲学」とでもいうべきコスモロジーを伴っていたこと、このタイプの民衆思想には主体と客体との二元論は見られず、自然と人間との独特な統一が見られることなども、私の関心をひいた思想史上の「事実」である。歴史研究者としての私の作業は、こうした「事実」

をなるべく数多く集め、そうした「事実」が歴史の文脈のなかであるいはこのようなことを意味していたのであろうかと理解し解釈してゆくことにある。この作業は、「事実」を史料のなかに探るという意味では素朴に実証主義的なものではあるが、しかしまたどのような「事実」を選ぶかということも、その理解と解釈も、（歴史家としての私を介して）究極のところでは現代に生きる一人の人間としての私のものの見方に依存している。後者の意味では、私は過去の「事実」と対話して、そこから私のものの見方を問い返されているわけだ。

過去の「事実」と向きあうさいに、私が思想史研究をしているということには、若干のメリットがあるだろう。というのは、過去に生きた人びとがどのように意識したのかという思想史上の「事実」を再構成的にとらえようとする私の立場は、人びとの意識のありようを介して人びとの生をとらえようとするもので、そこにある程度までわかりやすい実証性を確保しうる可能性があるからである。もとより、過去の人びとの意識と今日の私たちのそれとはいちじるしく異なっており、私たちが無自覚のうちに先入見をもち込んで対象を安易に裁断する可能性はつねにある。しかし、こうした陥穽を避ける訓練を重ねることで、私たちには自分の研究対象に即したリアリティを確保しうる可能性が拓けている。私は人びとの意識とともに行動様式にも注目するが、このばあいもまったく同様のことがいえよう。超越的社会理論や研究史的知識による予断をはじめにもち込まないように用心して、いわば方法的無方法とでもいうべき立場をとり、そのことによってまず素朴な実証性を手にいれようと努力するわけである。

こうした探求の過程で、私たちは思いがけないような「事実」に出会うことがあるが、それはしばしば私たちの認識のための有力なチャンスとなる。私はさしあたり現代に生きる一人の人間としての通念をもって過去の「事実」に向きあうのだが、思いがけない「事実」は、私の平板な通念に修正を迫り、人間・歴史・社会を見る新しい眼をつくりだすように求めるからだ。実際、歴史にはこうした思いがけない「事実」が充満していて、こうした「事実」に驚くことは、私たちにとってとても意味深いことなのだ。ところが私たちの日常意識は、こうした「事実」を今日的通念のなかへ塗りこめて、歴史というものを抵抗と緊張を欠いた平板な現実意識のなかへ閉じ込めてしまう。歴史家の仕事は、史料と「事実」に向きあう職人仕事でありながらも、原理の上では、たえず平板化してゆくこうした現実意識への異議申立である。

そのさい、いささか厄介な問題として、歴史上の「事実」とはなにか、史料は「事実」を記述しているのだろうか、仮に記述しているとしてもどのような意味で記述しているのだろうかなどという問題がある。たとえば百姓一揆の史料では、実際におこった一揆をかなり変形して伝えているばあいが少なくなく、佐倉宗五郎の伝承のように、宗五郎という歴史上の人物についてのたしかな史実はほとんどミニマムなぐらいに小さいばあいさえある。しかし、佐倉宗五郎伝説は、演劇化されたり講談になったりすることで百姓一揆についての典型的イメージを社会化する役割をはたし、このイメージによって一揆の戦術が練られたり、自由民権運動を鼓舞する民衆運動の伝統となったりした。このばあいは、歴史上に実在した宗五郎よりも独自に形象化された伝承の方が、歴史のなかに実在したはるかに重要な「事実」なのである。事実がフィクションかという分類は、こうしてかならずしも自明なわけではなく、「事実」にはテキストの表象を介してはじめて存在しはじめるという性格があり、これをつきつめると、表象こそが歴史家がとりあげうる唯一の歴史上の「事実」だということにもなる。「事実」とフィクションとのあいだにつくりだされてしまうこの不安定な曖昧さを避けて、テキストはテキストの構造に即して分析すればそれでよいのであって、私たちは歴史上の「事実」を求めることはできないとしたり、反対に、確実な「事実」を析出しうるような史料だけをとりあつかうように努めることで史料のフィクション性を回避しようとする考え方もありうるが、それらはもとより私の立場ではない。「事実」と表象との、この一見曖昧な関係は、人間や社会にかんする事柄はたいがい主観化・意味化を介して存在しているというより根源的な事態に由来しており、本当は少しも不思議なことではないだろう。意味的なもの、いいかえれば人びとの体験の主観的表象を通して、そこに広範な人びとのものである歴史の形成力を発見し、そこに視点を据えて、既成化してゆく歴史像をすこしずつつくり変えてゆくことが、歴史家としての私の認識目標となる。

こうした認識目標を、私はとりわけ「民衆思想史」研究を通じて実現しようとしてきた。しかし私は、権力の思想や知識人の思想の研究を排除してきたわけではなく、むしろ社会体系全体のなかで権力なり知識人なりだけが発展させうる知や感受性の次元があると考えている。実際問題としても、荻生徂徠、本居宣長、福沢諭吉のような大思想家の思想には、民衆思想には欠如している内容がゆたかに含まれているし、彼らの思想を研究することが「民衆思想史」研究に示唆するところも少なくない。しかし、「民衆思想史」研究には、広範な民衆の生のありようを介して歴史像を構成しようとする点で特別の重要性があり、私たちの歴史認識はこの契機を欠いては成立しえないと私は考えている。そのばあい、とりわけ思想ないし意識の意義を強調するのは、民衆を主体として、また可能性においてとらえようとしているからである。「民衆思想史」研究には、なにが民衆思想かという対象規定についての曖昧さがつきまとうし、それを体系的総合的に把握しうる史料は、事柄の性質上、欠如しているといってよい。だがそれだからといって、「民衆思想史」研究の手がかりになる史料はけっして乏しくない。ただ、私たちには史料利用上の工夫が必要であり、ゆたかな理解・解釈を支える構想力が欠かせないだけだ。

文献史料は、一般に制度や出来事にかかわって記録されるから、史料に即した実証主義の立場をとれば、制度や出来事についての個別的記述が歴史研究の内実となるだろう。これにたいして、制度や出来事も、根底的には広範な人びとの生活をふまえた社会的ダイナミズムによって規制されており、そこから生起したものだともいえるとすれば、史料には残されにくい次元がいっそう重要な関心事となるはずだともいえよう。私は、歴史学には全体性という概念が重要だと考えるが、それはいわば史料からは見えにくい次元も含めて歴史の全体性をダイナミックに見るための方法的概念である。私たちが実際に知りうることはむしろ狭く限定されているのだけれども、私たちは無自覚のうちにも個々の知見を全体性の光に照らしてとらえかえしているのであり、問題はそのことを自覚化し方法化することができるか否かにあるのであろう（サルトルなら、既成化されているものとしての全体性と区別して、「全体化作用」というだろう）。広範な人びとの生活やそこに生まれる社会的ダイナミズムといっても、なんの史料もなければ論じようがないけれども、制度や出来事についての史料にもある固有のあり方で生活的・社会的ダイナミズムが表現されているといえるし、民俗学その他の隣接の学問の成果を参照することもできる。歴史学のなかでも、最近では地主・村役人層の日記などが数多く発掘されて生活史的史料がゆたかになったし、最近の社会史的研究からも学ぶことができる。しかしそれでもやはり、こうした史料はかならず断片的なのであって、全体をとらえる構想力・理解力に支えられてはじめて史料が生かされうるのである。

こうした課題意識にたつと、民俗学、人類学、欧米の社会史的研究などは大きな示唆を与えうる隣接諸科学であり、あるばあいには哲学、精神医学、社会学などからもさまざまの示唆を得ることができよう。私たちは、自分の理解力・解釈力をゆたかにするために隣接の諸科学についてできるだけゆたかな知識をもっている方が都合がよいし、またこれら諸科学とのあいだに緊張感をもつことで自分の問題意識や方法を自分にふさわしく鍛えることができよう（ひとつの試みとして、拙著『近代天皇像の形成』〈一九九二年、岩波書店〉では、人類学や社会学と私の方法的立場との共通性や差異性について考えてみた）。しかしそれだからといって、私は特定の理論や学問的ディシプリンについて体系的理解や深い知識をもっているわけではないし、特定の理論を適用して研究をすすめてきたわけでもない。私はただ素朴に史料と「事実」に向きあい、その理解・解釈にさいして、この「事実」はあるいはこのような理論や観点からよりよく理解できるかもしれないなどと、一知半解の知識を思いおこして考えてみるというだけのことである。たとえば、G・ルフェーブル、E・

J・ホブズボーム、E・P・トムスンなどの社会史的研究や、M・フーコーのいくつかの著作からは大きな示唆をうけたけれども、しかしそれも自分の探求の過程でたまたま出会ったり思い出したりして、参考にしただけである。彼らの著作は、その具体的な内容によってというより、新しい問題に取り組んでいった強い意志によって私を励ましたところに、私にとってのより重要な意味があったといえるのかもしれない。

こうして私たちは、さまざまの理論や先行研究などを参考にすることができるけれども、結局のところは、歴史家としての私たち個々人の人間や社会を理解する能力に依拠して「事実」に向きあっているだけである。しかしそうはいっても、私たちはまったく無手勝流に「事実」と向きあっているわけではなく、歴史家としての特有の視座構造をもって「事実」に向きあっているのだと思う。そしてそのばあい、私は、歴史家とは、史料と「事実」とを特定の場における時代性とのかかわりで理解・解釈する立場を選んだ者のことだと考える。ここで特定の場における時代性というのは、基本的には、近世日本（江戸時代）とか近代日本のような比較的に大きな場と時間をさしているが、問題設定のいかんによっては、歴史家は広狭さまざまの場と時間とを戦略的に設定することができる。しかし、享保期や天保期とか、江戸市中や北関東などというような特定の時間と場も、近世日本というような大きな（特定の場における）時代性とかかわらせてとらえてゆくところに、歴史認識の特徴があるのではなかろうか。このことは、歴史家が人間や社会の認識について時代性という特殊な論理次元を選んでいることを意味しているが、それだからといって他の論理次元、たとえば社会学、人類学、心理学などが立脚している論理次元を排除しているわけではない。しかし、右にのべた意味での時代性という論理次元に立つことで特定の有意義な認識が可能だという公準を選んだ者が歴史家であり、他の公準を選んだ者が社会学者その他だということになろう。また、特定の村・家・個人などの個別性を重んじることは、歴史認識のリアリティを支えるうえで重要だし、歴史研究の目的は、結局のところ、個別の対象に即した生彩ある歴史記述を実現することにあるともいえるが、そのばあいでも歴史家の視座構造の大枠は右の意味での時代性をふまえたものだと、私は考える。東アジア世界のなかでの近世日本とか、近代的世界システムの一環としての近代日本とかが強調されるばあいでも、基本的視座構造についてはおなじようなことがいえよう。

さて歴史家としての私は、このような時代性を参照軸として、史料に即して人びとの意識・思想・行動様式などの「事実」を探り、それを理解し解釈しようとする。「通俗道徳」にしろ、百姓一揆の意識形態や行動様式にしろ、自由民権運動の運動論的把握にしろ、こうした立場から構想された意識形態や行動様式の分析である。この意識形態や行動様式は、本書第I部四「「民衆思想史」の立場」の末尾で、山之内靖氏の見解を借用してのべている「社会的意識諸形態」に当っており、私の思想史研究の方法論として重要な意味をもっている。この概念についての私の使用方法は、かなり実用主義的なもので、山之内氏のように厳密なものではないが、さかのぼればマルクスに、またルカーチ『歴史と階級意識』とマンハイム『イデオロギーとユートピア』に由来する。だが、この概念の重要性については、本書第I部二「方法規定としての思想史」には言及されておらず、そのためにこの論文から私の方法論を要約すると誤解を生じると思う。著者としては勝手な言い分であるが、右の論文でこの問題を省略しているのは行論の都合上のことにすぎないことを言い添えておきたい(河西英通「民衆思想史と「生活過程」概念」、『新しい歴史学のために』一九五号、における私への批判は、もっぱらこの点にのみかかわる問題である)。

だが、いうまでもないことではあるが、こうした方法意識をもっている歴史家としての私のさらに前提に、より根源的には現代に生きる一人の人間としての私がある。私たちはただそのようなものとして、いくつかのありうべき蓋然性のなかから、歴史家、あるいは大学の教師にして歴史研究者などという職業を選んでいるにすぎない。したがって私たちは、根源的には私たちの現実意識から歴史を解釈しているのであり、歴史とはそのような私たちの行う解釈の営みであって、歴史とは「疑わしい事実という果肉で包まれた解釈という堅い芯」(E・H・カー『歴史とは何か』)のことだといってもよいほどである。そして、一人の人間としての私たちの現実意識は、自己の内面性という柔らかくも堅くもある「芯」をもって、現実、つまりこの世界の全体性に向きあっているものとして形づくられている。こうして私たちの歴史認識は、(i)史料とそこから導きだされる歴史上の「事実」、(ii)私たちが生きる現実世界の全体性、(iii)(i)と(ii)に向きあっている私という個の内面性という三つの次元・契機をもっており、この三つの次元・契機をさまよいながらそこになんらかの脈絡や統合性を編みだそうとする個々の歴史家の努力として存在しているといえる。私自身は現代史の専門家でないにもかかわらず、現代日本についての舌足らずの発言をくり返してきたのは(本書第Ⅱ部)、(ii)の次元を見つめなおすことで(iii)の次元をも測りなおそうとしてのことにほかならない。

こうして、私たちの歴史認識とは、歴史家としての私たちの自意識が三つの異質な次元・契機をさまよいながら構成したフィクションだともいえるし、想像力が生みだした私たちの「物語り」だともいえることになろう。だがそれだからといって、この「物語り」は、単純な意味での恣意性の産物とはいえないだろう。私たちのこの「物語り」は、それぞれに固有の仕方で頑固な存在性をもった三つの次元・契機に依存しているのだから、歴史家としての私たちの自意識が構成する「物語り」は、三つの次元・契機によって「存在拘束的」であり、そのことを自覚化している限りで単なる恣意性を免れる道が拓かれているからである。そして三つの次元・契機はそれぞれに限りなく複雑で深いから、私たちは三つの次元・契機に引き裂かれるように牽引されながら、その歴史像をたえずつくり変えてゆくことになる。私たちの個の内面性も限りなく複雑で深いといえば誤解が生じかねないが、単純なのはたとえば私のような人間の自意識の方であって、個の内面性は誰でもやはり限りなく複雑で深いとしておいた方がよい。そしてそのことは、存在論的にも認識論的にも他の二つの次元・契機の複雑さ・深さと見合いになっているのであり、三つの次元・契機の根元的な相同性と異次元性とを自覚化することで、私たちは自分の歴史家としての営みに緊張と決断を付与してゆけるのではなかろうか。

5

日本思想史研究は、日本の歴史学界全体のなかでは周縁的でマイナーな領域であり、日本思想史研究のすぐれた先達には孤影飄然とでもいうべき趣の人が多い。孤影飄然がうまくいかなければ孤影悄然ということになるが、私自身はどこから眺めても後者の方である。しかし、そのような私にもさまざまな出会いがあり、多くの人たちから励ましと教えをうけて今日にいたった。本書に収めた文章も、すべてさまざまの機会にさまざまの人たちに勧められて書いた。本書所収の文章をまとめて読みなおしてみると、私自身には、三十年以上にわたっておなじような問題のまわりをぐるぐる廻っていただけだという印象がつよく、索漠とした思いにとりつかれるが、それはいまさら悔いても詮なきことであろう。さまざまの機会に心優しく励ましてくれた人たちに感謝する。

本書が、旧い自分を葬ってくれる墓標となればよいのだが、と思う。

本書に収めた文章は、三十年以上にもわたってさまざまな機会に書いたものなので、内容上も文章表現上も雑然としており、未熟な表現も少なくない。そうした内実のものをいまさら書き改めることは無意味だと考え、些細な技術的修正以外は手を加えないこととし、いまの私にはかならずしも適切とは思えない表現や赤面のほかないような表現も敢えて改めないこととした。しかし、発表時の事情をいくらかでも示唆するために、それぞれの文章のはじめに発表の場と年を記し、批評の対象となっている著作の主なものについても、発表年、出版社名、掲載誌名を（　）内に記した。また、節ごとの表題は本書収載にあたって付加したもの、〔追記〕とあるのも本書収載にあたってのものである。ただし、第Ⅱ部十二「日本の近代化についての帝国主義的歴史観」と同十三「反動イデオロギーの現段階」の節題は、発表時のものである。

本書がこのような形で日の目を見ることになったのは、ひとえに辛抱づよく出版を慫慂された校倉書房編集部の山田晃弘氏のおかげである。同氏の心暖かい励ましに感謝する。

第I部　方法への模索

一　日本マルクス主義と歴史学

〔『世界』四〇〇号、一九七九年〕

かつて三木清は、人間の意識の世界を、基礎経験―アントロポロギー（人間学）―イデオロギーという三層構造としてとらえようとした。ここで核心におかれているのは、いうまでもなく基礎経験であって、あらたな基礎経験とは、既存のロゴス（言葉）によっては救済されない「ひとつの闇」として出現し、あらたなアントロポロギーとあらたなイデオロギーの確立へと人間をつき動かしてゆく、人間と社会におけるより根源的な現実性のことだった。そして三木は、現代の基礎経験としての「無産者的基礎経験」について語り、マルクス主義をその理論化された「自己了解」＝あらたなイデオロギーとしてとらえようとした（「人間学のマルクス的形態」、『思想』六八号、一九二七年、のちに『三木清著作集』第三巻）。

こうした「人間学」的マルクス主義は、マルクス主義を第一義的には対象的客観的な知の体系としてとらえる立場とは異なっていた。三木は、時代意識の「不安的動性」に訴えて、人びとの不安や閉塞の実感をマルクス主義というあらたな世界観の必然性へつなごうとしたのであって、そこには三木なりの時代の意識状況についての鋭い直観があった。とはいっても、三木が「無産者的基礎経験」というとき、それは日本の労働者階級の現実の意識状況に着目しての発言ではなかったろう。三木の理論が説得性をもちえたのは、たとえば大正期の教養主義などによって救済されえないこの時期の知識層の「不安的動性」にたいしてであり、こうした「不安的動性」にかられた若い知識人は、この時代にはひとつの層をなしていた。

現実の労働者階級の「基礎経験」の方は、もっと大きな「闇」として横たわったままだったが、その「闇」をリアルに見つめ、時代のさまざまなイデオロギーとの裂け目を問題にしてゆく方法を、三木がもっていたようには思われない。だが、それにもかかわらず、三木のこうした理論活動は、歴史のなかにおける人間の意識の問題を、まず第一義的には、土台に規定されたイデオロギー的上部構造としてよりも、たしかに土台＝経済構造に照応しているのではあるが、論理や体系にまだ到達していない動的な意識状況としてとらえようとしていたという点で、特徴的なものだった。

だが、周知のように、日本のマルクス主義は、三木のこうした構想を継承する方向には発展しなかった。一九三〇年、三木の入獄中に正統派マルクス主義者たちによる三木批判がすすめられて、出獄した三木はプロレタリア科学研究所から離れ、それにともなってマルクス主義からも離れていった。三木にかわって活躍したのは戸坂潤だったが、戸坂の立場は三木とは対照的といってよいほど異なっていた。戸坂は、たとえば日常生活の場に存在している「常識」をとりあげたのだから、彼もまた現実の意識状況を問題にしたともいえるだろう。しかし、ここに「常識」と呼ばれているものは、戸坂にとっては、じつは現実を正しく見ることのできない非常識にほかならなかった。この非常識である「常識」に科学的批判的方法を対置して、科学的認識を人びとに身につけさせることが戸坂の課題だった。

そこでは、民衆とその「常識」は、外からの啓蒙の対象とされており、社会的現実の一部を構成している多くの人びとの情念やそこから編成されたものとしての民族主義や農本主義などを、ひとつの必然的な意識過程や意識形態として認識することは、戸坂の課題ではなかった。今日、『日本イデオロギー論』を読むとき、圧倒的に優勢な、しかし内容的には「殆ど全くのガラクタ」である現実の意識状況を前において、戸坂の剛直な啓蒙的理性の立場は、どこか孤独で、いらだっているように見える。

ところで、服部之総や永田広志による三木批判をへて、戸坂の活動にいたる時期は、日本におけるマルクス主義歴史学の成立期にあたっており、こうした哲学史的背景は、マルクス主義歴史学の性格を大きく規定することになった。この時期以降、マルクス主義歴史理論が日本の歴史研究において基本的パラダイムとしての役割をはたしてきたこと、その成果はきわめて巨大なものであり、私たちの歴史意識のもっとも大きな部分が、さまざまのかたちでその影響下にあった（ある）ことなどは、公平な観察者なら承認しなければならない。だが、日本のマルクス主義歴史学は、社会経済史の領域でもっとも大きな成果をあげ、政治史や権力論の領域ではこれにつぐ成果をあげたのに、思想史や文化史の領域では大した成果を残さなかった。

このことを一人の思想史研究者として反省しようとするとき、マルクス主義の土台―上部構造論とそのなかでのイデオロギーのとりあつかいについて、私のような一知半解のものでさえない知恵を搾らざるをえず、そのさい、三木の理論活動のなかにはらまれていたかもしれない可能性に思いをいたすことになってしまうのである。

講座派マルクス主義の代表作として知られる山田盛太郎『日本資本主義分析』（一九三四年、岩波書店）には、旋盤工の「透視」についてのべた印象的な箇所がある。すなわち、旋盤工は、日本資本主義の労働力編成においてもっとも基幹的なものであるがゆえに、「最もよく透視の利くものとして現はれ」、「諸々の労働力群の序列＝陶冶＝集成を総体としての基本的展望に向けさせる規定点＝必然性となる」という。「透視」という奇妙な言葉は、合法的に出版されるための苦心の用語で、革命的展望とかプロレタリア的世界観とかを意味するのだろうが、奇異なのはこうした用語法ではない。『分析』がきわめて特異な用語と文体で書かれていることは、右の短い引用からだけでもよくうかがえるが、しかし、その用語や文体自体は重苦しい時代状況とあざやかに照応していて、その魅力でさえある。だが、旋盤工であることは、なぜもっとも「透視」の利く存在たることの根拠となりうるのだろうか。おそらく、ここでも労働者階級の現実の意識状況にはなんのかかわりもない立言がなされているのであって、ただ土台による意識の被規定性という公式がきわめて機械的に具体的分析の中身にまでとりこまれているだけなのである。

もちろん、右のいくらか珍妙な事例をあまりに強調することは、あげ足とりに類しよう。マルクス主義の立場からの思想史研究の成果は、永田広志の三部作（『日本唯物論史』『日本封建制イデオロギー』『日本哲学思想史』）にもっともよく代表されるものであり、羽仁五郎のいくつかの著作にも留意しなければならない。だが、これらの成果にもかかわらず、マルクス主義の立場からの日本思想史研究の成果は、全体としてはいちじるしく貧しい印象のものであって、戦中から戦後にかけての思想史関係の業績の主なものは、マルクス主義とのある緊張関係のなかで生みだされた。

マルクス主義歴史学における意識や思想のとりあつかい方の特徴は、一九一〇年代以降の日本の歴史学のあらたな動向との対照のなかで考えるとき、いっそうきわだったものになってくるだろう。というのは、マルクス主義歴史学の成立にすぐさきだって、またやがて雁行して、清新な成果をつぎつぎと発表してきたのは、ひろい意味での文化史や精神史の方法をよりどころとする人たちだったからである。たとえば、津田左右吉『文学に現はれたる我が国民思想の研究』は、今日では歴史学の一分野としての思想史関係の業績と考えられているけれども、おそらく津田自身にとっては、歴史的全体性についての研究そのものであったろう。津田は、歴史を形成してゆくものとしての人びとの生活を生活意識からとらえようとしたのであり、文学作品その他の文献を駆使したのも、そうした観点からであった。柳田国男の民俗学が、常民の心意現象を重視するものだったこと、西田直二郎の文化史が、歴史学の一部門としてのそれでなく、歴史発展における普遍的側面を文化や精神としてとらえようとするものであったことなども、ひろい観点に立ってみれば（共通して見られる民衆への関心とともに）、方法的には、時代のなかにおける意識や精神を通して歴史というものに迫るという大きな流れのなかにあったと考えることができよう。

津田や柳田の学問が、ちょうど成熟と体系性とに向かいつつあったその時に、知的な若者たちの関心を十分にひきつけることができなかったのは、彼らの学問には、〝現実把握〟

としては迂遠なところがあったからであろう。社会科学、とくに経済学的分析を欠いていたこと、そのゆえもあって明治維新以降の近代史研究は相対的に弱い領域だったこと、彼らの思想と体制イデオロギーとの切れ目は、青年たちが希求しているほどには明快でなかったことなどが、マルクス主義と対照したばあいの彼らの弱みだった。そして、こうした弱さに対比したさいのマルクス主義の優位性は、ほとんど自明だった。だが、そのことが自明であればあるほど、これら先学からの継承は、個別の具体的知識などはべつとして、学問やその方法に内在したものとはなりえなかった。社会経済史を歴史分析の基軸におき、その上に政治史を配し、人間の意識や思想の問題はイデオロギー的上部構造として処理するという方法的序列への確信は、人びとの情動や心意を重んずる津田や柳田の立場を、〝非科学的〟として一蹴するに十分だった。

だが、土台―上部構造論は、いずれにしろ、人間の意識や思想を歴史理論的な抽象と媒介の場へもちだすものであるから、もし粗笨にとりあつかわれるなら、個我意識の経験から切りはなされたところで人間の意識や思想を裁断してしまうことになる。そのことをもっとも早く見ぬいたのは、おそらく小林秀雄だった。日本のマルクス主義が確立してゆくちょうどそのころ、小林は、「常に生き生きとした嗜好を有し、常に溌剌たる尺度を持つといふ事だけが容易ではないのだ」(「様々なる意匠」、『改造』一九二九年九月号、のちに『小林秀雄全集』第一巻）として、「自意識」への誠実な固執を説いたが、それはマルクス主義へのアンチ・テーゼを意味していた。「現代人の意識とマルクス唯物論との不離を説くが如きは形而上学的酔狂にすぎない」という「様々なる意匠」の一句は、おそらく三木への批判であり、マルクス主義批判は、小林の立場が確立されるさいの不可欠の媒介環だった。昨今、名著の名を独占したかの感がある小林『本居宣長』（一九七七年、新潮社）は、こうして成立した小林の立場の、今日的状況と小林自身の成熟のはてでの再確認とでもいうべき作品である。『本居宣長』が一冊の名著というに足ることを私も否定しないが、しかしそれが宣長学のイデオロギー性のいっさいを撥無するものであり、小林好みの反歴史主義的な宣長像であることは確実だと思われる。小林は、公式的な土台―上部構造論のちょうど逆をおしすすめたのであって、人間の意識や思想は個我の経験の場だけで追跡され深められた。思想や学問のなかから社会意識とイデオロギー性の認識への通路を拓く可能性は注意ぶかく回避され、個我意識の自足性が、結果的には現状肯定的な意識につらなるような仕組になっている。

そこに、今日の状況にたいする小林のイデオロギー的立場があると私は思うのだけれども、進歩派の歴史学者たちの主宰する学会誌などに、小林『本居宣長』への本格的批評がないのは残念なことだ。おそらく、昭和初期以降の現代日本の思想史には、小林秀雄問題とでもいうべき問題があり、それは日本のマルクス主義の性格と対応しあっているのだが、そのことがどのような意味を歴史学の問題意識や方法に提起するものであるかということについて、もっとよく考えてみてもよいのではなかろうか。「名著」がひとり闊歩するのは、小林個人にとってさえ虚しいことであろうが、私たちの文化の全体にとってはいっそう名誉ではない。

〔佐々木潤之介・石井進編『新編日本史研究入門』(東京大学出版会)、一九八二年〕

二　方法規定としての思想史

1　はじめに

いくらか奇妙に見えるかもしれない拙文の標題は、『近代日本思想史講座』(一九五九年〜、筑摩書房)の「講座をはじめるに当って」からの借用である。この短い文章は、ユニークなこの講座の意図と方法とを端的な表現で規定したもので、他の編集責任者たちとの討論にもとづいて、竹内好氏が書いている。「方法規定としての思想史」というのは、思想史を歴史研究の一部門とする(「対象規定としての思想史」)のではなく、「思想において、あるいは思想を方法として歴史をあつかう」という意味である。そのことを、竹内氏たちの意図にそってべつな言葉で説明しなおせば、歴史を因果律だけに頼って理解してはならない、因果律による説明では淘汰されてしまうような人びとの意志や願望や構想力などを歴史のなかから掘りおこし、歴史を「可能性の幅」においてとらえなければならない、そして、このような「可能性の幅」は、歴史のなかで人びとがどのように思想形成したかを探ることを通して知ることができる、ということになろう。歴史は、いずれにしろ、人びとの意識的な働きかけを通して展開してゆくものなのだから、思想のなかに人びとの主体的な働きかけの方向性を読みとってゆけば、実際には稔らなかったさまざまの可能性が歴史のなかに再発見され、そこに、現代に生きるわれわれの歴史形成への示唆をも得られるはずだ、というわけである。

思想というものについてのこうしたとらえ方には、戦中戦後の激動を生きた知識人たちの現実への緊張感と気魄のようなものがこめられている。スターリン批判やハンガリー動乱をへて、一九五〇年代後半から六〇年代はじめにかけての時期には、「近代主義」者と呼ばれた人びとの活動はもっとも高揚したが、右の講座もその成果の一つだった。

だが、歴史の因果律と人間の意識とを二分法であつかい、後者の役割を強調することでマルクス主義の土台―上部構造論をのりこえようとし、そこから主意主義的に歴史のべつな可能性を発見しようと試みることは、もはや今日の私たちの立場ではありえないだろう。また、たとえば、思想というものを、より整序された理論や世界観や学説などに限定せず、

「生活と未分離の、まだ思想化されないムードのようなもの」も含めてとりあつかい、それらの全体を包括しうる「精神構造史」を構想しようという提言は、一般的概念的な枠組の問題としては、私の立場に近いが、この点では、ほとんど言葉だけの揚言にとどまるほかなかった右の講座に比べて、今日の私たちの方が、いくらかひろい視野に立って、具体化してゆく可能性に恵まれているともいえよう。それに、私個人の精神史を一般的にかえりみても、右の講座の執筆者たち、とりわけその編集責任者に名をつらねたような人びとにあまりに多くを負っているとはいえ、私は、彼らの嫡出子としての地位を誇りうるような人間ではない。この小文でも、私はただ、思想——というより人びとの精神ないし意識の動態といった方がずっと適切だが——をとらえることで歴史というものの見え隠れしている真実に迫ってゆこうとした、彼らの志だけをうけつぐにすぎない。

　みずからの位相を右のように思いえがいてみれば、一九六〇年代のいわゆる「民衆思想史」研究が歴史研究に示唆した可能性とは本当はなんであったのかと問いなおしてみることが、私にはよりふさわしいということになろう。以下には、今では古典的名著といってよい色川大吉『明治精神史』（一九六四年、黄河書房、のちに講談社学術文庫）を手がかりに、歴史学の方法としての「民衆思想史」について、ささやかな考察を試みてみたい。

2 『明治精神史』の方法

ひとつひとつの章は、それぞれ学界に当否を問うことができる一定の水準をもった研究論文であるが、それをいったん叙述しようとするときは、私はできるかぎり研究者の立場をはなれて、読者を意識し、「歴史叙述」の機能をはたそうとつとめてきた。それは、私の歴史学への興味が、いわゆる真理とか法則とかの探求にあるのではなく、主として歴史の中に生きる人間の運命、その限られた世界の中で傷つきながらも全力的に生きる人間の健気さ、そして、それら諸個人の関係の厖大な集積によって形成されている非情な歴史のドラマ――の叙述にあったためであろう。

原『明治精神史』の「まえがき」は、右のように書きはじめられているが、そこには色川氏の問題意識、方法、叙述スタイルがほとんど完璧に要約されているといってよい。読者を意識した歴史叙述への積極的な関心、歴史的な真理や法則性よりも、歴史のなかで生きる人びとの生きざまを描くという目的意識、そして、人びとの健気な努力や願望や意志などを呑みこんで展開してゆく歴史というものの非情なドラマ性への注視など、いずれをとっても、これまでの日本の歴史学では、無自覚に、したがってなしくずし的にとりこまれることはあっても、明確な課題意識としては見失われていたものである。三多摩地域の無名の民権家を掘りおこす作業を通して、『明治精神史』所収の諸論文は、右のような特徴をもったものとして成立していった。

たとえば、同書中でももっとも高い密度で書かれている「自由民権運動の地下水を汲むもの」から、その主人公石坂公歴をとりあげてみよう。神奈川県自由党の領袖石坂昌孝の長男、のちに北村透谷と結婚した美那子の弟にあたる公歴は、民権派の青年たちを集めて読書会を組織し、新聞や新刊書をひろく読んで新知識の吸収につとめるが、東京大学予備門への合格をめざして、受験勉強にもはげむ。彼の内面では、すさまじいまでの功名心と上昇願望が、儒教的なモラリズムや克己主義とないまぜになっており、近代的な自由や権利の思想も、伝統的な志士意識や愛国心と複雑にからみあっていて、老荘的な隠遁願望や清貧の理想さえも、むきだしの私利の主張のすぐ隣に同居している。疾風怒濤の時代に目覚めた意識をもって生きようとする青年にふさわしく、彼の内部では、思想形成のさまざまの契機が渦をまき醱酵している。しかし彼は、こうした思想形成の諸契機をみずからの内部で成熟させ、整序し、一貫性と説得性とをもった新しい世界観や人生観へと育てあげることができない。受験の失敗におそらく民権運動の敗退という情勢もからまりあって、彼は渡米に自分の未来をかけなおす。しかし、事業にも失敗して、北米大陸を放浪し、悲惨な最期をとげる。

このようにえがかれる石坂公歴には、民権家としての輝かしい実践があるのでもなく、まとまった思想やすぐれた思索があるのでもない。社会的にも思想的にも、みずからの課題を成熟させることのできなかった失敗の歴史である。しかし、公歴にとって、思想や運動というものは、頭で理解して、やがてあっさり忘れ去ることのできるようなものではなかった。自由民権の思想と運動にかかわり、大学予備門の合格もめざしたということが、もしそうした経験がなければ地域の名望家として静謐な生涯を送ることになったかもしれない公歴をつきうごかして、彼の生涯を確実に規定しつづけたのである。おなじ論文で色川氏は、民権運動がどのようにその後の時代に受けつがれたかを論じて四つの伏流を指摘しているが、公歴の生涯はそのいずれとも微妙に異なっており、波瀾にみちた彼の人生を知ることで、私たちは、近代化してゆく日本社会の、これまではどんな歴史家も（おそらく作家や詩人も）思いもかけなかったような一つの断面をのぞき見ることになる。

色川氏は、青年期の日記や雑文の類いを実証的な歴史家の眼で精査するとともに、彼の行動の軌跡を可能なかぎり詳細に探ることで、こうした分析を切り拓いてゆく。その事実発掘への熱狂ぶりは、のちには、訪米中にわざわざ公歴の小さな墓をたずねて、デンバー郊外のふかい雪のなかをさまようというようなところへまでおよんだ。へまをすれば、ひとりよがりの考証癖に堕しかねないこの手法は、断片的な史料や行動の軌跡のなかにこそ、陳弁の余地なくその人間が生きた精神が表出されているという確信にもとづいており、通念的な予想を裏切るような事実の連鎖そのものを通して、迫力に富んだ歴史叙述が展開されることとなった。

こうした方法のゆきつくところとして当然のことともいえるが、色川氏は、思想的内実のある記録をほとんど残していない人物についてさえ、あざやかな思想像を造形することができた。透谷と交友のあった地方文人秋山国三郎を論じた一章はその典型で、秋山は、川口村の豪農で刀剣の鑑定にすぐれていたこと、武芸もたしなんだ義太夫の師匠であったことなどは、色川氏が紹介した史料から確認できるが、さてその思想的（精神的）な特徴はとなると、透谷の「三日幻境」における記述などから間接的に推察しうるにすぎない。しかも、「三日幻境」における秋山像は「老俠骨」であって、透谷の記述から、飄逸、風雅、反俗、反権力などの姿勢は明瞭に読みとることができるが、それを自由民権の思想や運動とどのようなかかわりにおいて理解すべきかということになると、『明治精神史』を読むかぎりでは、確実な史料をほとんど欠いているといってよいだろう。秋山が、みずから製作した車人形に大きく「自由」という刺繡文字を縫いこんだという、『新編明治精神史』（一九七三年、中央公論社）に紹介されている事実は、このかかわりを推定させるに足るただ一つの確実な史料かもしれないが、色川氏自身も、この車人形を見て秋山像がひらめいたのだろうか。それはいずれにしろ、義太夫を愛し地域の豪農として生きた秋山は、色川氏の独特の史眼を通すと、彼自身が思想表現した史料をほとんど欠くにもかかわらず、彼の精神形態と行動形態への洞察から、伝統型・土着型の豪農民権家の典型というあざやかなイメージへと造形されることになるのである。

　こうした色川氏の方法をやや一般化して規定してみると、手堅い実証主義的な手法と歴史学的な想像力とを巧みに結びつけて、歴史という場における思想主体の体験の意味を内在的に分析するものだといえよう。色川氏が思想という言葉より精神という用語を選ぶのも、主体の体験のなかに生きている意味や価値の混沌とした生（なま）の姿態をとりだそうとする立場からして当然のことだし、まとまった思想作品よりも、日記、手紙、雑文、若書きの未定稿などを重んずるのも、おなじ立場からであろう。さらにまた、当該人物の分析を民権期だけにとどめずに、その生涯の生きざまをたずねて、そこから民権体験の意味を逆照射しようとしているのも、やはりそうした方法意識に由来することであろう。史料が断片的であったり、未熟で矛盾する表現を含んでいたり、生涯が思いがけぬ転変をはらんでいたりすることは、かならずしも研究の障碍であるとはかぎらず、むしろ、主体の体験の意味を表相に見えるものよりももっとふかく問うための絶好のカギでさえありうるものとしてとりあつかってゆけるところに、色川氏の方法の独自な鋭さと非凡さがあるともいえよう。

こうして色川氏は、地域の民権家たちの「精神動態」についていきいきとした記述をすることができたのだが、それは、私たちの誰にとっても、思いもかけないような内実をともなうものであった。色川氏は、自分は歴史的な真理や法則には関心がない、そこに生きる人間の健気さや歴史というものの非情なドラマ性に関心があるのだといったけれども、しかし、人間の健気さやドラマ性に近づくためには、人びとの経験の意味を内在的にふかく探ることが必要だったのであり、他の歴史家には欠けていたこうした独自な関心のあり方が、じつは、ゆたかな発見性へとつながっていたのだと私は思う。そこには、ほとんど西川長夫氏のいう「叙述が歴史認識と一致せず、歴史認識を裏切る、叙述が歴史認識に満足しない」(西川「歴史叙述と文学叙述——叙述の理論のために——」、後掲)状態があって、色川氏は、独自の方法を駆使することによって、みずからのはじめの意図さえもこえたゆたかな発見性へと到達してしまったのであろう。そして、こうした事態のなり行きは、たいして不思議なことではない。ステロタイプ化した「通常科学」の発想からは見えないものが、独自な関心をもって知的彷徨をかさねた人の目に思いがけずはっきり見えてくるということは、もっともありそうなことだ。歴史という対象には、そうした発見性への可能性が、かぎりなく包含されているのであろう。

3　旧い理論と新しい発見の狭間で

周知のように、色川氏は、故服部之総氏と親しく、マルクス主義歴史学の成果をふかく学んだ人で、マルクス主義の歴史認識の理論に依拠することは、『明治精神史』でも明言されている。服部氏の業績は多岐にわたるが、その最重要な成果は、絶対主義の性格やその成立のための経済的条件、ブルジョア革命やボナパルティズムについての基本的な規定など、史実と歴史理論とを結びつけて、マルクス主義的な発展段階論による日本歴史把握の大枠を構成したことにあると、いまは考えておこう。色川氏が服部氏に関心をよせたのは、こうした理論家としての側面ではなかったかもしれないが、しかし、明治維新を絶対主義国家の成立とおさえ、自由民権運動を絶対主義国家に対抗するブルジョア民主主義革命運動ととらえる大枠は、すくなくとも『明治精神史』や『近代国家の出発』の段階においては、ほとんど自明なものとして受けいれられている。そして、この点については、下山三郎氏、大石嘉一郎氏、後藤靖氏、江村栄一氏など、自由民権運動についての代表的な研究者たちと色川氏とは、見解を異にするところはない*、と考えてよかろう。

＊　この点は、あるいは、なかったと、過去形でいうべきかもしれない。最近の色川氏には、マルクス主義の歴史理論を「モダニズム」と一括して拒否するようなところがあり、すぐあとに触れる「特殊東洋的、伝統日本的な変革の道」の提唱などは、そうした傾向の表現である。だが、こうした新しい立場からの理論的展開はまだ整序されておらず、「私たちが表現に使う言葉は、学界で既に証明済みのルールを尊重して使わなくてはならない」（『歴史の方法』一九七七年、大和書房）などというとき、主として念頭におかれているのは、依然としてマルクス主義歴史学の成果のことらしい。自由民権運動についても、「近代ブルジョア民主主義」と見る立場は、「日本のナショナリズム」（岩波講座『日本歴史』近代4、一九七六年）などにも見られる。こうした概念についての形式論理的な整合性にこだわることは、歴史叙述のみごとさに賭ける色川氏にとって枝葉のことかもしれないが、曖昧だという印象は残る。

『明治精神史』「まえがき」を、「私の歴史学への興味が、いわゆる真理とか法則とかの探求にあるのではなく……」と書きはじめるとき、そこには、マルクス主義歴史学の成果を一面ではほとんど既定的な真理として承認しながら、しかもなおそこに帰属したり安住したりできないのだという、緊張をはらんだ立場が表現されているのであろう。歴史のなかの人びとの生を印象的にえがきだす歴史叙述の実現という色川史学の立場は、この困難からの脱出路として選ばれたものだともいえよう。私のこの小文でのモチーフは、見方によってはもっと不遜でもあろうし、はるかに小心な試みでもあろうが、すでに既定的なものとなってしまっている法則観も、色川氏の発見をふまえてつくり変えてゆけるのではないだろうか、ということである。

だが、『明治精神史』にえがかれた民権家たちの精神的景観は、他の研究者たちがえがく思想像とは、なんと大きく異なっていることであろう。たとえば、歴史学の最近の成果を集大成したかの観がある岩波講座『日本歴史』から、江村氏の論文「自由民権運動とその思想」（岩波講座『日本歴史』近代2、一九七六年）をとりあげてみよう。江村氏は、自由民権期の思想史的研究のために重要だと考えられる多くの論点を列挙したのち、「ここでは民権期の思想闘争を典型的に示す主権論争をとりあげ」るとのべ、民権派の主要な論客と地域の農民たちのなかで、人民主権論が明確に主張されていたことを明らかにしている。民権期の思想史上の問題を江村氏のように主権論争に集約して論じてよいとすれば、江村氏の研究は、民権運動を支えた政治思想が疑問の余地なくブルジョア民主主義思想だったということを証明しており、それと絶対主義思想との対抗関係は、単純な一枚絵に表現してよいほど明快なことである。

だが、『明治精神史』にえがかれた三多摩の民権家たちは、誰一人としてこうした明快な思想像に合致しないだろう。たとえば、石坂公歴は、みずからが中心的役割をはたした読書会では、自由民権思想につらなる欧米の近代思想を熱心に学んだが、その内部に渦巻いていたのは、伝統的な善悪二元論と粗笨な克己心、はげしい功名心と志士意識とナショナリズム、またそれらとすぐ隣あわせになっている老荘的仏教的な隠遁願望や清貧の理想などであった。公歴もまた民権仲間との読書会や討論会においては、人民主権論を主張したかもしれないが、色川氏があざやかに開示してみせたのは、かりに公歴の思想が一面でそうした明快な自由民権思想に到達していたとしても、彼のなかに渦巻いていた精神は、はるかに複雑かつ雑多なものであり、明快な民権思想＝ブルジョア民主主義思想と照応するような世界観・人生観・人間観・生活意識とは、ほとんど異質なものであったということである。

こうして、石坂公歴、秋山国三郎、細野喜代四郎などがどのような精神を生きていたのかと問うばあいと、主権論や国会論や国家形態論のような狭義の政治思想に注目するばあいとでは、大きなズレが生まれてしまうのだが、その理由は論ずるまでもないことである。生活意識から区別された抽象的な論理の次元で主権の所在や国家形態を論ずるさいには、論理的に筋が通っている方がたやすく選べるが、実際の政治行動、生活意識、人生観などは、主権論等にあわせて自動的に変わるわけではない。西洋文明にあわせた近代化の課題は、生活意識や行動様式をおきざりにして、人びとの眼にはっきり見えてきた諸局面で、跛行的に推進されてしまう。そのため、主権論に狙いをつけてその頂点部分を集約すると、ってしまう。

この時代の精神動態の全体からは、ほんのうわずみがかすめとられるにすぎない結果にな

たとえば、旧版・岩波講座『日本歴史』で「自由民権運動」(同上書、近代3、一九六二年)を書いた下山氏が、民権運動をもってブルジョア革命運動あるいはブルジョア民主主義的革命運動とする規定が、安易にまた一般的になされていることに警告を発し、政治的要求についての具体的検討が必要であること、また、運動の物質的基盤である「資本制生産関係の発展度」は、まだブルジョア民主主義的政治形態に対応する段階に到達していなかったことを指摘しているのは、運動史の側から右にのべたズレの問題に迫ったものと受けとめることもできよう。民権運動の政治的性格についての下山氏の規定は、「ただちにブルジョア国家の政治形態を求めたものとはいえないが、……ブルジョア国家の方向への転換を要求したものといえる」という微妙なものである。そして、運動内部の政治的成長を論じて、たとえば明治十三年の国会期成同盟の大会にさいして各地代表に委託された請願人数が十万人に達したことについて、それは代表に国会開設の請願という手段のかぎりで委託した人数のことであって、そこに広範な人びとの政治的結集を無条件的に読みとってはならないとするとき、地域における広範な人びとの現実の政治意識に迫る方向性が示唆されていたといえよう。

またおなじ書物のなかで「自由と民権の思想」を担当した後藤氏が、豪農民権の思想を論じて、抽象的な政治理論の次元では近代的市民的自由の思想だとしながらも、具体的な国家像から地域での行動のパターンへと論をすすめてゆくと、しだいに不徹底で曖昧な側面がつよくなり、ついには、「『国体』にたいする『忠孝』観を基底」とする態度や「組織のなかに共同体秩序がそのまま導入される方式」がとられていると結論しているのも、同時代の人びとの意識の諸次元を区別と連関のなかであつかうことで、民権期の思想史の全体像に迫った貴重な試みだったのである。

しかし、下山氏も後藤氏も、さまざまのズレや矛盾した側面が存在することを認めながらも、自由民権運動をブルジョア民主主義革命運動とする大枠を疑っているわけではない。そこでは、たとえば、ブルジョア民主主義に照応する「物質的基盤」が成熟していないのになぜブルジョア民主主義を求める運動がおこるのか、またこのズレが自由民権運動にどのような問題をもちこむのかというような問いは、つきつめたかたちでは提起されていないように見える。「共同体秩序がそのまま導入される方式」がどうしてブルジョア民主主義なのだ？　と反問することも、枝葉にとらわれたあげ足とりなのであろう。

だが、下山氏も後藤氏も、政治運動や政治思想の次元で論じているからこそ、その論理構成はまだ多少の安定性を維持しているのであって、論点をより生活に即した精神的態度や人生観などに移してゆけば、ブルジョア民主主義思想―近代的市民社会思想―個人の権利や自由の思想―人格的内面的自立性と尊厳性の思想などという枠組では、同時代の意識状況のほんの表面にしか触れえないことは、ほとんど自明ではなかろうか。おそらく、『明治精神史』だけが他の歴史書とは異なっていた。石坂公歴など三多摩の民権家の複雑な精神動態は、いきいきと私たちに伝わり、私たちは同書によって、右のような大枠にとらえこむさいには見失われてしまうような歴史のリアリティにはじめて触れることができたのであった。

だが、三多摩の民権家たちの精神動態が、ブルジョア民主主義思想―近代的市民社会思想―権利や自由や人格的自立性の思想というような枠組ではとらえられないとするなら、それに替るどのような枠組を構想すればよいのだろうか。

原『明治精神史』は、たとえば民権派志士たちについては、彼らの主体性の質が「西欧市民社会型のものとは全く異質であった」という明確な認識をのべているが、論理の大枠は、民権思想の内面化によって真の近代的精神の樹立の道へと進んだ北村透谷の役割を強調するという方向で処理されている。これにたいして、『新編明治精神史』は、モダニズム批判というモチーフにたって、こうした大枠による整序をモダニズムの方法として斥け、「民衆の思想は生活者としての矛盾にみち、伝統と習俗のあらゆる混沌をかかえ、いわゆる近代主義（モダニズム）の方法をうけつけない」（同書「はしがき」）という立場にたっている。そして、具体的な分析においては、たとえば細野喜代四郎に即して、その民権思想の高揚期においてさえ、儒教の系譜の伝統思想や文人意識が西欧型の民権思想よりも大きな意味をもっているとし、「特殊東洋的、伝統日本的な変革の道」が細野に体現されていたのだとしている。「自由民権運動の地下水を汲むもの」が、『新編明治精神史』では、その最後の部分をすっかり改めて、「民衆のなかのすぐれた人びと」（私の「通俗道徳」論が念頭におかれている）と透谷の思想形成過程には共通性があると結論しているのも、日本の伝統に内発的な変革の道を探るという構想を中核にすえることで、さきの枠組の外に出てしまおうとするおなじ立場の表現である。

だが、「特殊東洋的、伝統日本的な変革の道」とは、どのような内容のものであろうか。それが、原始儒教的な愛民の理想に西欧的な輸入思想を補足したものであることは、漠然と理解できるとしても、それは、西欧型のブルジョア民主主義とどこがおなじでどこが異なるのであろうか。また、それは近代社会の成立期にどのような政治形態をとって実現され、どのように運用され、どのような歴史的運命をたどるものだろうか。また、「民衆のなかのすぐれた人びと」とはどのような人たちのことか明瞭でないことがすでに問題だが、いまかりに民衆宗教の創始者たちや民衆的諸運動の指導者もふくむものだとしたばあい、彼らの思惟と透谷の思想形成過程とは、どこが似ているのだろうか。思惟方法も、思想的課題も、前提されている知識も、解答の方向性も、すっかり異なるのではなかろうか。

おそらくこうした問いのいずれについても、『新編明治精神史』に明快な答えは用意されておらず、従来の歴史理論への漠然とした不満が表明されているだけである。色川氏が、三多摩の民権家の思想に伝統思想の影響が色濃いという事実を発見し、彼らの精神形態は、西欧近代社会についての透明なイメージの機械的な適用によってはとらえがたい性格のものだと主張するのは、納得できる。しかし、そのことは、たとえばブルジョア革命とかブルジョア民主主義とかの普遍的カテゴリーの拒否の方向へとすすむような性格の問題であろうか。それとも、モダニズム批判というのは、事実に向きあうさいの硬直した態度をいましめる一般的な言葉にすぎず、歴史認識のカテゴリー、歴史像の基本的な枠組、近代的なるものについての内実や価値評価などは、やはり従来の歴史理論から借用されているものであろうか。原『明治精神史』における発見性に固執することで、既成の歴史理論を仔細に再検討し、あらたな明晰さと具体性とをもった歴史像を再構築するという道は、開かれていないのだろうか。

色川氏が、たとえば公歴の思惟構造を論じて、

石坂公歴たちにとって不幸だったことは、豪農階級がまだ自分自身の哲学、世界観、

倫理観をその萌芽的な形においてしか所有していなかった点にある。公歴らが自分の階級の解放へのなまなましい欲望をもちながら、反面それを合理化し、現実に機能させるべき思惟を、旧支配層のカテゴリーによって行わなければならなかったということは、ひとつの悲劇であった。……たとえば、かれの人生観の根本ともいうべき人間観、価値観は、……擬制的にはあきらかに旧武士階級の意識下にあり、新時代の新興階級の内部欲求を花ひらかせるものではなかった（原『明治精神史』、傍点は原著者。なお、『新編』では、このあたりに微妙な改訂がほどこされている）。

と記すとき、それはたしかに公歴たちの思惟の内部構造への鋭い切り込みではあった。しかし、こうした把握は、基本的には、自由民権思想―近代的市民社会思想―権利や自由の思想―人間的自然性の解放という文脈から公歴たちの思惟様式を切って、「こうした論理は、自我や利欲の解放、人間性の全面的開花をねがう新興階級にとっては精神的自殺行為にひとしい、創造力の荒廃をもたらすものであった」と糾弾し、私たちとは異なった時代に生きた人びとを、今日の私たちの通念から超越的に批判するものであった。『新編』における苦心の改訂もこうした超越的批判を改めるにはほど遠く、公歴たちにふさわしい世界観、人生観、思惟様式とはなにかという問いは、謎につつまれたままだと思う。

しかし、色川氏のこのあたりの分析をよく読むと、公歴たちが彼ら新興階級のはげしい上向欲を、儒教的なモラリズムと克己心、ストイックなすさまじいまでの意志的な努力という形態で意識化してきており、そこに新時代にふさわしい厖大なエネルギーが噴出してくるダイナミズムが存在していたということが、よく理解できる。「粗笨なメカニズム」とか「精神的自殺行為」と批判するより以前に、色川氏が実際に明らかにしてみせたのは、こうしたいかにも明治の新時代にふさわしい人間的な活力や葛藤や自己形成のダイナミズムだったのではないか。そして、もしそうだとすれば、こうしたダイナミズムの認識は、この時代の歴史の特質をときあかす鍵として、私たちの歴史研究のなかに生かしてゆくことのできる、可能性にみちたものではなかろうか。

非西欧社会の社会変革にさいして伝統思想の影響が大きいのは当然のことであるばかりでなく、イギリス革命やフランス革命の時代の意識状況も、おそらく、ブルジョア民主主義思想―近代的市民社会思想―権利・自由・人格的自立性の思想などとしてとらえようとしても、やはりほんの表相をかすめるだけだろう。たとえばイギリス革命期の思想像をえがこうとすれば、透明な近代的市民社会の思想像などは、むしろ小部分にすぎず、レベラーズ、ディガーズ、クエーカー、第五王国派などとたどってゆけば、いったいなにが近代思想か、なにがブルジョア民主主義思想なのか、ブルジョア革命期の思想像とはなんなのかということ自体が再検討されてくることになるのではなかろうか。ここには、モダニズムを捨てるとか、モダニズムにも取柄があるとかという論争は入りこまない。イギリス革命期やフランス革命期の思想像についての多少とも具体的な知識をもてば、たとえば民権期の思想像とも、私たちの通念を裏切るほどに複雑に交錯してくる論点が発見できるのではなかろうか。*

* C・ヒル、G・リューデ、E・P・トムスン、L・レヴィンなどの最近の諸研究は、民衆意識を基軸にすえた比較史的研究の新しい可能性をはっきりと示唆している。革命期の思想像がいかにダイナミックで矛盾にみちたものであるかということについては、L・ハント「フランス革命のレトリック」(一九七九年、のちに『フランス革命の政治文化』〈松浦義弘訳、一九八九年、平凡社〉第一章。のちに日本でもよく知られるようになったL・ハントの研究に、私はバークレイでおそらくはじめて接した日本人だった)から教えられた。最近のいわゆる「社会史」的諸研究は、たいがい民衆意識についての分析を重要な内容としてそのなかに含んでおり、そこから展望できる思想像・意識像は、欧米の歴史についての私たちの貧しい先入観をくつがえすだけの迫力はそなえているといえよう。〔( )内は追記〕

4　歴史叙述と歴史の方法

色川氏の業績を全体として眺めてみると、歴史理論を再検討し歴史像を再構築するという課題は、さきの「特殊東洋的、伝統日本的な変革の道」にしろ、『明治の文化』所収の「精神構造としての天皇制」にしろ、「近代日本の共同体」にしろ、十分に説得力をもって展開されているようには見えてこない。それにたいして、歴史のなかに生きる人びとの精神の燃焼をえがくことでは、氏の業績は他の追随をゆるさぬみごとさであるといっても、異論はあまりないだろう。そして、氏自身、後者の方により多くの情熱と努力とを傾けてきたのではなかろうか。色川氏が西川長夫氏の批判を納得しなかったのも、*歴史を生きた人びとの内的経験についてのいきいきとした歴史叙述をしてきたという自信によるものだし、私たちが『明治精神史』はもとより、『新編明治精神史』や『明治の文化』を読んで感銘をうけるのも、そうした内容が中核になっているからであろう。

＊　西川「歴史研究の方法と文学」（『歴史学研究』四五七号、一九七八年）、同「歴史叙述と文学叙述――叙述の理論のために――」（同誌四六三号、一九七八年）、色川「〝歴史叙述の理論〟

をめぐって――西川長夫氏の批判にこたえる――」(同誌四七二号、一九七九年)。西川氏の色川批判は、色川批判というかたちをかりた私たち歴史家の通念への批判で、私たちが文学や言語についていかに単純な先入観にとらわれているかということをあざやかに分析してみせた貴重な内容であった。色川氏の反批判は、一般論としては、こうした西川氏の論点をほとんど承認しながら、しかし、みずからの歴史叙述の体験に照らして、西川氏の批判は、氏自身にたいしては妥当しないとするものであった。この興味ぶかい論争にたいする私の態度は、理論的な考え方としては西川氏に教えられながら、しかもなお、色川氏の方法に積極的な意義を認めようというものである。こうした私の立場は、曖昧な折衷論にすぎないだろうか。

私には、西川氏は、その鋭い色川批判にもかかわらず、『明治精神史』や『近代国家の出発』がなぜすぐれた歴史叙述でありえたのかという設問を欠いており、より具体的には、氏の批判する安易な文学化とほとんどすれすれにその方法的な独自性があることの意味を十分にとらえていないように思える。これにたいして色川氏は、いわばみずからの歴史家としての体験にそのまま固執して反論しており、そのため、体験の反省的な分析のなかで西川氏の批判をうけとめる工夫に乏しいような気がする。小文における私のモチーフを、この論争とのかかわりで規定すると、西川氏や色川氏が文学的とか詩的とかとうけとっているものの内容をもっと吟味してみれば、それがじつは歴史認識のカテゴリーにすぐ隣あっており、色川氏は、一見文学的に見える方法によって、現代歴史学に再生の活力を吹きこむほどの新しい発見的な認識力を獲得したのではないか、それを生かすための工夫こそが、私たち歴史家にふさわしいことではないだろうか、ということである。

だが、歴史を生きた人びととの内的な経験をいきいきと叙述するというばあい、『明治精神史』では、歴史展開の大枠はすでに与えられたものとして前提されており、人びとの経験の内的な分析は、そうした枠組のなかでの人びとの「健気さ」・ドラマ性などをあざやかに叙述することだと理解されている。そこでは、歴史と人間の関係は、歴史の非情な法則性とそれにぶつかってゆく生身の人間の関係としてとらえられるから、歴史の法則性が非情に貫徹すればするほど、歴史に生身の自己をぶっつけて生きた人間は挫折の運命にあったこととなり、こうした人間の運命をえがくところにドラマティックな悲愴美が生まれる、という筋道になるのである。色川氏は、こうした歴史叙述についての氏の考え方に示唆を与えたものとして、「結局、歴史というものは大家の手によって書かれるとき、ギリシャ悲劇に含まれた悲愴味をすべて備えているものであり、……皮肉な調子の多くを帯びるものである」(『クリオの顔』一九五六年、岩波書店) というE・H・ノーマンの言葉を好んで引用するが、知性と寛容と理性とを育てる「広い意味での教養」としての歴史の効用を説くノーマンと、ドラマティックな悲愴美をめざす色川氏とでは、文脈と含意にかなりのズレがあると思う。

それはともかく、こうしたドラマティックな悲愴美が色川氏好みのものであることは、「一種の歴史法則と人間の生との間のきしみ合いみたいなものに対するはっきりした虚無主義があった……人間の意識とは独立して行われていく一つの無惨な、しかも鉄のような非情な力への諦めの感覚は、あるいは私たち戦中派が敗戦体験の中で得たものなのかもしれない」、「シニカルなリリシズム」という美意識をもっていた、というような表現で、『歴史の方法』では、いっそう直截にのべられることとなった。そして、こうした美意識が、巷間流行の歴史小説と覇を競いうるほどの大衆性をもった歴史叙述への関心と結びつき、『明治精神史』所収の論文「歴史家の宿命について——歴史叙述と文学——」における歴史叙述と文学との区別が薄められて、「歴史小説と歴史叙述はこれからはますます接近し、ますます混沌としてわかちがたいものになっていくであろう」（『歴史の方法』）という主張ともかさなるとき、そこにかすかにではあれ、歴史学的な吟味をのりこえて美文化への誘惑が忍びこむのではなかろうか。

西川氏が、「叙述こそが実践であり、文体こそが認識である」というバルト＝サルトルの文学理論を引いて、色川氏の歴史叙述は、既成的な認識をより美的効果的に再現することをめざすだけで、叙述から認識へと帰ってゆく回路を欠いているのではないかと批判するとき、色川氏の内部にある右のような諸事情が指摘されているのであろう。そして、それはすでに『明治精神史』にはらまれていた問題意識や方法の問題なのであろう。

だが、これを色川氏の立場からいえば、自分は文学と「スレスレのところ」まであえて進みでることであらたな歴史叙述と歴史認識に到達したのだということにほかならない。西川氏の批判がよってたつ理論的枠組の正当性は、一般的には納得するとしても、しかし、西川氏の援用するバルト＝サルトル流の文学理論も、よく考えてみれば、自分の歴史叙述・歴史認識にむしろ一致する。西川氏の批判は、自分の到達した歴史叙述・歴史認識、またその理論的総括としての『歴史の方法』の成果を内容的にふかく検討したものではない、ということなのであろう。

こうした色川氏の立場は、たとえば、歴史叙述が文学に限りなく近づく事例として氏がとりあげている「原風景論」にもっともよくあらわれている。そこで、「原風景論」について、私なりの観察をのべてみることにしよう。

「原風景論」というのは、たとえば武相困民党が決起をきめた相模原を眺めて、研究者である色川氏自身が想像力のなかでそこにかつて集まっていた農民たちに「自分を融けこませ」てゆくと、ある瞬間に突然、目前にしている相模原の風景が武相困民党の農民たちの結集する「歴史の原風景に変っている」、という不思議な体験のことである。こうした体験は、対象としている歴史上の人びとへの研究者の側からの洞察がつみかさねられて、歴史上の人びとの苦悩と研究者としての色川氏の心とが「スパーク」し「交差し交感する」という過程をへて訪れる。この「原風景」に「歴史上の主役を登場させて動かせば、それはそのまま生き生きとした歴史叙述になる」。色川氏は、みずからの歴史叙述のカンどころでは、こうした体験に何度も出会ってきた、という。

歴史叙述の場合、そういった一つの風景が原風景に転化した時に自分の中にパチパチとはぜる何かが起こり、九十年の距離をとび越えて、歴史的な客体と自分というものが交感をする。炸烈する。その時にどういう感動が自分の中に湧きあがるか。その感動こそが歴史における美なのである。……そういった美意識そのものがまだ形成されていない段階で、形容詞だけで美しく文章を飾ろうなどというのは、邪道もはなはだしい。……しかし、歴史叙述においては、この美意識や美的感動の問題を避けて通ることはできないのである。(『歴史の方法』)

「原風景論」は、色川氏がみずからの歴史叙述のなかでももっとも重要な部分がどのようにして実現されていったかを、体験に即して説明した貴重な証言である。私たちは、色川氏ほどにみずからの歴史叙述の体験をふかく掘りさげた率直な証言をほとんどもっていない。「歴史叙述が文学に近づく瞬間というのは、西川がどのように否定しようとも、しばしばあるのである」というつよい言葉も、この体験への確信にほかならない。そして、すぐれた歴史叙述が対象との「スパーク」「交感」なしに成立しないこと、そのさい、歴史家はみずからの内部に蓄えている既成の言語体験ではこの「スパーク」「交感」をうまく叙述できなくなり、新しい表現を求めて苦しむこと、感性的表現や比喩的表現などもときには避けられないこと、また、このようにして追求された表現は、それが成功したばあいには独特の美を構成しうるかもしれないことなどは、私たちにも十分に首肯できるのである。

しかし、「歴史的な客体と自分というものが交感をする。炸烈する」そうした「原風景」に、「歴史上の主役を登場させて動かせば、それはそのまま生き生きとした歴史叙述になる」というのは、本当だろうか。これはあまりに「詩」的な叙述理論であり、叙述理論をこうした「詩化」の方向でふかめてゆこうとすると、分析や反省をへないで無自覚のうちに既成的なにものかをもちこむことにならないであろうか。すぐれた歴史叙述が対象と歴史家との「スパーク」「交感」なしにありえないということと、その「スパーク」「交感」をそのまま叙述すればすぐれた歴史叙述が生まれるということとは、まったくべつのことではなかろうか。

――ここから先は、色川氏に即してのべることはできない。「原風景」のような稀有の体験をもった人のことを、そうした体験をもたなかった凡庸な者が批判することは不可能だからである。ただ、私自身に即して言おうとすれば、歴史的対象と自分との出会いの自分なりにもっともふかいと思われる部分を、「スパーク」「交感」、「原風景」への転化、「詩化」というような表現であらわすわけにはゆかないと思う。なるほど、色川氏の「スパーク」「交感」とは比べものにならないとしても、私には私なりの「スパーク」「交感」があったからこそ歴史叙述をしてきているのだが、しかし、ここにいう「スパーク」「交感」とは、対象についてのまだ未分化の直感のようなものであって、そうした「スパーク」「交感」を感じた私は、対象についての知識と自分のなかの歴史や人間についてのさまざまの理解力とを総動員して、それをなにかもっと筋道をたてた表現におきかえようとする。「スパーク」「交感」がはげしくなれば、私はいま対象の本質に近づいているのだと直感するが、しかしそれは、「原風景」のなかに自分も融けこむといった体験ではなく、かえって私と対象とのあいだに緊張が増大するような体験である。「スパーク」「交感」は、私が対象を理解するにたるだけの人間や社会についての見方のゆたかさをもっているかどうかの対象の側からの私への問いでもあって、「スパーク」「交感」がふかい内容をもっていればいるほど、私は緊張して私のなかにある人間や社会についての理解力を総動員し、自分なりの「スパーク」「交感」にふさわしい筋道の通った表現に到達しようと努めるだろう。

歴史家としての私が、「スパーク」「交感」から歴史叙述へと向かってゆくということ自体、私は私の歴史的対象である人びととおなじ体験をもたないということでもあろう。どのように感情移入してみても、私は出口なおの苦難の生活体験や生活意識をそのまま追体験できるわけではないし、百姓一揆に蜂起した人びとの精神の高揚、集団意識、恐怖や疲労、困惑と決意などの複雑な過程をそのままに体験できるわけではない。歴史家がこうした対象について追体験していると主張したとしても、それはじつはその歴史家の歴史家としての思考の枠組を通して整序された形態において対象をとらえているのであって、追体験というような表現は、対象把握のふかさについての歴史家の主観的な思いこみをあらわすにすぎない。それにもかかわらず、歴史学的記述につきまとう右のような性格を無視して、歴史的対象としての人びとの生活や意識をそのまま追体験しているのだと強弁すれば、歴史家が歴史家としてもちこんだ思考の枠組がどんなものであったのかということを、反省的に見かえすことができなくなってしまうだろう。歴史家は、対象とする人びととは異なった歴史的文化的脈絡のなかにいるのだから、みずからの歴史的文化的脈絡を通して対象とかかわるしかなく、その点からは、私たちは対象を丸ごととらえるというよりは、対象の頑固な存在性のまわりに群がって、歴史叙述という名の文化的フィクションを構成しているにすぎない。

しかし、このことは、歴史叙述や歴史認識がつまらないものだとか、無力なものだとかということではない。というのは、私は、出口なおや百姓一揆に蜂起した農民の体験をそのまま追体験はできないが、そのかわりに、彼らが自覚していなかったような社会的歴史的文化的な脈絡のなかで、人間や社会についての彼らが知らなかったさまざまな知を媒介にして、彼らの行動や精神はあるいはこういうことを意味していたのであろうかと、ある了解にたっしうるからである。

たとえば、百姓一揆には村を単位とした動員強制がつきものであり、この伝統は秩父事件などにもうけつがれているが、私は史料に頻出するこの動員強制についてどのように理解すべきかを考えあぐねた。私の理解は、拙著『日本の近代化と民衆思想』二二一〜二頁に要約されているが、これはさまざまの史料をつきあわせて到達した私なりの理解・解釈であって、百姓一揆のなかで動員強制がなされるさいやそのほかのばあいに、私ののべたような解釈が農民たちに自覚されていたとか、知識として知られていたということではない。出口なおの神がかりや神観念についてのべるばあいも、それは私なりの理解・解釈であって、私は出口なおの体験をそのまま記述しえているわけではない。私は、「おふでさき」などの史料はもとより、シャーマニズムの伝統や大本教以外の新宗教の事例やさらにそれ以外の人間や宗教などについての私の理解力を総動員して出口なおと格闘し、やっと自分なりにいくらか納得できる記述に到達してゆくだけである。いずれにしても、私にとって、「スパーク」「交感」は、すぐれた歴史叙述がなされるための可能性ではあるが、それがただちに理解・解釈のふかさを保証するのではない。それに、対象と「スパーク」「交感」してそれをそのまま記述するのが、文学的ないし詩的ということだとするのは、おそらく現代の作家や詩人の立場ではなく、現代文学はもっと複雑な作業の上になりたっているのではないかと思う。

私が、私自身の歴史叙述の貧弱な経験をふまえて記した右の記述には、「文学的」ないし「詩的」なところはどこにもない。それは、あまりに陳腐な歴史研究の常識だともいえよう。そして、こうした記述によって、私は色川氏の「原風景論」を批判したいとか、批判できたとかというつもりもない。「原風景論」は、すぐれた一人の歴史家のみずからの歴史叙述と歴史認識の体験についての率直な証言として、聞いておけばよいことだ。私がいいたいのは、私のようなとらえ方をすると、対象の内面にたちいってふかくとらえることは、私たちの歴史や人間についての理解力をたえず検証しなおすことでもあって、そこに、私たちの歴史認識の枠組がたえず訂正されてゆく可能性がひらけてくるのではないかということである。これを『明治精神史』に即していうと、『明治精神史』には私たちの歴史認識の枠組を再検討してゆくにふさわしいゆたかな可能性がひしめいているのに、どちらかというと同書は、一つの時代のなかに生きた若い民権家たちの生きざまを描いたものので、あざやかな、あるいは文学的な歴史叙述に同書の真価があるとされる傾向がつよく、歴史認識の枠組の再検討にむけて生かしてゆくというような受けとめ方がなされてこなかったのではないか、ということになろう。

だが、『明治精神史』が私たちに教えたのは、じつは、人びとの経験をその内部にふかくたちいってとらえれば、それはなんと思いがけない事実にみちており、こうした方法で、私たちはなんとゆたかに歴史のリアリティに触れうることかということだ。『明治精神史』は、みずからが発見した諸事実をかさねあわせ連関させて新しい歴史像を構成するという方向へはすすんでおらず、『新編』ではそれにかわる二、三の曖昧な揚言をしているにすぎないが、そこに発見されたものを中核においてそこから歴史像を再構成してみると、どんなことになるのであろうか。

この問いにいまの私は答えをもっていないし、ここでそのことを論ずる必要もないだろう。しかし、私は、人びとの生活や生活意識についてのさまざまのファクトから出発して、そうしたファクトのつみかさねと連関の展開のなかからもっと大きな歴史の全体像の組みかえをすすめてゆくのが、私たちの歴史学の方法なのではないかと思う。そのさい、生活や生活意識のなかに私たちが発見する諸事実は、それ自体がなにものにも還元されない歴史的事実なのであって、そうした歴史的事実の発見において、「民衆思想史」は、ある程度まで有効だったのだと思う。人間というものは、みずからが紡ぎだした意味の織物にとらわれて生きるほかない存在なのだから、はじめは謎のように見えている意味の織目を読みしだくことで理解してゆかねばならないものなのであり、「民衆思想史」研究は、十分な方法的用意なしにではあるが、そうした研究視角を歴史学のなかにくみいれる試みだったのであろう。そして、文学的とか詩的とかいわれることは、大胆にいえば、人びとの内面に迫るための私たちの想像力や論理力についての「詩的」な表現のことだったのではなかろうか。

文学的な美や感銘に似かよったものが歴史叙述のなかにもし存在しうるとしても、それは歴史叙述の目的ではないし、言葉については素朴な素人にすぎない私たち歴史家が、意図して手に入れうるようなものでもない。それは、私たち歴史家の対象との緊張がもっとも高まったようなとき、あるいは思いがけぬ僥倖として恵まれるかもしれないクリオの贈り物なのであろう。内気で気取り屋（E・H・ノーマン）の歴史の女神クリオの。

〔『思想の歴史6　東洋封建社会』（平凡社）月報、
原題「日本思想史研究の一動向」、一九六五年〕

三　『明治精神史』の構想力

近ごろ読んだ思想史関係の書物のなかでは、色川大吉氏の『明治精神史』がずばぬけて面白かった。この本で、色川氏は、従来の思想史研究の通念をすっかり破って、既成の「思想作品」についてはほとんど分析していない。そうした「思想作品」は、そのままでは信用できない、口ではなんといおうと生活と行動の本当の原理となっていた「精神」を見とどけずにはおられないのだ、というのが氏の立場である。色川氏が問題にしているのは、おそらく思想の主体性という類いのことだろう。敗戦と戦後の民主主義運動の挫折という痛烈な体験が、コトバの虚しさを教えてしまったのであり、コトバの虚しさを知ってしまえば、コトバの崩壊の奥底にうごめいているなにものかの探求に向かわざるをえないのだ。「精神」と色川氏がのべたのは、その「なにものか」のことである。こうした主題は、谷川雁氏や吉本隆明氏がべつの表現でのべているものであり、井上光晴氏などの文学の主題となったものである。戦中派世代に多いこうした諸作品には、模索するものに特有の一種の熱っぽさとわかりにくさが共存しており、私たちの日常性と俗物性をおびやかす力がある。

思想の主体性という類いの問題（なんといったらよいかわからぬから「類い」などとごまかしているのだが）は、戦後思想史の重要なテーマだったが、論争の主戦場は文学や哲学にあり、歴史学者はそうした論争のそとにいた。管見によれば、『明治精神史』のどの評者も見逃しているが、そうした問題を歴史学のテーマとした点で、色川氏の研究はまったく新しいものである。

思想主体のさまざまの具体的な体験の意味を内在的に探るというのが、色川氏の主要な方法であろう。たとえば、北村透谷が神奈川県南多摩郡川口村を明治何年何月にたずね、何日くらい滞在し、誰と会ったかというような事実の詳細な研究が、氏の研究では決定的に重要な意味をもっている。こうした詳細な事実の追究も、もちろん、「実証主義」を意味しない。そうした事実――透谷の体験が、透谷の思想形成にもっている意味が問題なのである。思想という名で私たちが遭遇しているものは所詮はコトバにすぎないが、思想主体の体験の意味とかかわらせることによって、思想というものが人間そのものに即した意味においてとらえられる。色川氏にとって、コトバはひどく疑わしく頼みがたいシロモノだが、人生は言い逃れるすべのない事実であり真実である。そこで、植木枝盛や中江兆民の思想はどうであれ、石坂公歴や大矢正夫やまた無数の豪農や民衆の「一回限りの（アインマール）」人生にとって自由民権の思想と運動がもっていた意味が問題なのだ。だから氏は、これらの人びとの「人生」を私たちの前に剔抉（てっけつ）してみせる。そしてそれは、〝感慨無量〟とでもいうより仕方のないものだ。有能で多感な民権派の青年志士石坂公歴、北米に流浪して生涯娶ることなくどこかで窮死した公歴、「弟ハ一事成ラズ宜シク北米ノ野ニ放浪ス、誠ニ慚死ス可シ」などと姉北村ミナに書き送った公歴、そうした痛烈な人生そのものが石坂公歴における自由民権思想の意味なのだ。色川氏は、「一回限りの（アインマール）」人生をもたらしたものが、石坂公歴や大矢正夫における自由民権の意味だった。人生というものは、誰にとってもかけがえなく貴重な「一回限り」のものだから、その人生が思想とのかかわりによってすっかり変ってしまったことを知れば、思想は虚しいどころではない、すさまじく空恐ろしく、猛烈なものだ。石坂公歴も大矢正夫も北村透谷も、明治十年代に自由民権の思想と運動にかかわったときには、そのことが彼らの人生にたいしてもつことになった猛烈な意味をけっして知らなかった。だが、歴史は意地の悪い神様のように、歴史と思想の合意をひとつまたひとつと解きあかすことによって、彼らを問いつめ、彼らの人生を翻弄したのである。そして、思想にたずさわることのこうした重たさ、すさまじさを教えてくれたところに、色川氏の研究の価値の一面があろう。

コトバよりも人生そのものの方がはるかに重い意味をもっているとは、あたりまえのことでもあろう。たとえば、

この明治の愛国烈士の霊をなぐさめるものは、いまは空を渡る秋風ばかりだ。

というような叙述は、冷徹な歴史科学的分析から逸脱して、ドラマや詩の領域に近づくものだ。だが、こうした叙述もこの本の全体のなかではたいして不自然でないのは、色川氏が思想の論理的分析よりも透谷たちの人生の痛烈な意味を訴えることに重点をおいているからである。そして、ここに示されているひとつの問題点は、こうした方法が私たちのような人生感傷派の弱味に巧みにつけこんでいることである。この本が沢山の人たちに感動を与えた大きな根拠は、人生や思想というものの重たい意味をつきつけられて、私たちもまた右の引用のような詠嘆のなかへ誘いこまれてしまうということにあるのであろう。

この本の学問的価値の核心は、兆民や蘇峰の研究にあるのでもなければ、透谷の研究にあるのでさえもないかもしれない。「民主主義」や「人間性の解放」の歴史を探ろうとした従来の方法では、とうていとらえることのできなかった、石坂公歴のような痛烈ではあ

るがなんともいいようのない、無気味な人生の重たい意味をはじめて解きあかしたことが、この本の主要な価値であろう。鋭敏な透谷研究も、公歴や大矢正夫との対比においてのみ重要な意味をもっている。そして、この本のそうした達成も、右にのべた方法によってはじめて可能となったのである。

だが、注目しておきたいのは、この本の方法も主要な達成も、敗戦後の二十年の歴史をへてはじめて生まれるような性質のものだ、ということである。色川氏も、徹底した民主主義者としての中江兆民や内村鑑三、近代的市民的人間観の最初の樹立者としての透谷などへの関心からその研究を出発させたのであろう。近代主義的とも啓蒙主義的ともいえるそうした問題関心は、戦後の思想史研究の自明の前提だった。丸山真男氏や家永三郎氏の業績が、先駆的でもあり模範的でもあったのは、両氏がその方法論の完全な相違にもかかわらず、それぞれの意味で徹底した近代主義者、啓蒙主義者だったからである。氏らの精緻な方法や実証も、結局のところは日本社会の近代化＝民主化という問題意識につらぬかれていた。だが、敗戦後二十年たって、近代化＝民主化が日本人の自明の課題とされた時代は了ってしまった。そして、丸山氏や家永氏の問題意識や方法の網にかからなかったいくつかの問題群を析出してみようとする人たちが現れたのも、結局のところは時代のなかに根拠がある。こうしたあらたな問題意識は、一方ではいわゆる「近代化」論として登場した。坂田吉雄編『明治維新史の問題点』、日本文化フォーラム編『日本文化の伝統と変遷』、伝田功『近代日本経済思想の研究』、R・N・ベラー『日本近代化と宗教倫理』などが、そうしたものだ。他方では、挫折の体験を噛みしめて、一種の主体性論として登場した。色川氏のこの本がそうしたものだし、鹿野政直氏の『明治の思想』も同様だ。竹内好氏のナショナリズム論や丸山氏の「忠誠と反逆」にも類似の傾向がある。かつて家永史学の忠実な継承者だった鹿野氏が、『明治の思想』では沢山の人たちの体験の意味を分析するという方法で、色川氏に近づいていることが私の興味をひく。もちろん、丸山氏や家永氏はその立場をつらぬき、時代の困難さのなかでますます真価を発揮して活躍している。しかし、それでもやはり時代は一巡したのであって、丸山氏や家永氏の問題意識と方法がとらえていないさまざまの問題群が登場してきたのであり、それらは現代日本の問題状況のなかにふかく根ざしているのである。大胆で根源から考えぬくラディカルな思考が、思想史研究の分野でも要請されているのだ、と思う。

四　「民衆思想史」の立場

〔『一橋論叢』四四五号、一九七七年〕

1　「民衆思想史」の登場

一九六〇年代に民衆思想史研究というあらたな研究動向があった、といわれるばあいがある。もちろんこれは、日本史研究者たちの小さな世界での、ささやかな話柄の一つにすぎない。しかし、こうした動向を代表する研究者として、色川大吉氏・鹿野政直氏と私との名前をあげ、その批判的な総括を試みている人は二、三にとどまらないし、日本史研究者たちの世界の外からも、かすかながら反響が聞えてくる。

いうまでもないことだが、民衆の意識や思想を歴史的研究の対象としたこと自体においては、右の三人には、なんらの先駆的意義もない。柳田国男の民俗学、百姓一揆などの人民闘争史（階級闘争史）的研究、丸山真男氏とその学派の政治思想史的研究、農村社会学や社会心理学の立場からの調査研究などは、量質ともに、それぞれかんたんな概括を許さない重い成果として私たちの前にあるが、さらにたとえば、津田左右吉『文学に現はれたる我が国民思想の研究』や西岡虎之助『民衆生活史研究』なども、民衆の意識ないし思想の歴史的な研究を、その主要な関心対象としている。また、私自身にいくらか近い世代を考えてみても、村上重良氏、芳賀登氏、布川清司氏などの研究は、私が民衆思想について論ずるよりもずっと以前から精力的にすすめられており、それぞれ、厖大といってよいほどの多数の著作として、その成果が世に問われている。だが、それにもかかわらず、六〇年代の民衆思想史研究があらたな研究動向だとされ、色川『明治精神史』、鹿野『資本主義形成期の秩序意識』（一九六九年、筑摩書房）、拙著『日本の近代化と民衆思想』（一九七四年、青木書店）などが、その成果だとされるのは、そこに問題意識・方法・歴史感覚などにおいてある転換があり、その視角からいくつかの史実が発見されたりあらたな光があてられたりしたからであろう。そのさい、色川氏などの発掘した史実そのものが鮮烈な印象をあたえたということもあるが、それらの史実がキラキラ輝いて見えるのは、かなりの程度まで、色川氏特有の史眼を通して私たちがそれらの史実に接したからだということを、忘れてはならないだろう。

それでは、六〇年代「民衆思想史」（以下「　」付でこの研究の流れを表わす）研究には、問題意識・方法・歴史感覚などにおいてどのような転換があったのか、ということになるのだが、この点をなにか学問的に共有された主張や学派のようなものとしてとらえることは、ほとんどできないと思う。おそらく、右の三人にかぎっても、私たちはそれぞれ異なった資質と発想をもっており、研究者として自立してゆく由来にも、それぞれに異なった諸事情があったのであろう。また、私たちは、共同研究はもとより、いっしょに議論するという機会さえ、きわめて乏しかった（ひろた・まさき氏と私とは、すこしは議論したが）。それに、いっそう厄介なことには、「民衆思想史」は、あらかじめ明快な方法や理論があってそこから出発したものではないために、その問題設定や方法が歴史学の既成の成果とどのような関係にあるのかはっきりしていないということがある。『明治精神史』と『資本主義形成期の秩序意識』には、それぞれの立場からユニークな方法論が書かれているが、いずれも自分の探求過程を省みて整理したもので、歴史学理論としての位置づけには、なお不明確なところがあると思う。「民衆思想史」研究の特色は、あらかじめ約束された方法や理論をもたず、徒手空拳、みずからのその時その場での課題になりふりかまわずたちむかっていったことにあった、といってよいほどである。「民衆思想史」研究のこうした状況は、一方では科学主義・法則主義が、他方では実証主義が、それなりに洗練されて支配的なものになってゆくという歴史学界の状況になじまず、蟷螂の斧にも似たところがある。公言するかどうかはべつとして、「民衆思想史」は信用していないとか、ジャーナリスティックに時流に便乗したものだとか思っている研究者は多い。「民衆思想史」研究は、自分の主体的問題関心を大胆におしだして課題追求をしてゆくが、しかしそれだけに主観的で、理論や実証は素人っぽい、つまり学問的でないというわけである。

こうして、今日では、「民衆思想史」研究にたいしては、歴史学者たちのあいだにほぼ共有された評価が成立したかにみえる。史実発掘や問題設定に若干の独自性は認めるが、支配イデオロギーとの関連が追求されていないこと、民衆とはいいながら概念内容が曖昧で、事実上は村落支配者層の研究にすぎず、中下層民衆の意識が追求されていないこと、下部構造の変動と民衆思想との関連が一貫して追求されていないこと、民衆思想研究から現代の民主主義的変革への展望が明確でないことなどである。おそらく、これほどに重大で自明的な欠陥があるとしたら、「民衆思想史」研究はすでに克服されたか、あるいはすくなくとも克服されつくさねばならないものではなかろうか。

「民衆思想史」研究は、個々人の思いつき（といってもそれなりの由来をもつのだが）から出発した性格がつよいから、研究者個人の直観や好みやものの考え方が充分に客観化されないままにその分析方法や評価のなかにもちこまれており、問題意識や方法や研究目的について表現しようとするばあいにも、特殊な主観的要因のつよい部分は、タテマエ的な揚言からこぼれおちてしまったり、含羞から省略されてしまったり、研究者自身によってさえそれほど自覚されないままに終ったりしやすい。自覚された方法や学的体系よりも、一人の人間としての思いいれや直観から明瞭には区別しがたい史眼のようなものの占める割合が大きいともいえる。そこで、「民衆思想史」研究のこうした性格からすれば、右にのべた批評や疑惑はかなりよく当っていることになるのだが、しかしまた、そこには、ほとんど自明的な欠陥や限界を指摘することによって既成的な学問体系からの逸脱を戒めるという口吻がなくはない。たしかに、マルクス主義歴史学の長い方法論史と巍然たる体系性のまえでは、「民衆思想史」研究は、あまりに曖昧でやわだとするほかないが、しかし、産湯とともに赤ん坊も流し去ってしまいたくないならば、曖昧でやわなもののなかから核心を選びだし、できるだけ客観化された骨組をもったものへと、私たちの学問をきたえてゆかねばならない。

この小論は、拙著『日本の近代化と民衆思想』についての諸氏の批評にたいして、私の方法的含意をより明瞭にすることによっていくらか自説を敷衍し、より説得的なものにしようとする努力の一部だが、そのさいの問題関心は右のようなものである。したがって、批評された論点のひとつひとつに詳細に答えることを目的としていないし、自説の正当性を単純に反復して読者を悩ますつもりもない。全体としての考え方や方法意識にとって重要だと思う論点のいくつかを、わずかでも掘りさげる方向で考えてゆきたい。

2 「通俗道徳」論批判について

この小論では、拙著第一章と第二章、とくに第一章のいわゆる「通俗道徳」の問題をとりあげよう。

拙著にいう「通俗道徳」が、近世から近代へかけての民衆思想の展開を考えるうえで、ある程度の重要性をもっていることは、大部分の評者が承認しているところである。もちろん、そのばあいでも、「通俗道徳」の妥当範囲やにない手やイデオロギー機能などについての手きびしい批判があるが、維新変革をはさむ日本の近代化過程の特質を見通すさいに、拙論の視角にある程度の有効性を承認しようとする評者は少なくない。しかし、評者のなかには、布川清司氏のように、拙論の立場を一貫して痛烈に批判してきた人もいる。そこでまず、布川氏の批判(1)をとりあげてみよう。

布川氏は、その批判を三点に分けている。

①「近世中後期以降、日本中の一般民衆がすべて通俗道徳を目的的に実践した」とし、

こうした思想類型だけで近世中後期の民衆思想をとらえるのは、根本的な事実誤認である。こうした誤った結論を導きだした最大の原因は、安丸が思想史料の時代差・地域差・階層差に配慮せず、事実上は、村落支配者や「頂点思想家」を素材にして民衆思想を検出してしまったからである。

②中下層民衆の思想は、「通俗道徳」ではなく、功利とそのための不服従の論理である。彼らが「通俗道徳」を実践しているように見えるばあいがあっても、それはホンネではなく、功利のための手段にすぎない。

③安丸は、「近代主義」的価値基準にまだふかくとらわれており、そのために民衆の「功利性・自己本位性」「エゴイズム」に積極的な評価をあたえることができず、「禁欲型」の人間像の方が「開放型」の人間像よりも価値が高く役割も大きいという偏見にとらわれている。

周知のように、布川氏は厖大な地方文書を駆使して四冊の著作を刊行しており、そこでは近世民衆の（倫理）思想は、功利性・自己本位性・不服従などと総括的に規定されている。右の批評は、こうして得られた氏の結論をわずか五十頁ほどの拙著第一章に対置したものであり、三点に分けられてはいるが、おなじ主張をやや観点を変えてくり返したものといえる。批評の方法としては、拙著の問題設定や方法の固有性を内在的に理解する手続きなしに、自分が苦心して到達した結論を機械的に拙著に対置させて一気に書きあげたものであるために、私からすれば、外在的で同情に欠けたものということになる。

氏の批判のうち、私はさしあたり①をとりあげるが、私の答えは、「近世中後期以降、日本中の一般民衆がすべて通俗道徳を目的的に実践したという結論」は私のものではなく、「通俗道徳」だけが民衆の現実の意識だとする考えははじめからなかった、ということである。この点は、まず第一に、私は私なりに時代性と階層性とに配慮して、「通俗道徳」の自覚的な実践は享保期に三都やその周辺の比較的にゆたかな商家などを社会的基盤としてはじまったものであり、十八世紀末以降に窮乏した農村で村落支配者層を主導層としてよりひろい範囲で展開し、明治二十年代以降に底辺部の民衆までまきこんだとしており、「通俗道徳」が圧倒的多数の民衆の精神を呪縛するのは明治中期以降だという見通しにたって立論していることからしても、自明だと思う。だが、第二に、方法的に見てより根本的な誤解だと思うのは、私が「通俗道徳」を規範・当為・社会的通念などとしてとらえていることを、布川氏はまったく無視していることである。この点は、拙著第一章の書きだしの部分でもあらかじめ指摘していることであって、そこにはたとえば、「こうした通俗道徳が、つねにきびしく実践されていたのではない」、というような言葉も記してある。布川氏や高木俊輔氏(2)は、「通俗道徳」論は民衆の現実意識を概括したものと考えるのだが、それが規範であるとは、反規範的な意識状況を念頭においてのことにほかならない。反「通俗道徳」的な奢りや遊惰への願望が、商品経済の浸透や旧来の共同体的生活規制の弛緩のなかで勢いをましてきたとき、「家」や「村」の生活をこうした動向に対抗して再編成する論理として「通俗道徳」へ向けての自己鍛練が試みられるのだから、その基盤にあるのは、目前の利得や楽しみを求めているはるかに厖大な現実意識であり、「通俗道徳」は、こうした現実の意識状況に向けられた、さしあたっては少数者の挑戦である。

たった一人の人間や一つの小さな集団をとりあげても、人間の意識は多層的・多元的であり、ほとんど無限に複雑なものだとするほかない。しかし、この多層的・多元的な意識状況にも特有の構造や秩序があるのであり、私たちが有効な分析視角を設定したときに、その特有の構造や秩序が見えてくるのである。「通俗道徳」論は、さまざまの欲求や願望や信仰などがからみあっている現実の意識状況の複雑さを単純化するためのものではなく、ただこうした現実の意識状況が構造化され秩序づけられてゆく特有のあり方を問題にするものである。とりわけ、より歴史的な状況論としては、商品経済が進展し社会的動揺がふかまるとき、人びとには目前の利得や楽しみの機会がふえ、その意味では人びとは旧い規範を破って多様な欲求をもったより個別的な主体として登場せざるをえないこと、しかし、人びとが才覚や吝嗇や狡猾などによって一時的に利得を得たり、あらたな奢侈や遊びのなかに自分をとらえこんでしまう新しい喜びを見出したりしても、ほんのすこしひろい視野にたって考えれば、一時的な利得や喜びはかえって没落と不幸との原因になってゆくということが、ひろい範囲で民衆みずからの経験となっていたという理解が、立論の前提になっている。そして、こうした状況のもとでは、眼前の利得や喜びにうちまかされずに、みずからと「家」や「村」の繁栄・永続にふさわしく、みずからの生を一つの首尾一貫した生き方として編成する様式が必要だと意識されてゆくのだが、「通俗道徳」とは、こうした生の場での様式のことである。私が主張したのは、日本社会が近代化してゆくある特定の歴史的時代において、民衆的な次元である特有の生き方＝生を編成する様式として首尾一貫した説得性と有効性とをもつことができたものはただ一つしかなかったということであり、またそこには鋭い緊張がはらまれていて、そのゆえに厖大な人間的エネルギーが噴出することになったのだということである。そのさい、さまざまな欲求や願望やカタルシスなどが、こうした生き方と葛藤し緊張しあいながら存在していたことは、むしろその立論の前提なのである。

このように考えると、「通俗道徳」型と布川氏のいう自己本位型のどちらが量的に多かったのかという設問は、あまり意味がないことになる。「通俗道徳」型も自分の利益をめざしているともいえるのだが、それはただ目前の利得や欲望にとらわれてはならないとして、自分のなかの二元的な緊張した意識を生きているのである。現実の意識状況としては、「通俗道徳」も布川氏のいう自己本位やエゴイズムも、個々人のなかに葛藤し交錯しあったまま共存していることになろう。そして、実際問題としては、「通俗道徳」に徹しきったものも、目前の利益や欲望だけをひたすらに追求したものも、おそらくは極端な少数派だったろう。なぜ「通俗道徳」に徹することができないのか。それは、人びとは商品交換や年貢納入などの現実の経済関係の場で、商品や財貨の所有者として他人とむきあい、そこでは人びとは商品や財貨の所有主体＝エゴイストとして人格化されて登場するからである。たとえば、梅岩門下の商家の旦那衆にとって、日常の経済活動の一つ一つの局面は、こうした利害のせめぎあいからなりたっていたにちがいない。ところが、梅岩だけは、門弟たちから贈られた生活の資によって生きているのだから、誰かと死活を賭して利害を争う必要がないために、模範的に道徳的な生活態度をつらぬくことができるわけである。したがって、「通俗道徳」に完全に徹しうるのは、梅岩や民衆宗教の教祖のような極端な少数者なのだが、彼らは信奉者たちのおかげで経済的な世俗生活の外にでている特殊な人間だから、そのように生きうるのである。

ここで、布川氏の立論を支えているのは、ひろい意味での争論の史料だということにも留意しておきたい。布川氏が厖大な地方文書を思想史の文献として読みなおし、私たちに豊富な素材を提示し、思想史研究の視野を拡大したことは、高く評価しなければならない。しかし、ひろい意味での争論史料が、地方文書として残されやすい性格をもつことは自明であろう。そして、争論とは、抽象的にいえば、さまざまの手段をつくしてみずからの利益を主張することにほかならないから、そこから自己本位や功利性をひきだすのは、ほとんど同義反復ともいえる。村方騒動・国訴・百姓一揆などには、さまざまな「自己本位」の主張の仕方があろうし、その具体的なあり方を明らかにするのは、民衆意識の歴史的研究にとって有意義なことである。しかし、そこから、自己本位や功利性や不服従という抽象度の高すぎる一般的結論をひきだすとき、歴史の具体性とダイナミクスとが飛びこえられてしまう。布川氏は、国訴や村方騒動という特定の限定された次元をとりあげながら、そこからただちにより一般的本質的規定としての自己本位や功利性の抽出へと移ってしまうのだが、国訴や村方騒動で「自己本位」である農民が、日常生活者としては「通俗道徳」的だとしても、なんの不思議もない（むしろ自然なことであろう）。宮城公子氏も、近世後期の畿内の村方騒動と国訴の争論史料から「小商品生産者」の論理を抽出し、「通俗道徳」論は畿内先進地帯にはあてはまらないとしているが、(3)おなじ理由で論証の次元が納得できない。それに、氏の主要な関心対象であるはずの大塩中斎門下の豪農たちについて考えただけでも、その思想性の核心部分を「商品価値の担い手としての対等」性とか、

「数量的合理的思考」、「形式的平等への志向」などと概括しうるものでないことは明らかではなかろうか。

布川氏と私は、結論からすればほぼ正反対の主張をしており、おたがいの結論だけをつきあわせたばあいには、ぬきさしならない対立面だけが目だつ。しかし、実際のところは、どちらも特定の視座を設定し特有の素材を分析しているのだから、それぞれの視座・素材・方法の固有性をふまえたよりひろい視野にたってそれぞれの研究を位置づけてみれば、単純に対立しあっているというよりも、むしろその内実では補いあい支えあっている可能性もある。いや、すくなくとも私は、布川氏の成果をうけとめることで、自分の主張が生かされてゆくものだと考えている。歴史の全体性を構造化してとらえる眼をもつなら、自分の視座・素材・方法などがいかに特殊的なものであるかということも自覚されるはずである。そして、歴史にたいするあらたな穿掘力は、こうした特殊的な立場設定＝研究戦略なしにはありえないだろう。

3　「通俗道徳」の位相

「通俗道徳」論の有効性をある程度承認しようとする評者たちも、その有効性の範囲や程度についてはもっと厳密に限定するように求めている。とりわけ一様にとりあげられているのは「通俗道徳」のにない手の階層性の問題で、「立場がちがえば思想もかわる」（布川氏）という歴史学の大前提を、安丸はどうしてあのように易々と無視してしまうのだろうか、というわけであろう。この点についての諸氏の批判は、「通俗道徳」のにない手は村落支配者層（豪農層）であり、私の挙例も大部分がその階層のものかそのイデオローグと見なされるべきものだということ、中下層の民衆の思想ないし意識は「通俗道徳」とは異なるはずだとする点などで、ほぼ一致している。だが、これからさきは見解と強調点が岐れており、「通俗道徳」を村落支配者層の思想に限定したうえでその有効性を認めようとするもの、中間地帯や後進地帯の村落支配者層に限定しようとするもの、「通俗道徳」の階級的イデオロギーとしての性格を強調するものなどがある。そして、中下層民衆の意識については、布川氏のように「自己本位性」「開放型」とするばあいや、深谷克己氏[4]・猪飼隆明氏[5]のように、村落支配者層のそれとは異質な「平民的・プロレタリア的禁欲主義」を重んずるばあいなどがある。

「通俗道徳」を自覚的にとらえ、そうした意識形態による思想形成・自己形成を主導したのが村落支配者層（都市では商家の主人など）やそのイデオローグであったことについては、私にも異論がない。拙著第一篇第一章と第二章は、こうした階層を主導層とした日常的な生活の場での思想形成を主題的にとりあげたもの、第二篇は、より下層の一般民衆の非日常的な闘争の場での意識形成を主題的にとりあげたもので、第一篇第三章は、この二つの主題を媒介する位置にあるといっても、大雑把には誤っていない。しかし、そのことから、「通俗道徳」論を村落支配者層という特定の階層に限定し、さらに時期や地域についてもより限定的に考えようとするなら、私の立論の主旨とそこにはらまれていたかもしれない歴史学的な洞察力への可能性の大部分は失われてしまうだろう。

私の考え方を明らかにするために、深谷氏と猪飼氏が提出している批判点のひとつをとりあげてみよう。それは、「通俗道徳」を豪農商層からのちの地主・資本家などにつらなる階層の「禁欲」に限定してとらえ、エンゲルスの『ドイツ農民戦争』に依拠して、「社会のもっとも下づみの層が運動にうつるためにはどうしても経過しなければならない必然的な段階」としての「平民的・プロレタリア的禁欲主義」というべつの「禁欲主義」を措定し、二つの「禁欲主義」を原理的に区別しようとするものである。エンゲルスは、この「平民的・プロレタリア的禁欲主義」は、ピューリタニズムなどの「ブルジョア的禁欲主義」と「まったくちがう」としており、この指摘が両氏の論拠になっている。

両氏の批判が、エンゲルスが〇〇といっているから日本でも〇〇のはずだという論理でなされており、中下層民衆の意識内容に具体的にたちいったものでないこと、マルクス主義の古典にむきあう態度が私とは異なっていることは、ここでは論の外におこう。それよりも、エンゲルスの指摘は、農民蜂起にさいして登場した予言する指導者の言葉に関していわれたものであることに、ここでは留意しておきたい。そのことを猪飼氏は、「彼らの階級的結集、民主主義的運動、あるいは民主主義の実現の過程でそれに付随して発生する歴史的属性」だと敷衍しているが、これは、私にとっては、抽象的にすぎる説明である。「民主主義的運動」が展開するとき、なぜ、どのように、「禁欲主義」が「付随して発生する」というのだろうか。この点をたとえば、「闘争をよりシヴィアなものにする」ために必要だったのだなどと説明するとすれば、それは、意識が自由に選ぶことのできない必然性をもっていることへの洞察を欠いた、便宜的にすぎる機能論におちいることになろう（エンゲルスの記述も、この部分だけをとりあげると、闘争のために必要だったからという主旨の便宜的なものになりすぎているように、私には思える）。こうした「禁欲主義」は、民主主義運動一般の属性などというものではなく、たとえば中世末期に典型的に発展する大衆的な蜂起に特有のものであり、とりわけ、エンゲルスがそこでとりあげているハンス・ベーハイムのように、蜂起する民衆に向かって悔いあらためと快楽の放棄とをはげしく要求する宗教的予言者に特徴的なものである。こうした性格の蜂起の「禁欲主義」について、私が無関心だとか識別能力をもたぬとかするなら、それは、拙著第二篇（およびそのより未完成なかたちとしての庄司吉之助・林基・安丸共編『民衆運動の思想』解説）をほとんど無視することになろう。ドイツ農民戦争や太平天国のような大蜂起にさいして、蜂起した集団のなかにはげしい「禁欲主義」的規律の高揚が見られること、日本の百姓一揆についても、やはり蜂起の「禁欲主義」が萌芽的にしろ存在したことについては、私自身なんの疑問もない。しかし、拙著第一章が問題にしているのは、日常生活を人びとが生きぬいていく方法としての「禁欲主義」なのだから、両氏の援用するエンゲルスの指摘とは、次元を異にしていると考えるほかない。

拙著第一章の方法的特徴は、梅岩などのような民衆的思想運動の指導者の思想形成や論理構造をおさえて、そこから、広汎な民衆の思想形成の方向を展望しようとしたことにある。そのばあい、梅岩などの思想形成やそれを支える論理構造や人間像などの分析においては、ある程度まで説得力をもちえたのであるが、こうした思想形成の前提でもありそれをとり囲んでもいる広範な一般民衆の現実の意識状況については、ほとんど触れていない。この問題についてとりあげているのは、ただ一点——つまり、バクチ・飲酒・芝居・祭りなどのハレ的奢侈的な領域がしだいに膨脹するということであり、「通俗道徳」は、こうした傾向に対抗する「禁欲」型の思想形成とされている。そして、ハレ的世界の膨脹を支えるのは、たとえば若者組などに結集した一般民衆であり、それに対抗して芝居・祭り・

若者組などを取締るのは村落支配者層なのだから、そのような意味では、「通俗道徳」をめぐる階級関係は、拙著ではむしろ重要な関心事となっており、ハレ的な世界を抑圧して村落支配者層が村の秩序を再掌握してゆく過程として、近世から近代にかけての日本の農村秩序を展望しているわけである。つまり私は、広範な民衆の現実の意識状況について考えるさいに、主として民俗学の成果を借用して、ハレ的領域の膨脹としてのみとらえ、したがってまた一般民衆の意識状況をほとんどもっぱら「通俗道徳」に対抗的なものとして把握したのである。だが、いまから考えると、これは大きな誤りであったし、私からすれば納得しがたい諸氏の批判が生まれたのも、私の側のこの欠陥とかかわるところが大きかったのではないかと思う。

右の欠陥を指摘したものに、宮田登氏の批判がある。[6]

禁欲とか自己鍛練に馴染まないまま、日常生活を営む大部分の民衆に対して、著者はこれを通俗道徳の基準からはずし、民俗的世界への埋没ということで説明しようとした。ただ民俗的慣習を変革する態度が明確になった事例によってのみ通俗道徳へのつながりをみようとしているかのようだ。民衆思想が人間の無限の可能性を喚起させるものならば、その根にあたる日常生活の民俗的なあり方を、たんにマイナスの面でとらえることだけでは済まされないように思える。

これは、的を射た批評である。拙著は、一般民衆の意識をハレ的局面の膨脹としてのみとらえたが、ケの局面では、まじめによく働き、親や主人のいいつけをまもり、村人と仲よくくらすなどという規範が、長い伝統のなかに定着しており、「通俗道徳」は、こうした日常規範と呼応するものであったからこそ、広範な人びとに受容されたのであろう。拙著でも、「通俗道徳」型の諸規範が、「ある意味では日本の民衆の伝統的な生活慣習にほかならず、それ自体はすこしも珍しいものではなかった」などという指摘を何回かしながらも、実際には一般民衆の側のそうした側面については、具体的なイメージをまったく提示することができず、それゆえにまた、一般民衆が「通俗道徳」を受容する根拠についても、十分には説得的でなかったのだと考える。

高取正男氏は、「江戸時代以来、次第に力をもちはじめた貨幣経済は……「オオヤケ」と「ワタクシ」の二側面のうち、つねに「晴れ」を意味する前者の部面から、はじめは村落生活、やがては村内各戸の生活のなかに力を及ぼしはじめた」とのべている。(7) 以下、氏の論旨をいますこし追ってみよう。貨幣経済が未発達で塩が主要な交易対象であるような段階では、塩商人は村の塩宿へきて、村人は塩宿を介して塩を入手する。このようなばあいには、塩商人と塩宿のあいだには貨幣経済が成立していても、塩宿と村の各戸とのあいだには自然経済が支配しており、村外の商人との交渉は、一面では塩宿を通してなされる村の「オオヤケゴト」としての性格をもっている。ところが、貨幣経済がさらに発展して、村の各戸がそれぞれ自立的に村外の商人と売買関係をもつようになると、これまで、村の生活のなかでバランスと秩序をもっていた「オオヤケ」と「ワタクシ」、ハレとケの関係がくずれ、どの家もその家からして「オオヤケ」的・ハレ的な側面を急速に膨脹させることになる。こうした変化を、高取氏は、いつまでもケ的な性格がつよい台所と、ハレ的な性格のつよい座敷とを対比しながら、説明している。すなわち、農家が来客を迎える場所は、もともとはイロリ端だったのだが、武家や神官・僧侶・庄屋層などをまねて、来客用の座敷をつくる習慣が拡がってゆき、明治以後には分家筋のものもふくめて一般化した。生け花や茶の湯のような座敷での儀礼にむすびついた伝統芸能も、こうした座敷の普及のあとを追って受容層を拡大した。だが、台所のようなケの部分では、消費生活をできるだけきりつめて貨幣経済の影響から家の経済を守ろうとする態度が根づよく、台所や日常の食器類の改善への関心は、大正期の都市中産階級の登場をまたねばならなかった。「ひとりひとりが各種の共同体の影に隠れないで、積極的に、そして直接に「オオヤケ」の世界に出て働き、世間の波にもまれながらも他人からうしろ指をさされないようにするには、日常的な「褻」の生活、「ワタクシ」の部分が抑圧され、圧迫をうけても仕方がないと諦め、さらには、台所の改善のようなことは後まわしにし、日常生活は極度に切詰め、それでもって世間体を整え、世間と足並みを揃えるのはよいことだと素直に信じこんできた」。それは、ハレとケ、「オオヤケゴト」と「ワタクシゴト」の「悲痛なアンバランスの表出であり、結果として、前者の野放図な肥大化であった」――と。

民俗学の明らかにしてきた諸事実と歴史学の明らかにしてきた事実や論理が、内面的にふかくかかわりあっており、両者がじつは相互に支えあうような性格をもっていることを、私に最初に教えてくれたのは高取氏だったのだが、どうやら私の民俗学への関心は、ほんの表面的なものだったらしい。もし右の宮田氏や高取氏の指摘をふまえて考えてゆくことができたとしたら、「通俗道徳」を受容する基盤が一般民衆のなかにどのようなかたちで存在しており、「通俗道徳」の受容がどのような葛藤や緊張のなかでなされるものかということについて、私はもっとふかい洞察力をもちえたにちがいない。

4 方法論的展望

私の頭脳がいかに粗末な出来だとしても、「通俗道徳」論だけで近代化過程の民衆意識史を裁断してしまえると思ったことは一度もない。事実、勤勉や倹約よりも「安気」に暮す方を選ぶ人たちもいたろうし、「家」を離れて自由に生きようとした人たちもあったろう。幕末から明治初年にかけては、世直しへの期待がはるかに多くの人びとをとらえていたかもしれない。「通俗道徳」がより広範な人びとをとらえるようになってからも、生活を楽しむ余裕と文化的感受性とをもった都市中間層や知識層はしだいにその数を増したろうし、反対に、守るに値いするほどの「家」をもつことのない下層貧民はいっそう多かったろう。もっとも貧しい人たちのあいだでは、家エゴイズムの臭気と家父長制的な規範や権威が欠如しているかわりに、独自の相互扶助の精神があり、犯罪者をかくまったり逃亡をたすけたりすることも少なくはなかったろう。たとえば、近世の鉱山や宿場の労働者、門付けの芸人、乞食、サンカ、さらには博徒の集団や盗みを生業とする人たちの集団等々も視野にいれるなら、私たちの民衆思想史ははるかに複雑で興味ぶかいものになるだろう。また、おなじく「家」を単位とする生活規範といっても、都市・農村・山村・漁村ではそれぞれかなりのちがいがあろうし、地域による気質的な相違なども小さなものではなかろう。

しかし、この類いの指摘をいくらつみかさねても、「通俗道徳」の説得性→その通念化という拙著第一章・第二章の主旨を、いまの私はまだ疑うことができない。そのことの究極的な根拠は、「通俗道徳」は、「家」を単位とした自立という近代化過程の日本の民衆が直面していた基本的課題にもっともふさわしい論理であり、そのようなものとしての有効性と説得性とを歴史のなかで鍛え洗練してきたおそらく唯一のものとして、私には見えているということにある。そして、おそらくこの「通俗道徳」の説得性↓通念化を媒介にして、日本の民衆の生活様式・思惟様式がその生涯を通してくり返しくり返して形成されなおされてゆき、そこに日本人に特有の性格構造や身ぶりや感受性や行動様式の特質なども形成されていったはずである。もちろん、それらの基盤には、もっと旧くて長い歴史的伝統や風土や民俗的なものの持続があるのであろう。しかし、最近、中井久夫氏が、精神病理学の立場から、日本人の「勤勉と工夫」の倫理を支えている性格構造とその歴史的背景を論じたように、性格構造の特質さえもじつは歴史的に形成されたものであり、中井氏のいう「執着性格」は、「通俗道徳」論にほぼ照応するものなのである。(8)

最近、山之内靖氏は、マルクス『経済学批判』の「序言」における周知の唯物史観の「定式」を問題とし、そこでのべられている法律・政治・宗教・芸術・哲学などの「イデオロギー諸形態」と、現実の土台に「対応する」「いわば日常的状態においてとらえられた「社会的意識諸形態」とは別箇の範疇」であるとした。(9) 山之内氏の狙いは、人間の意識の問題を上部構造＝イデオロギーの領域へ押しこむことによって、意識の問題についての矮小で機械的な把握におちいりがちな土台―上部構造論にたいして、意識が「実在的な現実性」であることを強調し、歴史のなかにおけるその非還元的なリアリティを具体的に認識するように迫ることにあったろう。マルクスの理論のこうした把握は、山之内氏ものべているように、「序言」のマルクスの言葉をいくら仔細に検討しても、それだけでは明らかにできない性質のもので（というより、「序言」だけなら旧来の解釈の方が自然ではなかろうか）、マルクスの理論体系全体についての再認識からひきだされたものである。そして、山之内氏のように考えてよいとすれば、「序言」にいう「社会的意識諸形態」とは、「本質的には経済的土台のうちに内包されたところの、あるいは経済的諸関係の網の目に生活する諸個人の活動的存在と直接に連繫をもつところの、日常的意識態様にほかならない」ということになり、経済史研究もまたこの「日常的意識態様」と切り離しては成立しえないことになる。山之内氏のこうしたマルクス理解が、ウェーバー・大塚理論を念頭において いることはいうまでもないが、「日常的意識態様」の「実在的な現実性」を積極的に承認し、その具体的な認識を迫るという氏の立場は、私には、私の問題設定を理論的な立場から支えてくれるものであるかのように見える。もちろん、私の考え方は、山之内氏のようにマルクスの歴史理論のふかい検討から生まれたものではない。しかし、私の考え方もまた、通俗化された土台―上部構造論にたいする長い不満をふまえて生まれたものだった。

もちろん私は、これまでの歴史学が明らかにしてきた階級的視点を無視するものではない。しかし、敵対する諸階級が経済史分析によって確実に析出されたとしても、彼らが明確に弁別しうる敵対的イデオロギーをもち、それがまた日常的生活意識の場ではっきり形象化されているはずだという気楽な考え方をもつことができない。生活意識（思想）の場では、複雑な葛藤をへながら人びとは単純に進歩的でも単純に反動的でもないある生き方を設定して生きてゆくのであり、イデオロギーというのは、こうした広範な人びとの生き方→生活意識（思想）をふまえながらも、さらにいく層かの媒介をへて編成された、より体系的ななにかなのであろう。そして、イデオロギーの方は、状況に応じて編成しなおされてゆき、生活意識（思想）の方は、これもいくたの変遷をへながら、国民的エートスや社会通念や文化類型や性格構造等々にまで沈澱してゆくのであろう。

したがって、「通俗道徳」は、かつて中村政則氏が評した(10)ように、より「歴史貫通的」であり、さらにいくぶんか階級的にも「貫通的」である。ところが、中村氏が対比するように、鹿野氏の『資本主義形成期の秩序意識』の方は、「民衆の日常的な生活意識の次元からとらえる」ことを主張する点では私とおなじ立場にたつように見えるのに、「段階的・発展的であって、民衆意識の成長のプロセスが丹念に追求されている」。この相違を中村氏は、鹿野氏の方が私より「近代的市民精神」についての評価が高いという価値意識のちがいから説明するのだが、私は、もうすこし具体的に、両者の問題設定や分析手法のちがいから説明しうると思う。いま、簡略化のために、右の大著は敬遠し、「〝近代〟批判の成立——民衆思想における——」(11)をとりあげてみよう。

この論文は、のちに拙著第一章とした拙論も念頭におきながら、明治二十年代から三十年代にかけての民衆的な立場からの〝近代〟批判が成立してゆく過程を分析したものである。この論文では、二十年代は「〝近代〟批判前史」とされ、民俗学や社会心理学の成果への関心を語りながらも、歴史学的に追求できる事例として三つ—天理教の発展、貧民問題の社会問題化、青年会運動がとりあげられている。つぎが本格的な「〝近代〟批判」が成立する日清戦争以後の時期で、そこでは、田中正造・田岡嶺雲・夏目漱石・徳冨蘆花・明治の社会主義者などがとりあげられている。そして、これらの大知識人たちの思想こそが、日本近代社会の直面していた矛盾や暗黒を見つめつつ形成されたものであるがゆえに民衆的な立場からの〝近代〟批判であり、それゆえにこの時代を代表する民衆思想だとされてゆく。たとえば、明治の社会主義は、「民衆の側から展開されたさまざまの〝近代〟批判的秩序構想の中核」という評価になっている。そして、論文の末尾では、右にあげた天理教なども田中正造以下もふくめて、「民衆思想の展開を、〝近代〟批判の成立という観点から大まかにあとづけてみた」、と総括されている。一見して明らかなように、その時期その時期の歴史現象のなかから、運動史レベルのもの、社会史レベルのもの、大知識人の思想などが自由にとりあげられており、それらが時代の推移と結びついた顕著な歴史現象であるために、「段階的・発展的」叙述が可能になっているわけである（大著の方は、はるかに複雑になっているが、基本的な方法は変らないといえよう）。このように整理してみると、鹿野氏の論述しているような現象の基盤にも、「通俗道徳」によってみずからを縛って懸命に生きている厖大な民衆が存在しており、この事実の圧倒的な重みときしみあいながら、たとえば田中正造等の思想的営為があったと考えてみることは、たいして不自然な見方ではないように思う。そして、もしこのように考えてよいなら、鹿野氏の「段階的・発展的」な研究が、より「歴史貫通的」な「通俗道徳」論と矛盾しないばかりか、むしろ補いあうような性格をもっていると考えることができるのではなかろうか。

どのような研究も、固有の問題設定と分析のための論理的次元をもつものであろう。大げさな挙例だが、たとえば、『資本論』の論理次元は資本主義的経済社会一般であり、柳田国男のばあいは、日本の常民の生活や生活意識一般である。それを抽象にすぎるとか具体的でないとかと批判するとすれば、それは、こうした抽象次元を設定することによってなにが明らかにされなにが明らかにされないかを区別できない方法論音痴というものだろう。「通俗道徳」論は、私なりに設定された方法的論理的な問題設定の次元をもっており、そこから照射しうる問題群と照射しえない問題群とをもっている。こうした問題設定の固有の次元を無視して、時代差・地域差・階級差の設定やイデオロギー論的分析の必要などを、なにか自明的により正しい方法的立場であるかのように要求するのは、みずからの方法的前提がいかなる性質の抽象のうえに成立しているものであるかを自覚しえないでいることを告白することにならないだろうか。

5　おわりに

さまざまなかたちをとった言及もふくめると、拙著への批評はかなりの数にのぼる。そのうち、この小論では、「通俗道徳」論をめぐる諸氏の批判に関連して、いくつかの論点に触れた。「通俗道徳」論についてもなお言いたりない点があるが、そのほかに、支配イデオロギーへの展望と連関の問題、日本の近代化過程における宗教意識の展開のとらえ方の問題、拙著第二篇が抽象的だとか経済構造との関連を無視しているなどとする諸氏の批判への反論（および私の問題設定の根拠の理論的説明）、民俗的なものと歴史的なもののかかわり方の問題なども、掘りさげて考えたい論点である。また、私の考え方は、ルカーチ、マンハイム、ゴルドマンなどの著名な研究に教えられた社会的歴史的な意識形態論とでもいうべき立場にたつものなので、その理論的展開も必要だと思っている。いずれ機会をえて、これらの論点についてもすこしずつのべてゆきたい。

(1) 布川氏はその著作のなかでくり返し拙論を批判しているが、ここではそのもっともまとまったものである拙著書評(『日本史研究』一四九号)をとりあげる。
(2) 高木俊輔、拙著書評(『中央公論』一九七五年一月号)。
(3) 宮城公子「変革期の思想」(『日本史研究』一一一号)。
(4) 深谷克己「『歴史学研究』三四一号特集「天皇制イデオロギー」について」(『歴史学研究』三七八号)。
(5) 猪飼隆明「日本近代社会形成期における民主主義の問題――いわゆる「通俗道徳」の本質をめぐって――」(『歴史科学』五九・六〇合併号)。
(6) 宮田登、拙著書評(『史林』五八巻三号)。
(7) 高取正男『民俗のこころ』(一九七二年、朝日新聞社)、以下の記述は同書一九八~二三四頁による。
(8) 中井久夫「再建の倫理としての勤勉と工夫――執着性格問題の歴史的背景への試論――」、笠原嘉編『躁うつ病の精神病理』所収、のちに『分裂病と人類』第二章。
(9) 山之内靖『社会科学の方法と人間学』(一九七三年、岩波書店)第一部第一章。
(10) 中村政則「現代民主主義と歴史学」(歴史学研究会・日本史研究会編『講座日本史　一〇現代歴史学の展望』、一九七一年、東京大学出版会)。
(11) 鹿野政直「〝近代〟批判の成立――民衆思想における――」(『歴史学研究』三四一号)。

〔追記〕

私がこれまでに書いてきた著書・論文についてはさまざまな形での批判・批評があるが、ここでは書評を除いて、拙論への批判・批評を主題もしくはそれに準ずる内容としている論稿を掲げ、読者の参考に供したい。これらの論稿を見ると、①以外は日本史学界の外部からのものであること、「通俗道徳」論がもっぱら批判と批評の対象とされており、それ以外の拙稿ほとんど関心対象となっていないことなどにおいて、いちじるしい特徴がある。

①赤澤史朗・北河賢三・高木潔「思想史の方法について――六〇年代「民衆思想史」の方法的検討――」(『人民の歴史学』三四号、一九七三年)。

②島薗進「日本の近代化過程と宗教」(『ジュリスト増刊総合特集21　現代人と宗教』、一九八一年)。

同　「日本新宗教の倫理思想――近代化論から「心なおし」論へ――」(『日本の仏教4　近世・近代と仏教』、一九九五年)。

③小松倫明「戦後社会科学における視角と方法の問題――丸山真男・安丸良夫氏を中心として――」(埼玉大学教養学部卒業論文、『天空の雪　小松倫明遺稿集』、一九八一年)。

④藤井健志「新宗教の内在的理解と民衆宗教史研究の方法」(脇本平也・柳川啓一編『現代宗教学2　宗教思想と言葉』、東京大学出版会、一九九二年)。

⑤川田耕『〈立て直し〉の倫理――江戸後期から明治後期にかけての通俗道徳――』(京都大学大

学院文学研究科（社会学専攻）修士論文、一九九二年）。

同「道徳と主体――江戸後期から明治期にかけての通俗道徳――」（『ソシオロジ』三九巻二号、一九九四年）。
⑥「著者とともに論じる『近代天皇像の形成』」（東京外国語大学海外事情研究所『地域研究ブックレヴュー』一〇号、一九九三年。表題にある拙著合評会の記録だが、論点が多岐にわたっているので、ここにあげておく）。

五　思想史研究の立場――方法的検討をかねて――

〔『東京歴史科学研究会11月講座』、一九七二年〕

今日お話しようと思っているのは、戦後の日本の思想史研究の問題意識や方法論をふり返りながら、そういうもののなかから、自分としてはこれからどういうふうな方向へすすみたいと思っているかというようなことであります。そのばあい、几帳面な研究史的整理をする準備も時間もありませんから、自分の関心にそってできるだけ集約的にのべてゆきたいと思います。

私個人が思想史の研究を志したのは、「近代主義」諸理論がきわめて活発に展開していた時期だったと思います。日本思想史の領域では、丸山真男氏とそのグループの業績が圧倒的な重みをもっているように、当時の私にはみえており、したがってそうした業績をどううけとめどう克服するかが、重要な課題のように思ってしまったのです。

そこで、はじめにそういうことについて、具体的には丸山氏の諸研究をめぐってお話してみたいと思います。ところが、一九六〇年の安保闘争あたりを境にして、「近代主義」諸理論の一定の凋落現象があり、「近代主義」諸理論に包摂されないようなさまざまな問題状況がはっきりしてきたと思います。そして、新しい情勢に規定されて、歴史学の領域でもいろんな新しい試みが行われたわけです。たとえば人民闘争史の研究だとか、世界史的認識とか。そして思想史においても、色川大吉氏や鹿野政直氏に代表されるような諸研究は、およそ六〇年を画期としてあらたな展開をはじめるといえましょう。そういう意味で六〇年安保闘争を境とする諸事情についてあとの方でお話してみたいと思います。

まず、丸山真男氏の研究の成果とその問題点をどういうふうに受けとめるかということを話してみたいと思います。

丸山氏の思想史研究の業績というのは、きわめて多様なものですけれど、大きく分けると二つの領域をもっています。一つは『日本政治思想史研究』や福沢に関する諸研究に代表されるもので、これは要するに日本の前近代的社会関係のなかからどのようにして近代的思惟が成立してきたか、つまり、近代的思惟の成立過程を具体的に分析したものです。第二番目の系列は、『現代政治の思想と行動』や『日本の思想』などに代表されるもので、これは前者とは反対に、日本社会の伝統的な意識がいかに強力な呪縛力をもっているかということを内在的に分析しようとしたものです。その二つの方向の研究が交錯しているところに、丸山氏の仕事の大きな魅力があるのだと思います。

そこで、最初の方、『日本政治思想史研究』に代表される研究からお話していきたいと思います。『日本政治思想史研究』については、私は『歴史の名著』にもちょっと書きましたが、簡単に要約するならば、そこには思想史研究の上での転換点となった重要な成果がつぎのような点であったと思います。ひとつは、新しい思想史研究の方法論を樹立したということです。それは思惟方法、あるいは思惟様式(Denkweise)の分析であります。これはどういうことかというと、狭義の、あるいは直接的な意味での政治思想の分析ではなくて、その基礎にある人間のものの考え方、さらにつっこんでいうならば、人間の生き方、存在の仕方の全体を分析してみようという立場であると思います。そういう方法論を近世初頭の朱子学から始めて、荻生徂徠・本居宣長・安藤昌益等々に適用したのが『日本政治思想史研究』ということになるわけです。丸山氏がそういう方法論をとったことにはいろんな意味がふくまれていますが、直接にはつぎの二点がふくまれていると思います。ひとつは、この書物が書かれた時代状況にかかわるもので、戦争中の国体主義・ファシズムが、近代的な諸権利を否定していくのにたいして、〝近代的〟なるものが、たんに狭い意味での政治思想の領域だけでなくて、もっと根本的な、人間のあり方、ものの考え方そのもののなかに成立してきた過程を明らかにする、そのことによって、ファシズムを批判する、そういう意味をふくんでいると思います。それからもうひとつは、当時ようやくあらわれつつあったマルクス主義的な立場からの思想史の研究、永田広志氏・羽仁五郎氏などの研究にたいする批判です。これらの研究は、丸山氏からすれば、思想の全体構造との関連をあまり考えない一面的な現象論とみえたのでしょう。丸山氏は、個々の現象的な「近代」性の記述を避け、もっと根本的なものの考え方、さらに人間の存在様式そのもののなかに近代というものがどういうふうにしてあらわれてきたかという問題の立て方をしたわけであります。研究史的にはこれはF・ボルケナウの『封建的世界像から近代的世界像へ』（水田洋他訳、一九五九年、みすず書房）という有名な書物に依拠するところが多いでしょうけれども、それはともかくとして、いま述べたような理由で、新しい問題意識、そしてそれにふさわしい方法を樹立したところに、この書物の第一の意義があったのだと思います。そして、二番目に、そういう新しい方法に基づいて近世初頭の朱子学からはじめて、徂徠・宣長へという近世思想史の全体の、いわば厳密で体系性をもった分析を丸山氏ははじめて提出してみせたわけであります。そして三番目に、そのことによってじつは近代的思惟とはなにか、あるいは近代的人間像とはなにかということについて明晰なイメージを提出したわけであります。そしてこの近代的人間像の問題が、戦後における民主主義の問題につながってくるわけです。戦後の民主主義を準備した諸理論はいろんな形で、戦前から戦争中にかけて準備されてきたのですが、丸山氏の『日本政治思想史研究』や戦後いちはやく発表された福沢研究の諸論文と大塚久雄氏の近代ヨーロッパの経済史研究のなかから生みだされた業績とが、近代的人間像とはなにかということについての学問的体系性をもったもっとも明晰なイメージを、戦後の日本社会へ提示したということになると思います。

以上のような点で丸山氏の研究は画期的な意味をもっていたと思います。それではどこに問題点があったかということですが、これは現在でもあまりはっきりと決着がついている問題ではないと思います。しかしつぎのようなことはいえるのではないか。まず第一に近代的思惟の成立過程をとらえようとするあまりに、近代の方向へ進む側面の方がやや過大に評価されているように考えられます。具体的には、徂徠や宣長についてやや甘い評価になっていると思います。それを逆にいえば、日本の社会における伝統的な意識形態が、人びとをどのように呪縛しているのかはそこでは問題になっていないと思うわけです。さきにのべたように、丸山氏はこの書物に、ファシズムに対抗する原理を近代的なるものの成立史に求めるという意味をこめているのですが、ファシズムに対抗するものがそこにははっきり確実にあらわれていることを論証しようとするあまり、近代的なものの成立がどのように制約されているかという反対側の問題は、視野にはいっていないわけです。

つぎに、思惟方法の分析という独自な方法論を樹立したことは、非常に高く評価しなければなりませんが、しかしそういう分析方法のゆえにより直接的な意味での政治思想、あるいは政治イデオロギーの分析がうまくできなくなったのではないかと思われます。というのは、具体的にはつぎのようなことがあるからです。つまり、今日の私たちが素直に徂徠とか宣長などの思想を考えてみると、これは支配階級の内部における改良的な分子の思想とでもいうべきものであります。ところが、階級社会においては、精神労働と肉体労働とは非常にきびしく分裂しておりますから、そういう状況のもとで思惟様式の面で新しいものを展開する条件というのは、支配階級の内部の改良的立場の方がいろんな点で優位にたつのは当然なことであります。したがって、思惟様式の近代性という基準を設定すると、支配階級のなかに現れた、そういう改良的立場の方に重きを置いた評価になり、逆にいえば民衆の思想形成ということは評価されにくいことになるわけです。たとえば徂徠とほとんど同時代に、石門心学が現れてくるわけですが、これは折衷的なものだということで、丸山氏は非常に低く、否定的に評価していますが、そういう評価が生まれてくるのは、丸山氏の方法論に根拠があるのだといわなければなりません。

以上のようなことをふまえて、全体として考えてみると、具体的には、徂徠・宣長・福沢という系列が高く評価されすぎ、民衆思想や百姓一揆や、あるいは明治でいえば自由民権派の評価が低くなり、また支配イデオロギーは内在的には分析されない。やや丸山氏ごのみの大知識人の分析が、日本思想史の内容を構成することにならざるをえないと思います。

ところで、このような『日本政治思想史研究』の弱さは、ある意味では、丸山氏自身がもっともよく知っていたのではないかと思います。おそらく右のような事情のゆえに、敗戦直後には問題意識をすっかり転換させて、現在では『現代政治の思想と行動』におさめられている諸論文や『日本の思想』が書かれるわけです。そしてむしろそういう領域に丸山氏の主要な成果があったといえるかもしれないと思います。これらの業績の画期的な意味は、まず第一に、明確な概念的構造をもたず、内在的分析が不可能なようにみえた天皇制イデオロギーが、内在的構造的に分析されたということです。そういう意味でさきほど、支配イデオロギーの分析がないといいましたが、まさにその支配イデオロギーそのものの内在的な分析を行ったという点になによりも重要な意義があると思います。

ここでちょっと講座派マルクス主義との関係についてのべてみると、丸山氏はマルクス主義を認めないのではない。とくに講座派を認めないのではありません。しかし講座派の分析が、経済構造の分析かそれとも政治機構の分析かに、片寄りすぎていて、イデオロギー分析が行われていないというふうに考えるわけです。そこで、経済構造や政治機構の分析としては講座派の成果を認めながら、それだけでは解決できない重要な領域があるのだとして、独自な分析を展開してみせるわけです。

その研究は、ある意味で政治イデオロギーの分析ですけれども、それは狭い意味での政治イデオロギーの分析ではなく、『日本政治思想史研究』のところでのべたように、人間のものの考え方、そしてものの考え方を通じてあらわれた人間のあり方、いわば人間の存在様式の分析とでもいうべきものが、そこには貫徹していると考えられます。そしてこのような観点から、近代日本における人間の存在様式を、天皇制イデオロギーの内在的な分析によって明らかにしてみると、それがいかに市民社会の理念と異なるものであるかということがわかるというわけです。つまり、丸山氏によると、日本の近代社会は近代西欧の市民社会とはまったく異なった原理により支配されているのであって、近代の日本では権威と道徳が国家に集中されて、個人は価値的には無価値である、国家は市民生活の手段であるというよりそれ自体が価値の実体であって、権力と権威の一体化した国家である、そして個人の内面的な世界の自立の欠如した国家の基礎に日本的な共同体がある、というふうに分析してみせるわけです。そしてそのような日本社会にたいして、ヨーロッパの市民社会の理念を対置する。日本社会に内在的というよりも、外から啓蒙的に、そういう市民主義的イデオロギーをもってきて、そういう立場からの日本社会の変革を呼びかける、そういう意味での永久革命を呼びかける、という性質をもっていたと思います。

こうしたとらえ方は非常に独自なものだったので、戦後の日本の思想状況・イデオロギー状況のなかでとても大きな意味をもったわけであります。とりわけ一九五〇年代の後半、それはちょうどスターリン批判やハンガリー動乱が起こった直後の時期ですが、その時期に論壇やジャーナリズムの次元では、丸山氏の右のような考え方とそれを受けとめた藤田省三氏や石田雄氏や神島二郎氏などの議論がむしろ支配的な論調になっていくというような状況も見られたわけです。つまりイデオロギー的には、市民主義というかたちをとって、日本の社会を啓蒙していくという立場からの現実批判が、非常に大きな流れとなってゆき、それが六〇年安保のときの市民主義となるわけであります。

そういうわけで、現実の機能としても、丸山氏らの仕事は非常に大きな役割をはたしたのですけれども、そこにはいくつかの問題点があったと思われます。

ひとつは支配イデオロギーの分析はたしかにみごとに行われたのですけれども、そういう支配イデオロギーのなかで、どういう矛盾と対抗がおこり、そこからどういうふうに新しい変革的な意識が形成されるのかという契機はそこには明らかにされていないと思います。そしてそういうことになったひとつの根拠は、太平洋戦争中の超国家主義思想に主要な材料をとって考えているからであって、たとえば明治だとか大正だとかに素材をとると、ややちがったイメージが生まれてくる、そういう可能性もあったと思われます。津田左右吉氏や和辻哲郎氏などというもう一世代古い人たちは、丸山さんの分析に対してつよい不満をもったらしいのですが、その主旨は、丸山氏の分析しているようなものは、いわば戦争中の病理現象であって、明治の日本のナショナリズムは、もっと健全なものだったということだと思います。

それはともかくとして、支配イデオロギーの内在的な分析が、それをつきくずしていく契機を措定しないまま行われてきたということは争われないことであったと思います。そのことはべつな言い方をしてみると、日本の社会の内部に発展と変革のコースを設定するばあいには、いわば外からのというのか、上からのというのか、啓蒙主義的な市民主義として設定するしかないということになっていたのだと思います。もう少し言葉を変え局面を変えていえば、経済史や政治史などの歴史的具体的な研究と有機的にうまく結びついていないということでもありましょう。

丸山氏の業績、それから丸山氏の影響をうけた神島氏・藤田氏・石田氏などの研究は、さっきもいったように、だいたい一九五〇年代なかばを境にして非常に大きな影響力をもつようになり、やがて安保闘争の市民主義へとすすんでいくのですが、そこには今のべたような方法論的な弱さがあったと思います。そうした事情もあって、六〇年代以後は丸山氏の業績に学びながらも、それとぴったり一致する方向での研究は少なくなっていくといえましょう。

ここで丸山氏の成果と問題点をうけとめてわれわれにたいしてなにを示唆しているのかを整理してみると、こういうことがいえるのではないかと思います。ひとつは狭い意味の政治イデオロギーの分析だけではなくて、それを支えている人間としての存在構造の分析、人間の主体としての生き方の表現として思想をとらえることが重要だということ。したがって、思想史の研究は、かならずしも政治イデオロギーの分析に還元されないものだということであると思います。そういう点で丸山氏は、首尾一貫していると思います。

第二番目に、支配のイデオロギーもふくめた思想史の全体性の分析でなければならないということです。したがって著名な思想家だけでなく、民衆の思想や、支配イデオロギーや、また民衆の思想と支配イデオロギーの媒介関係が分析されねばならないし、著名な思想家を分析するさいも、そういった時代のイデオロギー状況とのかかわりにおいて、あるいはその時代の問題をもっとも鋭く表現する、いわばシンボルのようなものとして分析されるべきだということであると思います。

それからもうひとついえると思うことは、伝統の内的な変革過程、伝統の内部でおこる思想形成の過程が分析されねばならないということ。その点では丸山氏の二つの系列、つまり『日本政治思想史研究』の系列と、『現代政治の思想と行動』に代表されるような研究とを媒介するものが必要なのだといえましょう。ただ丸山氏の場合は、別に「忠誠と反逆」(『近代日本思想史講座第六巻　自我と環境』、一九六〇年、筑摩書房、のちに『忠誠と反逆』所収)という論文があって、その論文では、伝統思想の再評価と、近代的な思惟の成立過程との問題がからみあわせて分析されており、高く評価したいと思いますが、今日は省略します。六〇年代の思想史研究は、右にのべた問題状況をさまざまの仕方で自覚化したものともいえるでしょう。その二、三のものをここにあげておきますと、たとえば武田清子氏のような「近代主義」的な立場の人でさえそのはじめの著書『人間観の相剋』(一九五九年、弘文堂)と、そのあとの著書『土着と背教』(一九六七年、新教出版社)のあいだには、問題関心の大きな転換がみられます。つまり、はじめの著書では、プロテスタンティズムに代表される近代的な人間観が、日本の土壌といかにくいちがっていたかということに主要な問題関心がおかれていますが、あとの方では、日本の伝統との微妙なからまりあいを分析しています。また、市井三郎氏のばあいは、日本の思想史の伝統のなかにふくまれている変革性を非常に強調して、日本のまた東洋の思想的伝統は、近代西欧にたいしてけっして劣るものではないとして、伝統思想の再評価を行っています。また谷川健一氏のように、もっと土俗的な、民衆の怨念の世界とでもいうべきものを非常な執念で発掘するというような仕事もあらわれました。『日本庶民生活資料集成』(一九六八〜八四年、三一書房)という尨大な史料集を生み出したエネルギーも、こうした土着の民衆の世界を発掘しようとする執念に支えられていることは明らかでしょう。

また宮田登氏のように土俗的な変革意識、あるいはメシアニズムを分析してみせる、具体的にいえばミロク信仰といった形で存在していた土俗的な変革意識を精細に検討するというような業績も生まれたし、またおなじく民俗学の方からは、土俗的な変革の伝統を考え直そうとする堀一郎氏の一連の研究もあらわれました。あるいは布川清司氏のように、民衆の幸福を求める観念がどういうふうにして発展してきたのかということを非常に精細な実証的な作業を通して明らかにしようという研究もあらわれました。このように、六〇年代の思想史研究は、多様なかたちをとっておりますが、いちいちについて述べることは面倒くさいだけでなく不必要なことだと思うので、ここでは色川大吉氏の仕事の意味と鹿野政直氏の仕事の意味について少しふれてみたいと思います。

歴史学に関係の深い領域では、色川氏の『明治精神史』が、思想史の領域では六〇年代を代表する力作であるということにはあまり異論がないのじゃないかと思います。そこでまず『明治精神史』について少しのべてみることにします。

『明治精神史』のおわりの方に、思想史、これは精神史と呼ばれる広義の思想史ですが、その広義の思想史の課題はどういうものであるかについて色川氏は書いています。それは二つあって、ひとつは支配階級の思想を暴露すること、これはイデオロギーの分析ということでしょう。二つ目は、民衆の思想形成を助けること、民衆の思想形成の内在的な過程を明らかにすることです。そしてその課題を実現するための方法論をつぎのように展開しています。ちょっと面倒ですが議論の性質上やむをえず話してみますと、まず第一に、「現実に活動している人間たちから出発して、彼らの現実的な生活過程から、この生活過程のイデオロギー的な反映と反響」として思想史を考えること、これは『ドイツ・イデオロギー』の言葉です。ところで第二番目に、この現実に生活している人間の生活過程から「行動の内的動機に遡及」するのだ、そしてその内的な動機は心理的なものではなくて、社会的な諸条件と行動主体の結節点であり、「経済的、政治的、社会的な諸条件と行動主体との結節点を解明」するのだといっています。そして、この内的な動機の内在的構造的な分析こそが、核心的な問題なのであって、「内在的にも客観的にも彼らを駆りたてた真の動機の研究、それこそが歴史家の仕事」だと色川氏はいっています。そしてその内的な動機の分析を通じて、それを核心において、思想主体の内的な営みを具体的に明らかにしていくんだというふうに自分の方法論を設定しています。方法論のかなめは、この内的な動機の分析というところにあるわけです。

このことがなにを意味しているかというと、具体的には思想主体の実践と体験、またそこに展開されている思想主体の問題意識、そういう特定の問題意識をもって現実と格闘していく思想主体の生き方、そういうものを分析するのだということでしょう。具体的にいえば、それはもっとわかりやすいことです。つまり『明治精神史』には、たとえば石坂公歴という人物が登場してきますが、その石坂公歴が自由民権運動という体験をする。その体験のもっている意味が石坂公歴のそれ以後の生き方においてどういう意味をもっていたのかということを、石坂公歴のその後の行動や思想のなかに明らかにしていくという方法をとっているわけです。色川氏は『明治精神史』の「まえがき」のなかで、「私の歴史学への興味が、いわゆる真理とか法則とかの探求にあるのではなく、主として歴史の中に生きる人間の運命・その限られた世界の中で傷つきながらも全力的に生きる人間の健気さ、そして、これら諸個人の関係の厖大な集積によって形成されている非情な歴史のドラマ――の叙述にあった」といっています。真理や法則の探求ではないといっているのはマルクス主義歴史家としては非常に大胆な発言であります。しかし、ここでも色川氏は、思想主体の体験の内面にふかくはいりこんだ分析をするのだという立場を、べつの言葉でのべているにほかなりません。そこで、こうした方法にたつ『明治精神史』が、どのような成果をあげたのかを考えてみたいと思います。

そのひとつは、従来まったく明らかにされていなかった三多摩地域を中心とした無名の豪農民権家たちを掘りおこしたということでありましょう。この点には誰も異論はないと思います。しかしむしろそれが主要な成果なのではなく、これらの豪農民権家たちが民権運動を体験することによって、歴史からどのような衝撃をうけ、それがどのように彼らの内面をつきうごかして彼らのその後の人生そのものがどのように変っていったのか、いいかえれば、民権運動体験が彼らの人生においてもつふかくて重い意味を分析してみせるところに、もっとも重要な特質があるのだと思います。じじつ、彼らは、民権運動を体験することによって、その後の人生がすっかり変わってしまう。本当にすっかり変わってしまう。たとえば、前途有為な青年石坂公歴も、民権運動で挫折してアメリカへ渡って、北米大陸を北から南まで放浪する。妻も子もなく放浪し、窮死に近い死に方をする。困民党の指導者だった須長漣造も、そうした活動についてはその後の人生においてすっかり沈黙し、晩年はなにか怨念をいだいたまま諸国を放浪して、流離の運命のはてにゆきだおれになって死ぬ。『明治精神史』は、こうした人びとを、生き生きと描きだしてみせた。それは、従来の思想史がとらえたものとはすっかりちがっている。たとえば、明治の啓蒙主義から自由民権運動へゆき、自由民権運動から初期社会主義が生まれていくなんていう、そういう単純なものじゃない。そこには思いもかけないようなすさまじい人間の生き方があり、重くて激しい人生のドラマがある。そういう人生のドラマを生き生きと再現してみせたところに、『明治精神史』の主要な意義があったと思うわけです。

ところで色川氏は、『明治精神史』でとったそのような方法を後には反省して、その方法は個々の思想家を歴史的に究明する方法であって、社会イデオロギーとしての支配的思想や民衆意識を究明する方法ではなかった、といっています。したがって先にのべた二つの課題、支配階級の思想の暴露と民衆の思想形成を助けるという課題は、こういう方法によってははたさるべくもなかったわけであります。そこで「天皇制イデオロギーと民衆意識」(『歴史学研究』三四一号、一九六八年)という論文では、色川氏は「個々の思想家を歴史的に究明する方法も実は支配的思想や民衆意識を把えるという方法との関連の中でのみ、正しく位置づけられるのだ」とのべています。こうして、『明治精神史』がいわば個々の思想家をとらえる方法としてのみすぐれていたということを認めて、色川氏は自分の方法論を転換させて、「天皇制イデオロギーと民衆意識」という論文を書き、また『明治の文化』(一九七〇年、岩波書店)を書くわけです。それでは、民衆思想を全体としてとらえるにはどうすればよいか。色川氏によるとそれは二つあって、ひとつは民衆思想の基本的な動向、性格を把握するという方法であって、それはたとえば、安丸良夫氏がやっているような方法だといい、そしてもうひとつの方法は、民衆の思想形成の突出した部分をとらえる方法だ、未発の契機をさぐる方法だ、といい、それはたとえば『明治精神史』で自分がやった方法だ、この二つの方法はじつは統一されねばならないのだ、とのべるわけです。そして具体的には、祖先崇拝を中心とする信仰生活その他に伝統的な民衆意識の「原構造」をもとめ、そこから多様な方向で幕末期に民衆の思想形成があったのだとする。たとえば、A天皇制的国体思想、B民衆宗教、Cかくれキリシタン、D世直りや世直し型の変革思想、E和算学・本草学などの民間の合理的思考などという多様な方向での思想形成が、幕末・維新期の民衆のなかに存在したのであり、天皇制的国体思想はそのなかのひとつにすぎなかった、したがってそういう意味では、天皇制的国体思想はBCDEなどによって相対化されるものである、というわけです。後年の結果からみると、天皇制イデオロギーが全体を支配しているようにみえるかもしれないけれど、それはじつは幕末・維新期の状況ではなかった、そこでABCDEというようなさまざまの可能性の全体のからまりあいとして、この時期の思想史の展開過程を分析していく必要があるのだ、ということです。こうして、「天皇制イデオロギーと民衆意識」という論文では、そういうさまざまな思想的動向の葛藤や対抗、癒着などを具体的に明らかにするという分析方法がとられています。

このような考え方は、私の立場からみると、一種の現象論であり折衷論であります。なぜならば、色川氏は幕末期にはABCDEなどという多様な可能性があったといっていますが、そのように列挙してゆけば、もちろんいろいろあったといえましょう。しかし、その多様な方向のなかで基本的な構造なり性格なりはなんであったかということが問題だと思います。もし原構造という言葉を使うのであればＡＢＣＤＥいろいろあるけれども、それらに共通する基本的パターン、原構造があるはずだと思います。色川氏の方法は、さまざまな思想の潮流をかぎりなく現象的につけくわえていくということになるのであって、民衆の思想形成の歴史的特質をつきはなして認識する方法としては不充分なのではないか。そのために、『明治の文化』では、明治期の文化や思想の全体像をとらえようとしながらも、具体的には非常に折衷的なやり方で行われていると思います。『明治の文化』ですぐれているのはどういうところかというと、『明治精神史』の方法を踏襲した部分であります。つまり、民権派の豪農たちが歴史のなかで固有の体験をし、さまざまな思想形成の過程をたどる、その過程の分析のところがすぐれているわけです。たとえば、千葉卓三郎という特徴的な人物をとり出してきて分析するところなどは、他の追随を許さないすぐれたものであるといえましょう。しかし全体像を明らかにするために、たとえば、民権派がでてくる以前のところを分析するさいに、柳田国男の『明治大正史世相篇』に依拠しているところだとか、あるいは後に天皇制イデオロギーを丸山氏の仕事にかかわらせながら論じているところだとかは、どうもあまりりっぱな出来映えではないような気がします。色川氏の思想史の方法は、『明治精神史』のなかで設定されたように、個人が歴史という巨大な岩山のようなものに肉体をぶっつけていく、そういう個人の体験の分析であった。だから『明治の文化』でも、そういうやり方をしているところはすぐれているが、その他のところは折衷的で曖昧になっていると思われます。

つぎに、鹿野政直氏の『資本主義形成期の秩序意識』(一九六九年、筑摩書房)という大きな書物について二、三のことをのべてみたいと思います。まずこの書物の方法論ですが、そこでは非常に独自な方法論がとられています。詳しくはこの書物の「問題と構想」という部分をよんでいただくしかありませんが、簡単にいえば、既成の秩序から人がどのようにして脱出して新しい秩序の構想をもつようになるかということの全体を分析するのだ、という立場に立っています。つまりわれわれは日常的には既成の秩序をなんらかの意味で受容して生きているわけですが、そういう秩序にたいして異和感をもつようになることからはじめて、その異和感をさらに発展させて、さまざまの批判や新しい人生観をもつようになり、それがあらたな世界観あるいは秩序の構想として具体化していく過程の全体をとらえるんだ、そういう意味で論理化された世界だけではなくて、日常的な感覚やあるいは行動のなかにあらわれた人びとの意識の全体をとらえるんだ、というのがこの本の立場でありますす。なにを対象とするのかと問われたら、幕末から明治末期までの日本人の精神動態のすべてだ、というしかないと鹿野氏はいってます。そしてたくさんの独自な範疇をつくって、ともかくも近世後期以後明治末年までの日本の思想過程を全体としてとらえてみせている。この〝全体として〟というところは非常に重要なところであります。時代的には幕末から明治末とかぎられていますが、日本の思想史の全体像を歴史具体的にとらえてみせた最初の研究であるといえましょう。

ただそのばあいに、その問題意識と方法からしても、既成の秩序意識からの脱出過程に主力が注がれているために、既成の秩序からの脱出がじつは新しい秩序へとじこめていく過程でもあることはあまりうまくとらえられていないのではないかと思います。いいかえれば、支配イデオロギーの分析の方はやや甘いと思います。鹿野氏は、支配イデオロギーについても詳細な分析をやっていますが、それは主として支配層の意識過程の追跡であって、支配イデオロギーと民衆意識との複雑なかかわりあいは、あまりつよく意識されていないように思われます。そしてそのことと関連して、発展する面のやや甘い評価になっているんじゃないかとも思います。

以上で、乱暴なところもあるけれども、色川氏と鹿野氏の仕事の意味をいちおう検討しおえたことにしておいて、これらの検討をふまえて、どういう方向に私自身はすすもうとしているのか、ということについて、すこしお話してみようと思います。

ひとつはレジュメでは「内面的人間学的把握をめざして」と書いたところですけれども、丸山氏の研究以来ずっと狭義の政治イデオロギーとして思想をとらえるのではないという立場、いいかえると、その人間存在のあり方、思想主体のあり方の全体を把握しようという立場が思想史の立場としてあると思うんです。そして、この点では思想史と歴史学の他の分野とには若干ズレがあると思います。というのは、歴史学は、基本的には、社会経済史をふかくふまえた政治史としてひとまず総括されてよいと思いますが、そうした立場から思想史も総括するとすれば、思想史はおそらく政治イデオロギー史として総括されるでしょう。しかし、思想史の研究の伝統は、人間の思想は狭義の政治イデオロギー史に還元しつくせないものだということ、政治イデオロギー的な分析をするとしても、そのばあいには、いわばいまのべたような人間の存在様式の全体性をふまえた政治イデオロギーの分析でなければならないということ、そういう意味で政治の次元と人間の次元とのズレと関連をふまえた分析でなければならないことを教えていると思います。

それから第二番目は、思想史の内部でのことですけれども、思想史の全体像を求めた研究でなければならないということ。そういう意味で民衆思想や支配のイデオロギーも分析されなければならないし、また、論理化された次元だけではなくて、生活意識や情感などの次元も対象にされなければならないのだと思います。

それから第三番目に、右にのべたことを単純にうけとると、無限に多様な現象的な記述になりやすいと思うのです。つまり、全体像が重要だということは、民衆思想もやらなければならないし、支配階級のイデオロギーもやらなければならないし、それから日常意識も論理化された思想も分析せねばならない、宗教も哲学もみなやらなければならない、ということだとすれば、とりとめもない無限の現象論が生まれてくると思うのです。しかし私のいう意味はそういう意味ではないのです。全体像を把握することが単純な現象論にならないための基礎は、政治史や経済史をふまえながら、思想史研究の歴史学的カテゴリーを明確にすることだと思います。そのカテゴリーは無限に多様なものではなくて、歴史理論の立場から構想しうるかなり数少ないものだと思います。そうした努力をしていかないと、ひとつの史料が発見されるごとに、べつな思想史の構想が生まれることになりかねないでしょう。

もうひとつレジュメでは「可能意識」と書いた問題があると思います。この問題はどう考えたらいいのか自分でもまだはっきりわからないのですけれども、要するに、歴史的現実的な意識と諸階層の歴史的に可能な意識形成の方向や意識形態などとの区別と連関の問題です。この問題を、正しくというのではないかもしれないが、しかしきわめて示唆的に分析してみせたのがG・ルカーチの『歴史と階級意識』だと思います。この問題をここで理論的にのべる余裕も能力もありませんが、たとえば民衆思想を論ずるさいにはぜひ必要な範疇だと思います。たとえば、江戸時代の後期の民衆は現実には封建的な支配体制を受容した意識をもっているのでしょうが、そのおなじ民衆が百姓一揆にさいしては異なった思想形成をみせるわけです。そういう意識形成をさして「可能意識」と呼んでおきたいと思いますが、それはかなり理論的に分析できるんじゃないかという考えをもっているわけです。つまり現実意識と可能意識との相互関係のなかで思想がとらえられなければならない。現実には支配イデオロギーを受容していても、たとえば江戸時代の後期の農民にはどういう可能意識がありうるのか、そしてそれはどういうかたちで百姓一揆などにあらわれてくるのか、そういうようなとらえ方が必要であると思っています。そして、この可能意識というものも無限に多様な方向であるというのではなくて、歴史的理論的にかなりはっきり範疇化できるものだと考えるわけです。そういうふうに考えますので、無限に現象的な記述にならないで、実証的かつ論理的なかたちで思想形成の全体の方向が分析できるんじゃないかと自分では考えているわけであります。

私自身はこれからどういう方面の研究をやってみたいと考えているかという点について一言、二言お話しておわりたいと思います。私はこれまで豪農層を指導者とする通俗道徳型の思想運動を重視してきたのですが、そういうものを中心としてとらえていくだけではとらえきれない問題の領域があるということは明らかだと思います。そこでひとつには、近代日本の支配イデオロギーである天皇制イデオロギーと、私がこれまでやってきた民衆思想との関連を具体的に分析してみたい。素材としては、後期国学や水戸学を論ずることによってそういう問題にせまりうるのではないかと思います。水戸学は戦後はあまり研究されないし研究されたばあいもあれは要するに封建反動的なものだというようなわりと簡単な規定になっているけれども、私の考えでは、後期国学と水戸学とは、基本的にはおなじ課題をになおうとするものであって、それがやがて近代の日本支配イデオロギーの中核にすわるのだと思います。幕末期ではそうした思想を素材にして近代の支配イデオロギーである天皇制イデオロギーの形成される具体的な過程を分析していきたい。これはつまり支配イデオロギーの具体的な分析という課題であります。

それからもう一つは、深谷克己氏が私への批判としていっておられることに関係するのですが、深谷氏によると、私がやっているような通俗道徳的な民衆思想の受容層のさらに下層に通俗道徳など受容できないような広汎な貧しい大衆が存在するというわけです。そしてそれはたしかにそうだと私も思うのですが、そういう広範な大衆の思想形成とはいったいどういうものであったのかということをやってみたい。

この広範な大衆の思想形成は、たとえば、百姓一揆のなかにみられると思います。百姓一揆は従来は思想史的な意味で分析されるということはほとんどなかったのですけれども、思想史のなかに百姓一揆をとり入れることによって、もっと下層の民衆の変革意識の発揚は具体的にどのように展開したのかという問題を考えてみたいと思っています。

それだけやったからといって思想史の全体像がすぐ生まれるという意味ではありませんけれども、しかしすくなくともいまのべたような二つの方向を考えることによって自分の従来の思想史の視野をもうすこし拡大していけるのではないかと考えているわけです。

そういうことが、われわれの周囲で、現実に、日常的におこっている、あるいはまさにおこらんとしているいろんな問題とどういう関係にあるのかという点について、自分ではひそかに感ずるところはあるけれども、いまはまだこういう席でのべることができません。

六　前近代の民衆像

〔『歴史評論』三六三号、一九八〇年〕

1　はじめに

私にあたえられたのは、「前近代の民衆像」というなにやらつかみどころのない大きなテーマで、割当時間は二十分です。私自身の無能を棚にあげたうえでのことですが、このかぎられた時間にこうした大テーマについてなにかまとまったことをのべよといわれても、正直のところ、無理難題のかたむきがあることは、皆さんにもお認めいただけるのではないかと思います。私は、日ごろから小心翼々、今日のような席でしゃべるのはなるべく避けて、自分の手に負えそうな領域だけで拙い文章を書くことにしており、こうした無理難題を押しつけられそうになると、三十六計中の奥の手を愛用することにしてきました。今回もおなじ手口でゆこうとしたのですが、あまりうまくゆかず、さえない押問答のすえに、私は、「なにをしゃべってもよいか」といったのです。これは、私の心づもりとしては、いくぶん脅迫めいた名セリフのはずだったのですが、辣腕の事務局長さんは、ひどくあっけらかんとして、「ああ、なにをしゃべってもいい、原爆を落してもよいぞ」といいました。ある種の極限的状況では、ドスの利いた短いセリフが聞く人の心胆を寒からしめるようなヤクザ映画風の場面は、いくらかあこがれていたのですが、それは、日ごろの私の言動からしてありうべくもなく、私の苦心のセリフは、なんとも格好のつかない結果におわったわけです。私は、原爆はもとより、石ころ一つ投げた覚えのない小心者ですが、最近、漠然と感じていることの一、二をお話して、ささやかな紙のつぶてとしたいと思います(1)。

2　どこから始めるか

ところで、「前近代の民衆像」ですけれども、前近代の民衆像を問おうとすれば、それと不可分に、現代の民衆像はどうかということが、まず問題になってくるのではないかと思います。私は、いわゆる現代的問題意識なるものが、短絡的に研究の場へもちこまれることには警戒的なのですが、しかし、自覚するとしないとにかかわらず、私たちは、結局のところは、現在にむきあうのとおなじ眼で歴史にもむきあっているのであって、そのことが自覚されていないとしても、それはただ現在にむきあうさいと歴史にむきあうさいとのあいだに私たちがいつのまにか挿入してしまっている媒介環やパースペクティヴを、自覚化していないことをものがたっているにすぎないのだ、と思います。そして、もう一つ、現実と歴史へとむきあっている〝私〟という次元があって、この三つの次元への問いは、根源的には、三位一体的な同一性をもつものなのでしょう。もちろん、すこし見方を変えれば、三者はまったく異次元の問いであり、短絡してはなりません。しかし、必要な媒介とパースペクティヴをおいてみれば、三つの次元の問いが根源的には、同一性につらぬかれているということが、人間についての科学としての歴史学というものを、なりたたせる根拠なのでしょう。そして、私がいま三つの次元の媒介やパースペクティヴと呼んだものこそ、歴史学の方法論の第二章に位置すべき問題だと考えます。歴史学の方法とか方法論という言葉は、あるばあいは史料操作の手続きのことであったり、あるばあいは史的唯物論の原理であったり、ときには歴史叙述の技術論であったりもするようですが、頻繁に使われるわりには不得要領にみえるのは、残念です。私は、歴史学の方法というばあいに、いくつかの論理レベルを区別しなければならないと思うのですが、右にのべた三つの次元への問いの根源的な同一性と、その同一性をなりたたせるための媒介やパースペクティヴのとりあつかいが、方法論の出発点に位置すべきだと考えるのです。

こんなことをいいだすと、おまえには板につきそうもないややこしい話をはじめたものだと苦笑される方もありましょう。しかし、私がいまのべたことは、抽象度の高い理論問題というより、私たちのごく平凡な経験の範囲内にある問題だと思います。というのは、三つの次元への一体的でも媒介的でもある問いは、研究者としての門出にさいして、私たちの誰もが、ほかにはなんの蓄積もなく、ほとんどただそれだけをたずさえて出発したものだからです。例の〝素朴な問題意識〟というやつで、私たちはこれあればこそ、ほかのいくつかの人生の可能性のなかから、歴史研究者という道を選びとったのでありましょう。ところが、やがて研究歴がくわわると、誰でもすこしは珍しい史料に行きあったり、いくらか得意の専門領域ができたりします。そして、そうなってくると、部外者立入禁止というほどではなくても、どこか山伏の霞（かすみ）場にも似たものが成立して、特定の専門領域での日掛・月掛貯金のような日常化された研究蓄積が、私たちの研究なるものの内実となり、〝素朴な問題意識〟の方は、若い日々についての思い出の一部となってしまいます。若いころの緊張と感激とを忘れたころに、やっと専門研究者としていくらか認められたりするというのは、なんとも皮肉なことですが、私たちは、こうした構図をかんたんに免れるわけにはゆきません。もちろん、そのようにいっても、自分の研究を支える現代的意義づけは、それぞれの研究者のなかに特定の言説として用意されていることも多いのですが、しかしそれは、どこか時期遅れの古証文のように、しばしば既成的で弁解じみたものになっているのです。

歴史学界には多くのすぐれた研究者たちがいらっしゃいますから、右のような十把ひとからげな言い方は、不当で不遜な単純化なのですが、しかし、それなら、右のような状況は、私個人にだけかかわることだとしておいてもよいのです。ただ、ここでいいたいのは、こうした傾向に陥りやすいのは、緊張感が欠けているとか、人は中年になると堕落するからというだけのことではなく、右にのべた三つの次元への問いの相互媒介的で根源的な同一性の問題が、方法的に自覚され探求されつづけてゆかないからではないのか、ということです。

私がさきほど、「前近代の民衆像」について考えようとすると、現代の民衆像についても考えざるをえないとのべたのは、右のような問題連関のなかでのことです。私たちの歴史学においては、現代の民衆像と前近代のそれとがふかくかかわりあっているということ自体については、あまり異論がないように思うのですが、それに研究主体である私たち自身への問いをかさねて、三つの問いは三位一体的だなどといえば、なんだか荒唐無稽の観念的言辞を弄ぶものに聞えて、賛成をえられそうにもありません。私は、この研究主体でもある〝私〟の次元への問いが歴史学には乏しい、そこに現代歴史学の欠陥の一つがあると思う者ですが、この点については、今日はこれ以上ふれないことにしたいと思います。この問題もふくめて、どのような歴史学の方法を構想するのかということについては、いまの私にはどんな用意もないのですが、現代の民衆像についてなにかを語ろうとするさいの私の立場について、あらかじめ一言しておきたいと思って、以上のようなより道をしたのであります。

3　社会意識の変貌

さて、そこで、「前近代の民衆像」を考えるさいの不可避の出発点としての現代の民衆像ですが、この問題については、最近の各種の意識調査の結果は、きわめてよく似た傾向のデータをしめしています。それは、一言でいえば、保守化ということです。

こうした意識調査の代表的なものとして、文部省統計数理研究所の『国民性の研究』があります。この調査は、五年ごとに行われるものですが、七八年秋の調査は、二つの注目すべき傾向を指摘しています。第一は、戦後の日本人の意識は、たとえば個人の自由や権利の尊重とか、科学的合理的なものの考え方の重視など、一貫してひろい意味での近代化の方向に変容してきていたのですが、この傾向は、七八年度の調査では、ほとんどすべての項目で逆転したということです。第二は、右のひろい意味での近代化の傾向は、これまでは、調査対象となった年齢層のうちではもっとも若い層（二〇～二四歳）においてもっとも高い比率を占めていたのに、この層において右の逆転現象がとりわけ顕著だったということです。たとえば、「世間のしきたり」について、「世間のしきたりに従った方が間違いがない」という意見は、前回の三二％から今回の四二％へと上昇し、「正しいと思えば、しきたりに反しておし通す」と右の「しきたりに従う」との比率は、前回は三六％対三二％だったのですが、今回は三〇％対四二％へと逆転したのです。また、二〇歳代前半は、これまでは「しきたりに従う」という意見にもっとも強い拒絶反応をしめしてきた世代なのですが、これは、前回の二一％から今回の四一％へと倍増しました。そのほか、権利や自由の尊重など、近代的市民社会的価値意識につながりそうな項目は軒並に減少し、「孝行と恩義」の尊重とか宗教心は大切だとかの項目は増加しました。また、日本生産性本部などが新入社員にたいして行っている意識調査の項目のひとつに、「デートの約束があったとき残業を命じられたらどうしますか」というのがあるそうですが、この八年間、「デートをやめて仕事をする」派がだんだんとふえ、「残業を断ってデートをする」派は減少しているそうです。いまの若者が、恋人も忘れるほど仕事熱心で企業愛に燃えているとは信じられませんが、私のゼミ出身の若いサラリーマン諸氏の猛然たる勤務ぶりについて話を聞いていると、忠誠心の自発性の度合はともかく、こうした企業への献身ぶりも、さもありなんと思えてきます。いまの若者に専敬する人物を問うと、多い方から、父、母、ゼミの先生の順だったという、私たちのような職業の者には、なんとも居心地の悪くなるような話もあります(2)。

こうした傾向は、二、三年前からいろいろなかたちで紹介されていることで、それにやや軽率に便乗しようとして失敗したのが、衆議院を解散にもちこんだ大平正芳さんだということになります。しかし、選挙の結果はどうであれ、こうした傾向そのものは、いっそうはっきりとしてきているように思われます。そして、この事実が私たちの歴史意識にもかかわってきているのであって、歴史教育についてのいくつかの報告のなかでも、最近の若い人たちの歴史や社会についての見方が、私たちのような世代の者からは、思いもかけないような方向に変わりつつあることが注目されています。

寺田光雄さんの論文「受験体制と〈人間的想像力〉(3)」は、そうした報告の一つともいえますが、受験体制のもとで学生たちの全人間的なものとしての感受性や認識力——寺田さんの言葉では〈人間的想像力〉——が、どのようにそこなわれたのかという見地から、現代の学生たちの意識の内面に迫ったものです。以下、寺田論文の一部を紹介しながら、いささか我田引水的に私の論点に近づいてみたいと思います。

寺田さんは、埼玉大学で社会思想史の講義をされている方で、学生たちにいくつかの書物をしめしてそれについての感想を書かせることで、その講義についての提出レポートとされ、そのレポートを分析されたのです。寺田さんによれば、受験体制(4)というものが、学生たちの〈人間的想像力〉・感性をゆがめてしまった。受験体制というのは、断片的知識のつめこみ・技術的学習を唯一の認識方法とするもので、そこでは、どんなにすぐれた学問や思想の成果・内容も、断片的な知識として、技術的な学習の対象とされてしまい、学生たちが、みずからのうちに社会や人間についてのふかい認識をはぐくんでゆくための前提となるような、ゆたかな〈人間的想像力〉・感性を形成する可能性が奪われてしまう。その結果、どのようなことになるかについては、寺田さんの要約を引用することにしましょう。

(1)人格(人間的成熟)というものは、学問・教養(ここでは制度的に保証されたそれが表象されているが)によって決まるという絶対的ともいえる確信、(2)時間的・空間的に遠い世界の人たちに対する内在あるいは感情移入の困難性、(3)リアルな実感をもってそれらを語れるのは、きわめて通俗的な話題にそれを還元したり、社会通念によりかかってであること(カッコ内、傍点は、ともに寺田氏)。

(1)の、人格というものは学問・教養によって決まるというのは、書物などに書いてあると簡単に信用してしまうということにもつながり、寺田さんは愉快な例をあげていますが、これは省略します。この(1)も、今日のテーマの民衆像にかかわって大切な点ですが、(2)と(3)は、学生たちの歴史意識や歴史認識にとって、とりわけ重要な意味をもつ問題だと思われます。というのは、歴史認識というのは、時間的空間的に遠い世界へのその世界に即した洞察のことにほかなりませんから、学生たちが時間的空間的に遠い世界の人びとに内在したり感情移入したりする感性をもたず、現在の身辺的事象に還元してしかそうした世界について理解しようとしないとしたら、ゆたかな歴史認識は期待しうべくもないことになるからです。

ところで、寺田さんは何冊かの書物をあげて学生たちに読ませ、レポートを提出させたのですが、もっとも多くの学生が選んだのは、山崎朋子『サンダカン八番娼館』、拙著『出口なお』、小林初枝『おんな三代』のうちから、二~三冊を組みあわせてレポートを書くということでした。これは、この三冊がとりわけ名著だったからではなく、伝記的なものだからくみしやすしとみられたからのようです。そのうち、寺田さんが典型的なものと考えているらしい一学生の「率直」な感想を、つぎに引いてみましょう。

『サンダカン』を読んで最初に感じたことは、「何とも信じ難い。本当にこのようなことが公然と行われていたのであろうか」ということであった。そして、『出口なお』については、「先の本」とは全く別の面で、この『出口なお』のまわりで起ったことが、すべて信じられなく、「神がかり」などということも全く考えられないこととして、僕の頭を混乱させた。先の本は、一応その書かれている事実を理解した上での不信感であったのに対し、この『出口なお』という本は、全くその事実さえも信じ難い。それほどまでに浮世離れしたことがつづられているのである。

寺田さんは、右の「信じ難い」という表現について、学生に面接して確認したところでは、「今の〈豊かな〉日本からみて過去のそういう事実を「信じたくない」という意味らしい」と注釈して、いくらか山崎さんと私を慰めてくれていますが、それにしても、私がいささか偏愛する出口なおについて、「あまりに浮世離れ」などといわれると、著者としては、あまり釈然としない気分になります。(5)

費用と労力をふんだんに投入して質問紙などを配布する意識調査は、全体的な動向を知るうえで有効ですが、意識構造に踏みこんだ分析をするためにはものたりない点があります。それにたいして、寺田さんの分析は、学生たちの読書レポートという質的にはるかに複雑な素材について、思想史家としての洞察力をはたらかせたもので、学生たちの意識構造によりふかく踏みこんだ彫りのふかい内容だといえましょう。しかし、それにしても、寺田さんの分析とさきの意識調査の結果とは基本的には、きわめてよく似た意識状況をそれぞれの角度から照らしだしたものだと思われます。それはやや一般化していうと、①大勢順応的、②身辺的、③日常生活的な充足性というようなことになりましょう。

大勢順応的というのは、理想主義や社会正義についての意識などが衰退したことであり、身辺的というのは、社会や歴史についての全体的構造的な見方への無関心が顕著だという意味です。日常生活的な充足性というのは、生活的な幸福を享受することに至高の価値をおく自足的な意識が蔓延してきたことを意味しています。そして、これらを総合して、伝統主義や政治的反動と区別された意味での保守主義的な意識形態と呼ぶことができると思います。たとえば、K・マンハイムは、「保守主義的な体験と思考との本質的特徴のひとつは、直接に現存するもの、実践的具体的なものへの執着である」、「具体的に体験し、具体的に思考するということは、いまや、人間がおかれている一定の直接的環境における特殊な態度、排他的な活動意欲――一切の〈可能的なもの〉、〈思弁的なもの〉にたいする極端な嫌悪を意味する」などとのべていますが、ここでマンハイムは、保守主義的な心情を伝統主義と反動のそれから区別するとともに、「可能的なものの意識によって生き、その体系的な可能性をとらえてあたえられた直接的なものを超越する進歩主義に対立させているのです（K・マンハイム『保守主義』、森博訳、一九五八年、傍点は訳書のもの）。マンハイムは一九世紀ドイツの思想家を対象とし、私たちは現代日本の民衆について考えているのですから、二つの対象には大きな性格の相違がありますが、マンハイムは、対象とする思想家たちの保守主義的な心情（心的志向性）を問題にしているのですから、問題のとらえ方は私たちの関心とよく似ているし、引用したような諸規定は、ほとんどそのまま、現代日本の保守主義的心情についてもあてはまるように思われます。そして、私がさきに三つの規定としてのべたような心情は、現在の日本社会の深部をほとんど眼に見えない暗転によってとらえており、革新政党や労働組合への支持さえも、一面ではこうした心情と結びつきかねない性格をもつようになってきているのではないかと考えられます。

こうした心情が蔓延するようになった根拠としては、多くの要因をあげることができましょう。日本経済の高度成長とその行きづまり、雇傭形態や家族の特質、生活水準のある意味での高度化と消費文化の蔓延、戦後の民主主義運動や革新的諸運動のあり方、社会主義国の現実をもふくめた世界情勢のインパクト etc.。しかし、これらの諸要因についてなにかまとまったことをのべるのは、私の柄ではないし、ここでの課題でもありません。また、右にのべた保守化現象について、より立ちいった分析を試みることも、ここでの私の関心事ではありません。ましてや、こうした保守化現象について、なにか巧妙な対策はないものかと思案するようなことも、私にふさわしいことではありません。ただ、私がここで問題としたいのは、こうした、社会の深部でたしかに進行はしているが、かならずしも耳目を驚かす事件や政策となっては表出されてこない陰微な変動について、私たちはどのような認識力や認識方法をもっているのであろうか、ということです。

4　方法的視圏拡大のために

歴史学界は、紀元節問題や元号法制化問題では、活発な活動をしてきました。もちろん、そこにも不十分なところや問題点があったとしても、多くの研究者たちがはたしてきた献身的ともいえる努力は、長い眼でみれば、大切な意味をもつことになるでしょう。しかし、私がさきにのべた区分でいうと、これらの問題は、政治的イデオロギー的な反動の次元に属しており、私がこの小文でのべてきた民衆の意識や感性の陰微な暗転＝保守化とは、異なった次元にあります。もちろん、大衆意識の保守化という現実をふまえ、またそれを促進するところに政治的反動の意味と役割もあるのですが、しかし、それにもかかわらず、両者は区別することができます。そして、反動は、制度や政策や運動など、政治的なかたちで社会のなかに姿をあらわし、私たちの誰にも眼にみえる姿態と争点とを構成しますが、大衆意識の保守化は、もっと曖昧で陰微なかたちをとります。もちろん、後者についても、よく注意してみれば誰の眼にも自明的なほどに認識可能なものとして、こうした現象が私たちの周囲――じつは、私たち自身の内部にこそ――にあるともいえますが、しかし、こうした現象について明晰な認識をもつためには、前者の認識のための能力とは異なった性格の探究力や構想力が必要なことは明らかでしょう。ところが、歴史学者の認識力は、制度や政策のかたちをとったり、誰の眼にもあからさまなイデオロギー的反動思想のかたちをとるさいには鋭敏なのですが、社会の深部で暗転してゆく気分や雰囲気、さらに社会の体質のようなものについては、それを認識してゆくのにふさわしい論理的枠組や発想に乏しく、そうした領域で大きな成果があげられてきたとはいえないとしなければなりません。私は、さきほど、保守的な意識構造の分析にさいして、寺田さんとマンハイムとを援用しましたが、この二人にしても、私たちの歴史学とはかなり異なった独自の方法意識をもって、さきに参照したような分析をすすめたのでした(6)。

右にのべた論点を、歴史学の方法の次元でより一般化しますと、私たちの歴史学は、社会構成体の継起的な発展を基礎においた発展段階論的な方法意識をもっており、そうした立場からの生産力の発展、制度や政策の展開、運動史などについての発展段階的な認識には強いのですが、こうした発展の背後で推転する眼にみえない次元での変化については、的確で鋭い認識力をもっていないのではないか、というようなことになりましょう。思想史や民衆史については、いくらか異なった発想もあるとしても、たいていのばあい、認識の基本的な枠組は、やはり発展段階論に照応するかたちで構成されているように思われます。ところが、制度や政策や運動のような眼にみえる過程は、より基底的な部分での地殻変動にも似た眼にみえない過程に対応しており、二つの過程は、たがいに規定し規定されているのです。その眼に見えない過程こそ、生産力や生産関係の問題だ、などとまぜっかえさないでください。私の話の文脈では、生産力や生産関係の問題も眼にみえる過程に属し、それは眼に見えない過程と相互に規定しあっているのです。

たとえば、支配ということについて考えてみましょう。支配は、時代をさかのぼればさかのぼるほど、むきだしの暴力的支配に近い性格をもっていました。たとえば、中世の農民よりも江戸時代の農民の方が、江戸時代の農民よりも近代の民衆の方が、近代の民衆よりも現代の私たちの方が、恣意的暴力的な支配を免れることができ、法的制度的にさまざまの保証や保護を獲得していますから、そのかぎりでは、歴史は、権利や自由やその原初的諸形態の発展史として把握できるようなところがあります。しかし、この過程は、他の一面では、支配権力が被支配者層の内面的な服従を調達して、人びとの意識のなかに内面化された支配のかたちを形成してゆく過程でもありました。夕食後の団欒のようなもっとも私的で無防備な生活次元においてさえ、テレビによる人びとの意識の統合が休みなくつづけられている現代社会は、人類史上空前のもっとも手のこんだ支配がなされている社会だともいえます。もちろん、テレビのスイッチを切るのも私たちの自由ですが、私たちはみずからの自由を、スイッチを入れる方向に行使してしまうのです。そこで、われわれの自由というものを、ある種の極限状況で考えてみると、それは、支配の内面化とほとんどおなじ意味になってしまうのです。

このように、歴史的発展は、かならずしも抑圧の除去＝解放への前進の一筋縄ではなく、発展と裏腹に新しい性格の抑圧をともなっています。抑圧といっても、百姓一揆の弾圧や治安維持法のことであれば、社会的政治的に眼にみえやすいのですが、歴史には、抑圧されつくして誰の眼にもみえなくなってしまった不可視の次元が無数にあります。民衆の闘争が、無念の涙をのんだ無数の人びとの犠牲の上になりたっていることはいうまでもありませんが、亡びてしまった氏族や部族、支配民族に同化させられてしまった被支配民族にとって、歴史の発展とはどんな意味をもつ言葉なのでしょうか。また、亡びてしまった生活習慣や信仰は、歴史においてどのような意味をもつものなのでしょうか。こうした観点は、民衆史や社会史など、最近の研究動向を支える問題意識のひとつの側面として、よく知られていますが、歴史における抑圧の問題は、さらに、自己抑圧や道徳の問題を視野においてとらえるとき、いっそう複雑で興味ぶかい様相を呈してきます。

いまかりに道徳について考えてみると、道徳とは、「その時代に通用しているものと個体との同一化の形式」（L・コフラー『革命的ヒューマニズムの展望』、片岡啓治訳、一九七一年、河出書房新社）であり、それによって支配秩序に安定性と持続性とをあたえることができるものだ、といえましょう。法律のような外的強制によってではなく、みずからのなかでみずからの反秩序性を抑圧してしまうところに、道徳の社会的機能がありますが、こうした抑圧は、個人の内側からの秩序への同一化にほかならないため、抑圧は抑圧として意識されることができません。このようにして人類が抑圧してきたものは、なんと厖大でなんと深いことでしょう。私のいわゆる「通俗道徳」をめぐる問題には、きわめて不十分ながらも、右のような観点がふくまれていました。というのは、「通俗道徳」はひとつの歴史的達成なのですが、しかし、じつはそうした達成によってみずからを抑圧した、きわめて自己抑圧的な規範だからです。ある人は、私の「通俗道徳」論について、私の世間知らずで偏狭な道徳主義や禁欲主義のあらわれであるかのように揶揄しましたが、こうした見方には、私自身の気持にそぐわないところがあります。歴史の発展というものは、いずれにしろ、人間のなかにまだ眠っていた可能性をひきだし解放するものですが、それが解放であり発展であったからこそ、その代償として抑圧されたものは、誰からもかえりみられないガラクタとして歴史の屑籠にほうりこまれ、そこにどのようなきびしい抑圧があったのか、亡びてしまったものにもどんなにかけがえのない価値や意味があったのかというようなことは、私たちの視界にはいってこなくなるのです。「通俗道徳」とは、私にとっては、こうした両義的なカラクリであり、私は、「通俗道徳」という形態をとって自己形成してゆくほかなかった民衆のありようのうちに、言葉には表出されようもなかった膨大な葛藤と悲哀とを読みとりたいと思ったのです。

以上のような見方は、より一般的にいえば、人間というものは、現に眼にみえる姿態よりははるかに複雑な存在であり、あたかも海面に浮かぶ氷山のように、水中に没した不可視の部分がはるかに大きいものだということを意味しています。凡庸な大学教師である私、やせた中年男である私、貧しく小さな家庭のなかの私は、なんの変哲もない平凡な存在で、そのような私の行為や思考を理解するためには、どんな努力も必要でないようにみえるかもしれません。しかし、そうした私にも、ステレオタイプ化された日常的姿態の底に、それを支え、またそれと葛藤しているはるかに複雑な心身の構造があり、それはまた、私の生家や地域社会のありよう、交友関係や幼少年時以来の体験などとふかく結びついており、これらの社会的諸次元は、さらにはるかに歴史的なもののほとんどすべてと結びついています。「五官の形成は、今までの全世界史の労作である」と、マルクスがいったように、私たちの感受性、身ぶり、心身の構造のすべてが、全人類史につながっています。人間存在のこうしたふかい構造は、日常的な感受性や身ぶりやちょっとした癖などのなかにもあらわれているともいえますが、しかしそれは、日常的なかたちのままでは、よほど鋭い洞察力なしにはみえてきません。だが、個人的な、あるいは社会的な危機や変動過程のなかでは、人びとの平凡な日常性を支え、またそれと葛藤している、よりふかい構造的なものが露呈してきます。そのさい、いまの日本のように、ある意味ではもっとも高度に近代化された社会においても、現代社会で通用している制度や通念を踏みこえて、思いがけないほど土俗的な生の様式が重い意味をもっていることを発見して、驚くことになるかもしれません。(7)

私たちのいわゆる「民衆思想史」研究も、右のような問題について、なにかまとまった洞察力をもっていたわけではありません。しかし、「民衆思想史」研究には、日常的な次元での人びとの生き方や意識のありようを問題にするとか、書き残された言葉を欠いている人びとの人生の軌跡をたどり、そのなかに彼らの人生の意味を探るとかという発想があり、そこには、かすかにではあれ、歴史学の方法的革新への芽がはらまれていたのではないかと思います。ところが、歴史学界における「民衆思想史」研究のうけとめ方には、ひとつの定型があって、それは、「民衆思想史」研究をひとつの問題提起としていちおうは評価しながらも、支配思想の分析を欠いているところに限界をみるというものです。もちろん、内心ではもっとシニカルで否定的な評価をもっていらっしゃる方も多いのですが、論文や批評に書きとめられたかぎりでは、右のような批評がほとんど自明の真理のようにくり返されています。「民衆思想史」研究が支配思想の研究にたいした成果をもっていないことは事実でしょうが、しかし、それだからといって、いまや「民衆思想史」研究の限界は自明であり、つぎに研究すべきは支配思想のイデオロギー的分析だ、と論をすすめてもよいものかどうか。私などは、立ちどまってゆっくり考えてみたい問題がいろいろあるような気がしてなりません。

ここではさしあたって、支配についての研究が大切だということについては、同意してみましょう。しかし、支配というもののなかで、支配思想はどのような位置なり意味なりをもつのでしょうか。また、支配思想とはそもそもなんのことでしょうか。たとえば、支配思想という言葉についてごくありふれた規定をしてみると、支配のための論理づけ、支配者が操作する支配のためのイデオロギー的手段というようなことになりますが、支配のためのこうしたイデオロギー的手段の研究が、支配の研究にさいして思想史研究の側から貢献できる最重要問題だと確認できるでしょうか。たとえば、それぞれの社会には、支配階級も民衆もみずからの意思でかんたんに選ぶことのできないものの考え方、意識の様式、たくさんの人びととの生き方といったものがあり、そういうものをふまえてイデオロギーや政策の次元での闘争も展開しているのであって、前者の分析はいわゆる支配思想の分析よりもいっそう重要だと考えてみることもできるのではないでしょうか。(8) こうした理論問題について、なにかまとまったことをいうのは、ここでの課題ではありません。私がいいたいのは、たとえば「民衆思想史」研究についても、それには明らかな限界がある、支配思想の研究が欠けている、つぎの課題は支配思想の分析だと、なにか自明の真理のようにみんながくり返していると、いつのまにか私たちの思考はひとつの型にはまった窮屈なものとなり、もっと大きな問題があるかもしれないと疑ってかかるような精神で研究をすすめてゆくことができなくなるのではないか、ということです。

私は、さきほど、社会構成体の継起的展開という発展段階論的な認識カテゴリー、そうした立場からの生産力や政策や制度や運動の発展史的認識だけでは不十分ではないかという意味の指摘をしました。しかし、それだけでは不十分だということは、それが不必要だということではありません。こうした認識の枠組は歴史学の本領であって、こうした視角からこそ、歴史学は、異なった分析方法をもつ諸科学にたいしても独自の貢献をしてゆくことができるのだと思います。社会構成体などと難しいことをいわなくとも、ひとつの時代の特徴をできるだけひろい視野からとらえ、そうした時代像とのかかわりで固有の認識能力を発揮しうるところに、歴史学固有の役割があるのでしょう。そうした固有の方法的位相をもつことにおいて、私たちは、たとえば、文学、民俗学、人類学、精神病理学、社会学その他と異なった立場に立っているのです。[9] しかし、そうした立場に安住して、異なった諸科学との方法的位相のちがいとそこに生ずる緊張なども忘れてしまうと、歴史学の発想は安定的＝保守的なものとなり、学習態度は徒弟修業的、その成果は日掛・月掛貯金のように積みあげられて、歴史学は、パラダイムの理論でいう「通常科学」となります。こうした世界の特徴は、ある特定の視角からは、たしかにより精密化された学問的成果が蓄積されていっているようにみえるのに、すこし見方を変えれば、ある日、人びとの心に直截に訴える説得力を欠いてしまっていたということを発見して、驚いてしまうという結果になりやすいところにあります。こうした状況を免れたいと思えば、私たちは、手なれた領域をすこし離れて、自前の認識方法をほとんど欠く不安定な領域にわが身をさらしてみなければなりません。ふたしかで危険な困難にわが身をさらしてゆけば、新しい道を模索してゆくことにつらなる、と私は信じます。

今日の集会の趣旨と参会者の皆さんの関心にはそぐわない、場外れなことばかり申しましたが、自分の日ごろからの思いについて、素朴な告白をするほか、私は、今日の集会に参加するすべを知らなかったのです。

（1）この小文は、「教科書裁判を支援する一一月集会」（一九七九年十一月十日、明治大学）での報告をもとにしている。しかし、当日は時間の制約で省略した部分を復活し、表現もいくらか変えた。注には、当日の報告では話す予定になかったが、質問でもあれば展開してみたいと心づもりにしていた論点のうちから、若干を記してみた。「前近代の民衆像」という標題は、この小文の内容にふさわしくないが、小文の成立の由来と内容とは関連がふかいので、報告の原題を残して、その間の事情をくみとりうるようにしておいた。

（2）意識調査のデータは、『朝日新聞』一九七九年七月十六日号、同十八日号などによる。

（3）寺田光雄「受験体制と〈人間的想像力〉——一九七七年度社会思想史講義・学生提出レポートの検討を通して——」（『埼玉大学紀要（社会科学編）』第二六巻）。

（4）受験体制という言葉は、一面では、最近になってとりわけ顕著になった教育の次元での諸傾向をさしているが、それが狭義の教育の問題や最近の傾向にとどまらない、より広範な諸問題との構造的なかかわりのなかで理解されなければならない問題であることは、寺田氏にとって自明のことである。受験体制は、学歴社会の教育の場での表現形態であり、学歴社会は、日本資本主義の労働力調達のシステムであり、日本の資本主義化の歴史的諸要因によって規定されている等々。しかし、その基底にさらに、はるかに長い由来をもつ家や共同体や生産の社会的なあり方などの問題があり、受験体制という現代日本の現実の問題を透かしみるとき、あえて大げさにいえば、日本の歴史のほとんど全体がそれとかかわって、生き生きとした現実性をもってみえてくるのではなかろうか。他方で、学歴の問題が、現代世界の全体としてのありようのうちで、私たちの文明の未来にとって、不吉な予測と結びつくかもしれない深刻な意味をもっていることについては、R・P・ドーア『学歴社会　新しい文明病』（松居弘道訳、一九七八年、岩波書店）から教えられた。

（5）私がこの原稿を書いている日の新聞には、「イエスの方舟」についての大きな記事が掲載されていた。「神がかり」について信じられないというこの学生は、この新聞記事も理解できないのではなかろうか。シャーマニズム的なはげしい神がかり現象そのものを眼にする機会は稀だとしても、神がかりとかかわりのある宗教現象は、私たちの生活にとって、もの珍しいものではない。「技術的学習」にはげみ、余暇にはスポーツや恋愛に熱中しているかもしれないこの学生の生活のすぐ近くに、こうした宗教現象があるのだが、しかし、「技術的学習」を信奉しているかぎり、この現実はみえてこないか、眼にはとまっても、奇妙で「浮世離れ」した現象として、その関心の外に捨てられてしまうだろう。情報の洪水と視野狭窄との奇妙な共存。

（6）たとえば、マンハイムがイデオロギーというばあい、その意味は、特定の社会集団や階級の利害を表現するイデオロギー的上部構造というような意味にとどまるものではない。人間の思想や理念が、なかば意識されなかば隠蔽された利害の表現であっても、マンハイムの概念では、そのこと自体はまだ「部分的イデオロギー概念」に属するにすぎず、心理的に理解可能な地平の問題である。マンハイムの知識社会学が対象とするのは、こうした直接的な利害の表出にかかわる「部分的イデオロギー」ではなく、「全体的イデオロギー」であるが、後者においては、「たんに個々の思想内容ではなくて、特定の思想体系やある種の体験――解釈の形式……ついにはカテゴリーの組織さえ」もが、存在によって拘束されているとされるのであり、こうした「解釈の形式」や「カテゴリーの組織」について分析するところに、知識社会学が成立するのである（K・マンハイム『イデオロギーとユートピア』、徳永恂訳、『世界の名著　マンハイム・オルテガ』、一九七一年、中央公論社。傍点は安丸）。

マンハイムのこうしたイデオロギー概念が、個々の政治的社会的言説から思惟様式を区別し、後者に分析対象を求めた丸山真男氏の方法に大きな示唆をあたえたとのべても、おそらく見当ちがいではないだろう。私は、『日本政治思想史研究』などで、丸山氏が具体的な政治的社会的言説と思惟様式とをほとんど機械的に分離してしまい、二つの次元を相互媒介的に把握しなかったことに、その方法的限界を見る者だが、他方で、マルクス主義歴史学においては、人間の意識や思想は、政治的社会的な利害の表現という意味での通俗的なイデオロギー概念にひきつけて把握される傾向がつよく、マンハイムや丸山氏が方法的に開拓した次元の問題がどのような意味や位置をもっているのかということについては、ほとんど理解されてこなかったと思う。たとえば、丸山氏の「歴史意識の「古層」」（『日本の思想第六巻　歴史思想集』、一九七二年、筑摩書房、のちに『忠誠と反逆』所収）という論文が、意識の形態論的分析においてはあまりにもあざやかなのに、どこか空漠とした抽象性に陥っているような印象をあたえるのは、右にのべたような方法的特徴の極限形態がそこにあるからではなかろうか。なお、本文やこの注でのべたところから、私たちの歴史学が力を注いでいる反動イデオロギー批判が、ときとして彫りの浅い印象のものになりやすい理由も、いくらか理解できると思う。

(7) たとえば犯罪は、こうしたより深い構造を露呈する点で、重要な素材であろう。ここでは、本多勝一編『子供たちの復讐』(一九七九年、朝日新聞社)によって、周知の開成高校生殺人事件についてのべ、いささか唐突なコメントを試みることにしたい。

この事件は、一九七七年十月、東京都北区の飲食店主が、すさまじい家庭内暴力をふるう開成高校二年生の一人息子を自宅で絞殺し、妻とともに心中をはかったがはたせず、自首したものである。この事件の背景には、受験体制のすさまじさのほか、この子供が一人息子で母親への執着がつよすぎたことなど、いくつかの留意すべき点がある。しかし、私がここで注目したいのは、この子供を診察した精神科医が、治るかどうかとくり返して尋ねる母親に、「自殺か、非行少年というか犯罪者になると思うけれど、A君は自殺はできないと思うから、犯罪者になるだろう」とのべ、この言葉が両親を絶望させたこと、とりわけ犯罪者になるだろうという言葉が、家庭内で手に負えないほどの暴力をふるっている子供が、やがては世間にもっとひどい迷惑をかけることになるのかという絶望的な予測につらなり、それが絞殺のおそらく直接的な誘引となったらしいことである。また、一審判決のあとで母親は自殺したのだが、その自殺の背景に一般的な絶望感があったのはいうまでもないこととしても、さらにより具体的には、検察側の控訴理由書のなかに、「事件のあとで本当は自殺する気はなかったのではないか」という箇所と、「子供をムリヤリ勉強させた」という箇所とがあり、こうした控訴理由が、彼女に二審裁判を受けることに耐えられないという思いをいだかせ、それが自殺のより直接的な原因となったらしい。殺人犯の立場にある父親は、妻の自殺によっていっそう絶望的な状態に陥ったわけだが、妻の葬式をすませたあと、彼は、四国巡礼に出かけた。そして、そのあと、彼は飲食店を再開し、妻の実母と二人で暮しているのだが、そうした絶望的な状態のもとにおかれた彼に生きる勇気をあたえたのは、ある日、機関紙が店に入れられていたことをきっかけに入信した、「生長の家」の信仰であった。

こうして、学校教育や受験、精神医学、裁判制度など、近代社会が生みだした近代的な制度や技術や知識などのすべてが、この一家の人びとをひたすらに追いつめるものであり、こうした窮境のうちでこの父親にかろうじて生きる勇気をあたえたものが、四国巡礼や「生長の家」の信仰だったという事実は、私たちにつよい感銘をあたえる。こうした事実から、私たちは、民衆宗教を研究することの意義についても示唆をうけることができるが、しかしまた、民衆宗教を、民衆のなかで成立した自主的に近代的なものとして把握することに結果しやすい私たちの方法の限界をも、暗示されているのではなかろうか。

周知のように、最近、西川長夫氏は色川大吉氏の歴史叙述とその理論とを批評する二つの論文を書き、文学と歴史学との価値意識や方法のちがいを論じた。そのなかで、氏は、文学の価値意識にふくまれている否定性の問題をとりあげ、「社会的なくずやごみのなかにこそ文学的により高い価値が見出されるのだという方向に価値観を逆転させる」ことに文学の立場の特徴があるとし、それを、「一定の社会的な役割（プラス価値の……安丸）によって人間を位置づけようとする」歴史学の肯定的な価値意識に対比してみせた（西川長夫「歴史研究の方法と文学」、『歴史学研究』四五七号）。これにたいして、色川氏は、自分の著作のなかから須長漣造や秩父事件の無名戦士の例をあげ、深谷氏の『八右衛門・兵助・伴助』（一九七八年、朝日新聞社）や私の『出口なお』（一九七七年、朝日新聞社）もまきぞえにして、歴史学も社会のくずやごみをとりあげているではないかと、私にはやや強弁的に聞える反論をくわえ、ひろた・まさき氏は、「民衆のポジティヴな側面」と「ネガティヴな側面」との「関係を構造的に明らかにしようとするところ」に自分の立場があると、優等生じみた答え方をした（色川大吉「〝歴史叙述の理論〟をめぐって——西川長夫氏の批判にこたえる——」、『歴史学研究』四七二号、ひろた・まさき『文明開化と民衆意識』「第一部Ⅳ日本近代化と地域・民衆・文化」、一九八〇年、青木書店。なお、この西川・色川論争については、本書第Ⅰ部二「方法規定としての思想史」でとりあげた）。

思うに、犯罪、病気、精神疾患、社会的脱落者などのなかには、健康で平均的な生活者たちのうちには容易に発見することができないような人間性についてのより深い真実が、はるかに明瞭なかたちで表現されているのであり、こうした側面の研究によって、政治や社会の一般的な推移の過程からはかならずしもはっきりみえてこない、より深いものがべっ見できるのである。文学と歴史学とは、方法的に大きなちがいがあるが、おそらく、人間についてのより深い真実を探究しようとしているという究極の一点においては、おなじ課題を担っているのであろう。こうした課題をおなじくする者として、文学も人間についての諸科学も相互に学びあおうとするのは当然のことであって、たとえば、大江健三郎氏の最近の作品は、いかにも大江氏らしい生真面目な大勉強によって、こうした方向を自覚的に探ったものだということができよう。犯罪、病気、社会的脱落者などについて、田村栄太郎氏と長谷川昇氏のヤクザ研究をべつとすれば、私たちの歴史学に論ずるに足るほどの成果がないのは残念だ。なお、犯罪といえども、たんに民衆の「ネガティヴな側面」というような性格のものでなく、はるかに深い意味をもった現象であることは、右に挙例した開成高校生殺人事件にもしめされているが、さらに、犯罪が原初的な抵抗の諸形態につらなっているばあいも多いことについては、E・J・ホブズボーム『匪賊の社会史』（斎藤三郎訳、一九七二年、みすず書房）が示唆的である。マフィアさえも、その成立の由来からすれば、たんなるギャングでなかったことについては、おなじ著者の『反抗の原初形態』から教えられた（この部分は、青木保氏の編訳〈一九七一年、中央公論社〉では省略されていたが、水田洋他訳『素朴な反逆者たち』〈一九八九年、社会思想社〉は原著の完訳。――〔（　）内追記〕）。

（8）　支配階級も民衆も、自由に選ぶことのできない固有のものの考え方、意識の様式＝社会的意識形態をもつものであること、また、この意識形態というカテゴリーにおいては、現実意識と可能意識とを区分することができて、現実意識⇅可能意識のダイナミックな過程として、それぞれの時代と階級の意識状況がとらえられ、それが歴史の変動をとらえてゆく不可欠の契機となるはずであることなどは、歴史学全体のなかで思想史研究がどのような位置と役割とをになっているのかということを示唆していると考える。

L・ゴルドマンの世界観の類型学というとらえ方は、右のような私の考え方にとって有益だったが、ゴルドマンのばあい、可能意識のマキシマムにたっしたものとして、代表的な思想家や作家の代表作を重視し、その類型論的分析に帰着するところが納得できない。現実意識⇅可能意識のダイナミックな過程は、ゴルドマン自身ものべているように、民衆意識にとりわけ顕著な現象であり、この過程に注目することで、思想史研究は歴史分析に固有の貢献をしてゆくことができるはずである。晩年のゴルドマンが、これまでの自分の研究が世界観の多様性や豊饒性よりも作品の統一性を重んじて類型把握に偏してしまったと自己批判しているのは、ことは文学の次元でのべられているけれども、よく当っていると思われる（L・ゴルドマン『人間の科学と哲学』、清水幾太郎他訳、一九五九年、岩波書店、同『人間の科学とマルクス主義』、川俣晃自訳、一九七三年、紀伊国屋書店）。

イデオロギーと生活意識（生活思想）とは範疇的に区別すべきであること、前者は、多かれ少なかれ後者をふまえながらも、より組織づけられた第二次的な構成物であることについては、拙稿「「民衆思想史」の立場」（本書第I部四）でもふれた。マルクス『経済学批判・序言』のいわゆる唯物史観の定式をめぐって、「イデオロギー諸形態」と「社会的意識諸形態」とを区別する必要を論じたものとして、山之内靖『社会科学の方法と人間学』から教えられた（同右拙稿参照）。私は、イデオロギーと生活意識（生活思想）とを区別し、後者の基底にさらにほとんど自覚されない人びとの生き方の類型ないし構造のようなものの存在を推定してゆくことで、歴史学は、異なった立場の諸科学とのあいだに、ゆたかな交流・相互摂取の場を成立させうるはずだと考える。

(9) 周知のように、現在の日本には、たとえば『タテ社会の人間関係』（中根千枝、一九六七年、講談社）や『「甘え」の構造』（土居健郎、一九七一年、弘文堂）のような日本人論ないし日本文化論の領域の書物がベストセラーとなり、類書があいつぐという現象がみられる。人類学、精神病理学など、歴史学とは方法的に異なった立場から書かれたこれらの書物は、日本人と日本社会についてより深められた認識に到達しようとする点で、歴史学とはある種のライバル関係にあるものといえよう。他方で、歴史ブームといわれるような現象もみられるが、歴史学の方は、単独の書物や論文では右のような書物ほどの説得力をもちにくく、たとえば中央公論社や小学館などによる大きなシリーズものとなったときにベストセラーになるという特徴がある。それでは、なぜ日本人論や日本文化論にかんする書物が盛行するのであろうか、思いつくところをあげてみよう。①日本人や日本社会についてより深い認識をえたいという欲求がひろく存在するのだが、これらの書物は、まわりくどい手続きなしに、そうした認識をいっきょにあたえようとするものであること。②これらの書物は、人類学、精神病理学、社会学など、人間と社会についてのより深層的な探求の長年の成果をふまえて書かれていること。もちろん、浅薄な思いつきをひきのばしたにすぎない書物も多いが、それぞれの学問領域で長年つみあげられた経験的データと独自の理論的洞察が、わかりやすい記述のなかにふまえられているような書物だけが、ひろい読者層を獲得しているといえよう。③これらの書物が、読者の身近な経験にたいしてあらたな洞察をあたえるものであり、自分の経験を反芻しながら読めるような性格のものであること。

こうした領域の作品にたいして、歴史学は、歴史的段階的な見方や階級関係・支配関係の観点などから異論をのべることができるが、しかし、大切なことは、歴史学もまたこうした書物への関心のうちにふくまれている人びとの問いに説得的に答えるものでなければならないということである。時代性とそのもとでの対抗や矛盾の認識、またそこに可能となる独自のパースペクティヴによって、歴史学は独自の方法的位相をもつのであり、そこに隣接の諸科学とは異なった性格の独自の説得力が生まれるはずなのである。

〔『歴史学研究』四四七号、一九七七年〕

七　民衆史の課題について
――井上幸治『近代史像の模索』・林英夫『絶望的近代の民衆像』を読む――

1　はじめに

不勉強な私は、これまで井上幸治氏と林英夫氏の学問的業績にふれることはほとんどなかった。井上氏の『秩父事件』と林氏の『近世農村工業史の基礎過程』所収の一論文とは、印象ぶかく読んだ記憶があるが、それだけでは評者としての資格に根本的に欠けるところがあろう。それに私は、自分の手に負えそうな領域でだけほそぼそと文章を書くことにしており、小心翼々をモットーにしている。だから、『模索』と『民衆像』（ともに一九七六年、柏書房）の書評を依頼されたとき、いつもの私なら簡単におことわりするはずだった。しかし、依頼をうけたとき、ちょうど私は、『出口なお』をほぼ脱稿しており、前著『日本の近代化と民衆思想』をもあわせて、自分なりにひとくぎりつけたい時期だった。そんな時期だから気軽にひきうけたというのではない。私は、歴史学の方法やそのなかでの「民衆思想史」の位置づけなどについて、はっきりとした確信のないままに自分の研究をすすめてきたのだが、とりわけ最近になって、私たちのいわゆる「民衆思想史」なるものも、新しい方向が必要になってきているという思いがしだいに強まっており、こうした関心から両者にわずかばかりでも学んでみたいと思ったのである。

『模索』も『民衆像』も、専門外の読者を辟易させるような厄介な論証に深入りせずに、かなりひろい読者層を予想して編まれたものである。いずれも、それぞれの専門領域ですでにりっぱな業績をあげた学者が、その成果をふまえて、いっそうひろくて斬新な問題領域を提示しようと試みたものだといえる。二著のこうした性格は、両氏の業績に不案内な私にも、自分の不勉強を棚あげして、自分の関心から二著に近づくことを許してくれそうな気がする。以下にのべるのは、こうした一面観からの感想にすぎない。

2 新たな分析次元の探索——『近代史像の模索』——

『模索』は、相互に関係しあった二つの部分からなりたっているといえる。ひとつは、マニュファクチャ論、フランス革命論、パリ・コンミューン論、ナポレオン伝説論などのフランス近代史にかんする諸論稿であり、いまひとつは、秩父事件およびそれを核にすえた民衆史の方法にかんするものである。分散マニュファクチャとナポレオン伝説を論じたものが比較的まとまった論文形式になっているほかは、さまざまな機会の雑多な文章(「エッセー」)の集成である。書かれた時期は、一九六四〜七四年、収載にあたって一切改稿していないとある。

私は、フランス近代史についての井上氏の業績を読んでこなかったのだから、ここでは本書に収載された諸論稿からその関心をうかがうほかない。それによると、戦後の井上氏は、長いあいだ大塚学説の批判的検討にたずさわってきた。大塚学説は、「理論としては優に国際水準」だが、それでは「わりきれない事実ばかり多い」と井上氏はいう。そこで氏は、農村マニュファクチャの有無を実証的に検討し、フランス革命にさいしての土地所有の移動を調べ、またルソーやロベスピエールの思想を再考する。もっとも、本書にのべられているのは、これらの諸研究からえた結論のかんたんなスケッチや、研究方法、問題関心のおおまかな推移などである。何年間かほかの仕事はことわって、きわめてかぎられた地域における農村マニュファクチャの有無を実証的に検証するという課題に沈潜したという井上氏のひたむきな仕事ぶりを、私たちはせいぜい通りすがりに窓外から覗いてみる程度である。しかし、実証、とくに精密な地方史研究を中心にした実証研究を中核におき、そこから歴史理論を再構築してゆくという井上氏の方法は、秩父事件研究にも通じており、井上氏の基本的な立場となっている。

だが、こうした実証に徹する立場から、井上氏はやがて経済過程から相対的に自立した内的な構造をもったものとして、政治過程や意識過程が展開していることを確認することになる。あるいは、はやくから気づいていたのかもしれぬが、そのことを決定的に重んずるようになったようにみえる。たとえば、サン＝キュロットを前期的プロレタリアートとか半プロレタリアートと規定したり、パリ・コンミューンの主体となる労働者を近代的工場労働者のように思いこむのは、実証ぬきの先入観にすぎない。サン＝キュロットのアクチヴには、六四名の労働者を使う企業家まではいっており、パリ・コンミューンをになった労働者たちのうち、近代的大工場で働く者はごくわずかで、彼らを主体として「純粋のプロレタリア的意識」をもったものとして把握してはならない。フランス革命にしても、マニュファクチャ・ブルジョアジーや小ブルジョア的経済の発展→そのジャコバン派への結集→封建的土地所有と前期資本の打倒・農民的土地所有の確立→「フランス革命は典型的な資本主義とデモクラシーを確立した」という論理でとらえると、重要な事実関係をほとんど見落としてしまうことになる。このような結果に陥ったのは、たとえば革命前に農村マニュファクチャが存在し、それがやがて産業資本の中核になってゆくというような経済史的シェーマが独断的なものだったからだというだけではない。「たとえば政治史も思想史も、自分のデータのなかの自己論理を最後まで追求しなかったし、分析もたえず既存の経済史的概念に依存し、それを分析の基準とさえ考え」（三六〜七頁）たからである。サン＝キュロットもパリ・コンミューンも、フランス革命の政治過程や意識過程も、粗笨な経済史的概念で割りきってはならず、政治的なもの・意識的なものをそれ自体の史料にそくして、内在的に分析しぬき、そこからそれぞれの内的な構造・歴史的全体性のなかでの位置を発見しなければならない。

経済決定論でよいという歴史家はいないし、政治過程や意識過程の相対的独自性を大切にしなければならないというのは、多くの論者の常套語である。しかし、私は、いまのべた井上氏の立場を、こうした通念に吸収してしまいたくない。井上氏は、史料と事実のなかから政治過程や意識過程の独自性を発見し、それを歴史的全体性のなかへあざやかにとらえかえしているからである。フランス革命において、「小生産者の理想社会像」の「夢」が現実状況との乖離のゆえにこそ大きな役割をはたす根拠の分析（四〇〜一頁）や、「ナポレオン伝説」についての興味ぶかい論稿は、その具体的事例であり、私にはほとんど魅惑的なものだった。「夢」や「伝説」もまた、状況を生みだした独自で活動的な歴史的リアリティであって、「幻想はときに精神と社会を動かすのである」（一一四頁）。

歴史家としての井上氏の業績が、一方ではフランス近代史に、他方では秩父事件を中心とする近代日本の民衆史にあることはよく知られている。一見すればまったくかけ離れているようにみえるこの二つの領域が、一本の縄を構成するかのように井上氏の内部で交錯しあっていることは、本書からも十分にうかがわれる。地方史に徹すること、厳密な史料の博捜のなかから論理を構成すること、民衆闘争史への関心などは、二つの領域を貫くものであるらしいが、フランス近代史研究から方法を学ぶとともに、秩父事件を中心にその有効性をつきつめ確認するというのが、井上氏に独自なところであろう。だが、この第二の領域では、本書ではとりわけ民衆思想・民衆意識をどのようにとらえるかということに力点がおかれている。

井上氏は、客観的な階級構造をX軸、思想ないし意識の次元をY軸と呼んでいる。X軸Y軸というのは比喩にすぎないが、土台―上部構造（これも比喩であろう）という把握とは異なるところがあろう。座標上の任意の一点は、X軸によってもY軸によっても規定されてはいるが、いずれかの軸が先験的により重要な規定性だとはいえないからである。こうした表現にこめられているのは、Y軸は、X軸と相互に制約しあっているとはいえ、独自の次元を構成しているのであるから、それ自体として内在的に探求されねばならないという意味である。「既成の概念」だけではとりあつかえない現実があるとのべ、「私はまあ年をとっておりますからお許し頂きたいわけなのですけれど、日本の社会科学なり歴史学はその点基本的な反省が必要なのではないか」（一四二頁）というのも、ほぼ意識ないし思想の次元の具体的で内在的な探求を欠如していたという意味でいわれている。

こうした井上氏の問題意識を窺うために、「民衆の役割」という長い講演からはじめの部分を引用してみよう。

「最近では私はどこへ参っても申し上げることなのですが、……現代は文学者もしくは文芸評論家の時代だと言うわけです。現在、歴史家とか社会科学者というのは、そのあとからとぼとぼついてゆくという情況になっているのではないか。ということは、本当にむずかしいのは、現在、情況をどう捉えるかという問題に連関してくるわけですけれども、いろいろ社会科学の方の既成の概念では必ずしもつかみ難い情況がかなり出てきている。その一つが私は民衆とか住民といわれている言葉、この概念内容ではないかということを申し上げたいわけです」（一三七～八頁）。

引用のうち、文学や文芸批評にたいする高い評価は、具体的には、秩父事件やそれにかかわる民衆の意識を、井出孫六氏や金子兜太氏のような文学者が、歴史家のばあいには史料上の制約からとうていとらええないような「農民の底の意識にまでつっ込んで」ととらえようとしていることをふまえたものらしい。しかし、一般論としていえば、こうした評価は、文学者や批評家がきけばたまげるようなものであって、文学や批評もまた、いわゆる戦後文学を頂点としてその思想性を磨滅させ、高度資本主義の日常性のなかで腐朽しつつあるのであろう。だが、右の引用には、マルクス主義歴史学が、戦前・戦中・戦後を通じてあらゆる社会科学のなかでの「リーディング・サイエンス」であり、「日本社会の病理学」のようなものとして歴史と社会を診断し、私たちの行手をさししめす性格をもっていたのに、いまではその衝撃力と現実把握力はすっかり衰えてしまった、という判断がある。本誌の読者のなかには、こうした判断に同意しがたい人も多いだろう。しかし私には、五〇年代後半を境にマルクス主義歴史学の知的衝撃力が衰退したとするのはきわめて自然な判断だと思われるし、六〇年代歴史学におけるさまざまな動向もそのことに対応していたと考えるほかない。日本共産党の政治的進出が、若者たちへのマルクス主義歴史学の知的衝撃力の減少と、どちらかといえばあいともなっているようにみえるのは、皮肉なことである。

こうした状況認識をふまえて井上氏が提起するのが、——それのみではないとしても——史料に沈潜してそこから再構成されるものとしてのY軸（思想ないし意識の独自的次元）の探求である。『秩父事件』（一九六八年、中央公論社）は、秩父事件に参加した民衆の政治過程と思想過程の独自性を生き生きと描きだした名著であり、同書にたいする高い世評もその点にあったと思われるのだが、本書では、同書の達成もまた農民の客観的な行動や「一応表面に出た思想性」にとどまっており、「もっと農民の底の意識にまでつっ込んでいきたい」（一三九頁）という金子氏の批評が、肯定的な文脈で紹介されている。そして、「明治、もしくはさかのぼって江戸時代の農民の心の中までさぐりうる、もしくはかれらの個性というものをひきだした歴史叙述があったか、という設問をしたいわけです」（一四〇頁）とも問うている。だが、こうした問いかけは、史料に沈潜して実証を重んずるという氏の立場と、容易に一致するわけではない。そこに、文学者の仕事や色川大吉氏の業績、また柳田民俗学への共感が語られることにもなる。史料と実証を重んずるという歴史家の立場と、書き言葉に表現されることはほとんどない、書き言葉に表現されればその途端になにかまったくべつのなにものかにすりかわってしまう民衆の「心」の世界との、埋めることのできない断絶。井上氏は、この宿命的ともいえる困難を真正面からとりあげ、方法的転換を呼びかけているように思われる。

ところで井上氏は、思想ないし意識の次元を重んじなければならないといい、それを具体化して、秩父事件における民衆思想の独自性を自由民権思想の農民的な立場から読みかえ（「社会的デモクラシー」、一九九頁）としてとらえてみせている。そして、慶応二年の武州一揆など近世の農民闘争との連続性については、否定的に評価しているが、この点は、井上氏以外の秩父事件研究者からの批判をうけるところのように思われる（たとえば佐藤政憲氏の本書への書評、『歴史評論』三二一号）。こうした意見の相違は、私たちのような門外漢にも示唆的であるような気がする。おそらく、思想的達成という側面からみれば、近世の民衆闘争と秩父事件とのあいだには質的な飛躍があり、民権思想に由来するこうした達成が秩父事件を秩父事件たらしめるものだともいえよう。しかし、民衆の行動様式や蜂起集団に結集する心意など、どちらかといえば非自覚的・深層的な側面では、たとえば武州一揆とのあいだにきわめて大きな継承性があるのではなかろうか。高利貸をみる農民の眼も、村単位の参加強制も、蜂起集団の規律も、蜂起という闘争形態そのものも、百姓一揆の伝統なしには存在しえないものだと、私は私なりに自分の研究をふまえてほぼ断言できるように思う。そして、もしこのように考えてよいとすれば、民衆の思想ないし意識をその独自性の次元で探求するといっても、本書での井上氏の立場は、事実上、より自覚的で高次な思想性の次元で考えられすぎており、記録されることのない、あるいは記録されうる言語表現のなかではかえっておし隠されてしまうような意識（無意識）の諸次元を探るものにはなっていないといえよう。この点は、井上氏自身がもっとも自覚されていることではあるが（金子氏の批評が紹介されているのもそのためである）、史料とそれに沈潜した実証という歴史家の本領からは、かならずしも直截にこの問題を照射しえないことにこそ、私たちにとっての根本的な問題があるのではなかろうか。

3　民衆像の拡大――『絶望的近代の民衆像』――

『模索』と『民衆像』では、とりあつかっている対象は共通性がないが、私たちの視圏の拡大と方法の革新を求める点では共通した性格をもち、両著の主張にはかさなるところもある。後者は、近世社会史でつぎつぎと成果をあげてきた著者の、その蓄積をふまえ、よりひろい視野にたった発言を集めたものといえる。書かれた時期は、ほぼ一九七〇年～七六年、重複を整理し再構成したとある。本書には、『模索』よりはるかに多様な素材がもりこまれているが、私は本書の骨格をつぎの四点に整理したい。

第一に、共同体から剝離された民衆を主要な対象としていること。人買、かどわかされた子供、乞食、さまざまな渡りの職人、ヤクザ、流浪する芸人、娼婦等々、由来はさまざまだが、こうした「アウトロウ」(「こういう表現をこのまないが」と著者はことわっている)は、近世社会のなかですでにある構造的な比重をもって存在しており、それが近代化への過程で再生産されてゆく。こうした人びとについての研究は、それが基本的な階級構成からはみだすような性格をもつためか、田村栄太郎氏のヤクザ研究などの貴重な業績をべつとすれば、歴史学者の真剣な研究対象となることはあまりに少なかったといってよい。林氏は、「こうしたアウトロウ＝ルンペン・プロレタリアートを絶えまなく再生産し、恥部として隠し切り捨てていった日本帝国主義の暗部からの、切り捨てられた部分からの挑戦」（二四七頁）として本書を書いたという。

第二に、民衆の心意を重んじていること。「義理・人情・仁義」、武士道の「美学」、外来文化の模倣＝摂取などを論じた第一部「民衆のなかの日本人像」は、ほぼこうした目的にそうものだが、白土三平『忍者武芸帳』を論じて、「もっとも純粋な日本土着民族の思想」だとしているばあいなども、その事例であろう。こうした主題につくとき、林氏は該博な知識と自在な語り口をもっているようにみえる。近世の文芸作品も明治の雑誌類も現代のテレビや広告文も、主題にそくして著者は自由につかっている。

第三は、近世～近代～現代のひろいパースペクティヴにたって論じていること、そのゆえにまた、現代的観点から歴史をとらえていること。おそらく、近世史の研究者として出発したはずの林氏が、近世史の蓄積をふまえながら、そこでとらえた問題を近代・現代まで延長して考察するとともに、現代日本のさまざまな問題状況に触発されて、近代化してゆく日本社会やさらにその前提としての近世史の諸問題にまでさかのぼってゆくところに、本書の一つの魅力があるのであろう。

第四に、「地方主義」、あるいは地方史の立場。林氏は、テレビの大型歴史ドラマを通して民衆の歴史意識をかたちづくってゆく「通俗日本史」と「東京帝国大学風」のアカデミズム史学にたいして、在野史学の系譜にたつ地方史を対置する。そして、地方史研究の蓄積をふまえて、農民の生活史料を「民俗遺品」としてしかとらえられない「選別」する立場を批判し、「地方エゴイズム・地方主義をかたくななまでに徹底する思想」(二四二頁)からこそ、日本文化の真の創造が展望できるのだと高唱している。

本書の内容からすると、しばしば絢爛として叙述されるより具体的な文脈が大切であり、以上のまとめ方は抽象的にすぎよう。だが、この不十分なまとめ方からだけでも、四つの視点がいずれも重要なものであり、こうした視点を徹底してゆけば、私たちはすっかり革新された歴史像に到達しうるかもしれないこと、また、右の四点はいずれも相互に結びついていることなどが想定できるような気がする。たとえば、瞽女のような放浪の芸人について研究してゆこうとすれば、それは記録に残されなかった民衆の心意の世界への洞察力と地方史に徹した研究スタイルなしには不可能なのだが、またこうした研究によって、近代化してゆく日本社会の基底部で沈黙している民衆の「心」の世界が明らかにされ、その「心」の世界に照らして日本の近代化とはそもそもなんであったのかと問い返すことができるはずである。

だが、こうした方向ですぐれた成果に到達するのは、きわめて困難なことである。地方に残された史料の博捜や聞取りなどの現地調査が重要なことはいうまでもないだろう。しかし、古文書などの現地調査にもほとんど必然的な限界があり、「実証主義」からもまた多かれ少なかれ自由にならざるをえない次元もあるだろう。そして、そのさい、方法や問題意識について十分に考えぬいておかなければ、史料と実証から離れる分だけ叙述は恣意的なものとなり、一見すれば洞察力にみちているような記述の中身も、よく検討してみるときわめて平凡な先入観にすぎなかったりしがちである。それは、歴史家の生身がもっとも素朴に露呈しやすい領域である。本書は、林氏の歴史家としてのすぐれた資質によってこうした陥穽を基本的にはのりこえており、全体としては洞察力に富んだものになっているとはいえよう。しかし、短絡や独断を感じさせるところがなくはない。とくに、日本人のほとんど思想化されることのない心意を探ろうとするさいには、そうした危うさを感ずるばあいがある。

たとえば、「士の美学」という一〇頁の小文は、『葉隠』にみられるような武士道が、かたちを変えながらも「今もなお不気味に日本人の中に生きているのだ」とするものである。林氏によると、旧制高校のバンカラ趣味や大学運動部などの「日本的スポーツ精神」や会議で「スジ論」をいう傾向は、そうした精神の系譜である。

「われわれの日常の会話や、会議の議論のなかでも、「スジ」を通すという方向で結論や決定をみることが、かなり多いようで、このスジを通すという信条の人を「人格者」として尊重する傾向がある。このスジ論がでるたびに、当否は別として、武士道は生きていると思わざるを得ない。本来、民の生き方のなかにはスジなどという士の視角はないのだ。民の現実は多様でスジを通していては民は生きられなかったのである」（二九頁）。

というような調子である。三島由紀夫の自死は「士の美学」の退廃したかたちであり、第二次大戦中の日本軍隊が「アジア一帯にくりひろげた残虐と野蛮」は、武士思想の愚民観によるものであり、おなじ愚民思想は独占資本と官僚のものの考え方のなかにいまもうけつがれているという。以上が「士の美学」という小文の要旨だが、視座を限定して特定の問題連関を示唆したものとうけとれば、それなりに説得的だともいえる。しかし、ほんのすこしたちいって論点を吟味しようとすれば、疑問百出で、とうてい落着いて読みすすむことができない。武士道と儒学との関連は？　近代日本の官僚制や高等教育制度と武士道や儒学との関連は？　「スジ論」とは？　民衆にも独自の「スジ論」があるのではなかろうか？　日本軍の残虐行為は武士道よりもむしろ日本民衆の土着の存在様式やその国家による編成の仕方にかかわっているのではないか？　などなど。もちろん、これらの論点はいくつかの研究がかさねられてきたところであり、異説も多く、一〇頁やそこいらの短文が説きつくせるところではないし、エッセー風の短文はバランスのとれた解説である必要はない。しかし、エッセーというものは、非体系的であるかわりに、思索の独創的な飛翔力によって読者を啓発するものでなければならないはずなのに、それとは似て非なるもの、つまり短絡と独断の方が眼についてしまうのである。テレビの大型歴史ドラマ風の「通俗日本史」とはべつの「通俗日本史」がつくられる可能性を、私たちはたやすく免れているのではない。

4　状況のなかでの歴史学

私は、五〇年代後半を境としてマルクス主義歴史学が知的衝撃力を喪失してきたとする点で、井上氏に同意し、巷には大型テレビドラマ風の「通俗日本史」が氾濫してそれが現代日本の民衆の歴史意識をかたちづくっていると思う点で、林氏と共感する。そして、両著が、それぞれこうした状況への眥（まなじり）を決した挑戦であり、両著が提示している論点の多くに共鳴し教えられる。だが、本誌（『歴史学研究』）の読者のなかには、現代の状況のなかで右のような側面をことさら強調することには、異論のある人が多いような気もする。そして、ある人は、その証拠のひとつに、歴史学研究会・日本史研究会・歴史科学協議会などに結集した歴史家たちを主要な執筆者として出版されている『岩波講座日本歴史』や小学館の『日本の歴史』がきわめて多くの読者（購入者？）を獲得している事実をあげるかもしれない。『日本民衆の歴史』（三省堂）や『大系日本国家史』（東京大学出版会）の方を重くみる人もあろう。これらのシリーズの評価は、私の手には負えない難しい問題なのだが、そのひろい視野にたった批評を他の論者に期待して、ここでは、私の小さな体験を唐突にのべることにしよう。

私は、自分の勤務する大学で一般教育課程の「日本史」を講義している。この講義の聴講生は、名目上はきわめて多いが、平常の出席者はそれほどでもない。つぎに引用するのは、一九七六年度の学年末試験におけるA君の答案の書きだしの部分である。

「名もない足軽の身分から、全国を支配するまでに至った秀吉には、男のロマンが感じられるし、おさないころから秀吉にあこがれていました。立身出世の完全な見本のように思われます。彼の歴史をたどってみると、人間はやろうと思えば、努力しだいで何んでもできるのだと深く感じられます。やはり人間、努力が大事だなと改めて思い知らされます」。

講義についての感想も書くようにと指示しているので、A君は感想の方からはじめたのであろう。以下、一行あけて本論にはいり、太閤検地・刀狩り・宗教政策など、豊臣政権の政策が論じられている。内容はだいたい有斐閣双書の『日本経済史』(永原慶二編、一九七一年)によっているが、自分なりに整理し、たとえば一地一作人の原則や「作あい否定」なども的確にのべられている。私の見た答案のなかではよくできている方である。だが、こうした本文と引用した感想は、どのように結びついているのか、私にはまったくわからない。というのか、私の試験の答案に有斐閣双書『日本経済史』をタネ本にして答案を書く人が、こうした素朴な感想を記しうることに、私はすっかりうろたえてしまう。もちろん、この学生は、私の講義をじっさいにはほとんど聴講しておらず、『日本経済史』も試験に関係のありそうな箇所だけ拾い読みしたのかもしれない。それにしても、どう読みかえしてみても、素朴で正直で、どこにも身がまえたところがないだけに、私はいっそううろたえる。せめて、教師のものの考え方について想像力をめぐらし、もうすこしひねって書けないものだろうか。マルクス主義歴史学の精髄をスケッチした『日本経済史』と「通俗日本史」のなんという共存?! もっとも通俗的な歴史観に、カスリ傷ひとつあたえることのできない教師である自分のピエロぶり!!

A君の事例は、極端すぎるところがあるかもしれない。しかし、私の印象では、これに近い感想を記している人は少数派ではなかった。それに、大学に職をもつ人は、最近の学生たちが社会や政治について無関心になり、そうした領域ではごく素朴な通念しかもたない傾向にあることを、日々に体験しているのではなかろうか。『岩波講座日本歴史』や小学館版『日本の歴史』は、前回の岩波講座や中央公論社版『日本の歴史』に比べて、専門的にみてより深められており、ユニークな労作も少なくないようだ。しかし、これらのシリーズが全体としてどのような知的衝撃力をもっているのかと反問してみるとき、A君を事例としてのべたような全体状況の方に重い現実感があるのではなかろうか。

『模索』と『民衆像』の批評とは直接かかわりのない大状況について、粗雑な感想をのべたことを、著者と読者におわびしなければならない。しかし私は、こうした大状況のなかで両著の意義を考えたいのである。そして、こうした視角から考えるとき、私は、両著にはあらたな可能性がゆたかに示唆されていると思うとともに、「既成のものでは把みきれない」(『模索』一四三頁)というもどかしさも、心に残ってしまうのである。

こうしたもどかしさを説明するために、歴史学者の著作を、一方では『サンダカン八番娼館』(山崎朋子、一九七二年、筑摩書房)、『からゆきさん』(森崎和江、一九七六年、朝日新聞社)などに、他方では『「甘え」の構造』(土居健郎、一九七一年、弘文堂)、『日本人とユダヤ人』(イザヤ・ベンダサン、一九七一年、山本書店)、『タテ社会の人間関係』(中根千枝、一九六七年、講談社）などに対比してみることもできよう。さきの二つは、「からゆきさん」という特殊な対象を、しかも一人あるいはごく少数者について、聞書きという方法によって、特殊的内在的にふかくとらえたもので、すさまじい生きざまとそこでの「心」のあり方が否応ない事実そのものの力によってわれわれの心をうつ。あとの三つは、これとは対照的に、精神病理学や比較文化論や社会人類学をふまえて日本人というものの精神のありようをいっきょにその全体性においてえぐりだしてみせるもので、その独特の分析力が書物の生命となっている。一方は特殊の事例に、他方は一般的傾向に徹する点は、対照的に異なっているが、日本人の精神のありようを内在的につかみだしてみせる点では、共通性もあるといえる。また、聞書＝ルポルタージュ、精神病理学、社会人類学というそれぞれに独自な方法的場をしっかりともっており、わかりやすく書かれてはいるが、かんたんな追随を許さない性質のものである。歴史家の本領とする文献史料とはべつの次元の素材に依拠していることは、とくに留意すべき点である（『からゆきさん』のように文献史料を利用しているばあいも、その感銘はべつのところから由来するものである）。いずれも、一読しただけでたくさんの読者をうる可能性をもっていることが了解される。これらの書物が、歴史書のようなシリーズ物としてではなく、単行本としてひろい売れゆきをみせたことも注意したいことである。

これらの書物にたいして、歴史家が異論をさしはさむことは、おそらくあまり難しくない。たとえば、『からゆきさん』や『サンダカン』にたいしては、社会経済史との関連づけやよりひろい歴史的視野からの位置づけを求めることもできよう。『「甘え」の構造』や『タテ社会の人間関係』のばあいは、抽象度がきわめて高いから、歴史的な事例をあげて一般化のゆきすぎを批判できるだろう（その一例として、『「甘え」と社会科学』大塚久雄他、一九七六年、弘文堂、における大塚久雄氏と川島武宜氏の発言がある）。しかし、それにもかかわらず、これらの書物が日本人の生きざまや「心」のあり方を歴史家とはべつな鋭さでえぐりだして、直截に現代日本の知的関心に答えてみせたという事実は残り、それと対比して、歴史家の書く思想史というようなものも、すぐれたいくつかの例外はあるにしても、多くのばあい日本人の「心」の世界のごく表層にとどまっていたのではないかという批評は避けられそうにない。鋭い問題意識にたった精緻な研究が、そのできあがった成果を現代日本の意識状況のなかにおいてみるとき、じつはアカデミズム化とスコラ化の風潮に思いもかけず染めあげられていたというような状況に、私たちはいま、否応なくとらえこまれつつあるのではなかろうか。

もちろん、歴史学（ここでは日本史学）の研究にはさまざまの意義と役割があるが、どうした研究分野からはじめるにしろ、それが日本社会や日本人についてのよりふかい理解に通じていなければならないことはいうまでもなかろう。日本人の、あるいは日本の民衆の「心」について知ることは、こうした課題の一環であり、それはまた現在の自分について知ることにそのまま通じている。そして、その点で、現在の私たちの歴史学は、多くのばあい迂遠なものになりすぎているのではなかろうか。また、こうした「心」の世界について語ろうとするばあい、既成のイズムを容易には信じえなくなったことが現代のひとつの特徴だとすれば、論理やイズムに先だつ、あるいはより基底にあるものをもふくめて把握することが不可欠になってきているのではなかろうか。

『模索』と『民衆像』では、多かれ少なかれ、そうした方向が問題になっている。しかし、私たちはいくらか論理化され思想化された次元をとらえる方法はもっているが（その点で『秩父事件』は画期的成果だったが）、論理や思想よりもいっそう基底にある日常意識やかならずしもはっきり自覚化されない意識、また行動様式などについて考えようとするとき、途方にくれるか、さもなければ通俗的な先入観を貼りつけてお茶をにごしてしまうという傾向を免れていない。感動や知的喚起力において、右に挙列した『サンダカン』以下に匹敵する力作は、すくなくとも私にはなかなか書けそうにない。もっとも、このような私の感想を、マス・コミなどの移ろいやすい評価にとらわれすぎたものとする意見もあろう。おそらく、その点にも関連して、たとえば『サンダカン』は「からゆきさん」という特殊なものをジャーナリスティックにとりあげただけであり、女性史を論ずるさいには、農家の労働婦人や女工などもっと一般的な階級関係にかかわる人びとをとりあげるべきだという意味の批評を読んだことがある。しかし、こうした批評には、『サンダカン』の方法について無理解なところがあるように思う。というのは、『サンダカン』は、かつて「からゆきさん」であったたった一人の老女の内面にふかくかかわることによって（特殊性に徹することによって）、じつは日本人の精神史をふかくあざやかに逆照射してみせた作品だからである。特殊性に徹することによって、既成の概念や一般論の手に負えない諸次元を切り拓いたのであり、この特殊性は大きな射程距離をもっているのだと思う。

右のようにのべることは、私たちが『サンダカン』や『「甘え」の構造』を模倣して、天草に「からゆきさん」をたずねたり、精神病理学や社会人類学を学んだりすればよいということではない。もちろんそうした努力も必要だが、ここで私がいいたいのはべつのことである。歴史家には歴史家の方法があるのだが、それはすくなくとも特有のいくつかの点で、『サンダカン』や『「甘え」の構造』に匹敵しうるレベルで、民衆の「心」について分析し叙述できるものでなければならないということである。そして、私たちが私たちの方法で民衆の「心」に迫ることができれば、そこに、きわめて自然に若者たちの「心」に訴える魅力に富んだ歴史研究が生みだされることになろう。私はそうした方向を学ぼうと思って二つの書物を読み、期待どおり学ぶことができた。しかし、私自身に投げかえされる問題の重さにたじろがずにはおられない。

八　史料に問われて

〔『日本近代思想大系』月報24、一九九二年〕

一九七〇年代に刊行された『日本思想大系』で、私は『民衆運動の思想』と『民衆宗教の思想』の編纂に参加した。前者は庄司吉之助氏・林基氏と、後者は村上重良氏と御一緒させていただいたのだが、三人とも斯界を代表する大家、他方で私はといえば、ほんの駆けだしで、二つの書物がとりあげるはずの領域でまだ業績というほどのものをすこしもあげていなかった。たとえば『民衆運動の思想』のばあい、多くの一揆史料がそのころ発掘・紹介されつつあったのだが、一揆研究の経験のない私は、史料の所在について白紙に近い状態でこの企画に参加し、両氏からさまざまの教示をうけた。ところが、解説論文は、結局、私が書き、それを拡充・改作して、私の最初の著作『日本の近代化と民衆思想』の後半部分ができあがった。『民衆運動の思想』には、それにかかわった人たちを中心に民衆思想研究会がつくられ、それが今日まで継続するという思いがけない余波もあって、そちらの方は今も私がもっとも馴れ親しんだ勉強の場となっている。

『日本近代思想大系』の方は、『宗教と国家』と『民衆運動』の編纂にかかわったが、前者は宮地正人氏、後者は深谷克己氏と一緒だった。ここでも私は門外漢として出発し、その分野を代表するすぐれた研究者と仕事をすすめるなかでさまざまの教示をうけ、いずれも解説論文を書いた。右の両氏も解説論文を書いているが、両氏にはたぶん手慣れた領域、私にはほとんど未知の領域といってよかった。たとえば、自由民権運動は、戦後の歴史研究を代表するほどにこれまでの研究蓄積の重い分野であるが、私は『民衆運動』の解説論文で、おっかなびっくり、はじめてこの主題について論じてみたというわけである。

こうして私は、一九七〇年代と八〇年代に岩波書店から刊行された二つのシリーズにほとんど門外漢として参加し、頁数等のことで収載しなかった史料もふくめて、その機会にはじめて関連史料を読み、あれこれ考えて私なりの歴史的イメージを構成していった。こうしたシリーズは、斯界を代表する権威ある研究者が長年の蘊蓄を傾けてことに当るものだとすれば、私はまったく適格外だったということになる。だが、門外漢の私にははじめて読む史料が新鮮で、二つのシリーズにかかわることがまたとない勉強の機会となった。読者に良質の史料を読みやすい形で提供するなどというタテマエに隠れて、二つのシリーズからもっとも恩恵をうけたのは、私のばあいは編者自身にほかならなかった。

私たちは、歴史のなかで生きる人びとの経験についてできるだけ具体的に記述しその意味をあれこれ考えてみるという職人仕事をしているのだと、私は思う。歴史のなかでの人びとの経験はさしあたり史料に記されているのだが、それぞれの史料はもとより断片的にしか人びとの経験を伝えておらず、そうした史料を積み重ねても、それだけでは、歴史のなかでの人びとの経験についてあるまとまりをもったイメージを形作ることはできない。断片的なものからあるまとまりをもった全体性へと、私たちはほとんど無自覚のうちに途方もないほどの冒険をしているのだが、そのさい私たちは、しばしば断片と断片とのあいだを自分のなかの既成的なものの見方・考え方で補ってしまい、歴史のなかでの人びとの経験を今日的な通念にあわせて裁断してしまうのである。こうした陥穽からすこしでも遠ざかるために、私たちは、史料を精査する実証研究を積み重ねるとともに、他方では、異なった時代や社会と対照したり、さまざまの分析理論を用意したりして対象に向きあうのだが、しかしこうした方法的用意も、その方法的含意をよく咀嚼して要心深く生かさないと、かえって陥穽のうわ塗りとなりかねない。歴史家の仕事は、結局のところ、個々の史料をより適切に理解し解釈するところになりたつものではあるが、このより適切にというところが厄介で、そのためには本当はおそらく気の遠くなるような修練と努力が必要なのであろう。

だが、たいした修練や蓄積がなくても、門外漢として素直に史料を読んでいると、意外に面白い問題にぶつかるばあいがあるといえば、言い過ぎであろうか。専門研究者のあいだでは周知の事実や史料であっても、門外漢が読むと新鮮な驚きがあり、その驚きをテコに史料の解釈をすすめ関連をたどってゆくと、新しい歴史的イメージがすこしずつ見えてくるというような経験のことである。百姓一揆や自由民権運動の史料を見ていても、専門研究者なら誰でも知っており多くの史料に記述されているような事実でも、そうした事実をとりあげて積極的に理解したり意味づけたりする試みがほとんど欠けているような問題は、意外に多いものだと思うことがある。また、思いがけないような記述や、今日の通念からみて非合理的だとか理解に苦しむというような内容の史料を見出したばあいは、既成の通念を離れて対象とする時代や社会について考えなおしてみるチャンスが訪れているのかもしれない。史料が語りかけてくる新鮮な印象、手ごたえのあるリアリティ、驚きや意外性、ときには異和感さえ、歴史家にはチャンスなのであって、史料が語りかけるゆたかさに、私たちのなかにある既成観念はとうてい拮抗しえない。『日本近代思想大系』から事例をあげて、史料が問いかけるゆたかさ・面白さについて一言してみたい。

神宮動座論は、神道史の専門家には周知のことではあるが、専門外の読者には多少とも意外性のある面白い問題ではなかろうか（『宗教と国家』二一三頁以下）。祭政一致の理念からすれば、皇居に三種の神器を祀り、その前で国政の基本方針を定めるべきだということになり、そのために伊勢神宮の神鏡（熱田神宮の神剣も）を皇居へ遷すべきだというわけである。これは、ある意味では筋道の通った見解で、明治四〜六年頃には政府部内でも有力で、実現の可能性も小さくはなかった。祭政一致といえば、政治と宗教が未分化の古代的観念のように見えて、じつはそうした理念に基づく〝合理化〟が行われて、宗教体系の大きな改編が現実の課題とされており、神宮動座論はその内実の一部となっていたのである。この主張は、各府県に天照大神を主神とする中核的神社を設けること、伊勢神宮の大麻を地方官を通じて、毎年、全国各戸に配布すること、伊勢神宮の祭日にあたる毎月十七日を全国いっせいに「大休日」＝祭日とするというような構想とも結びついており、このうち大麻の強制配布は、さまざまのトラブルを伴いながら実現された。神宮動座論は、実現されなかったとはいえ、右のような動向の一部として、その時代の政治宗教的イデオロギーのありようを今日に伝える恰好の素材なのである。

また、神宮動座論について考えるさいには、反対運動にも注目しなければならない。伊勢神宮の神職層が反対したのは当然だろうが、実力阻止をはかった佐々木半三郎らの事件もあり、そこではやがて天皇が洋行し、そのさいに伊勢神宮の神鏡も海外に赴くとされていて、それが阻止運動の根拠とされた（『宗教と国家』一六二〜八頁）。この事件がおこったのは明治四年末のことだが、明治天皇は翌年五月に西国巡幸に出発しており、そのさいにも天皇は外国へ行くという風聞があった。太政官はすでに外国人に支配されているとか、天皇が西欧化の先頭にたっているとかの風聞＝共同幻想がひろくあって、神宮動座問題は、より民衆的な立場からは、神国日本が夷狄によって汚され侵犯されているという危機意識のなかでとらえかえされていたのである。

いまひとつ、土地均分の風説をとりあげてみよう（『民衆運動』八二〜四頁）。これは、明治元〜四年頃に拡がった風説で、すべての田畑がいったん収公されて六石割などに「平均」配分されるというもの。数多くはないが、全国的に史料が発見されている。この風説は、民衆の側の世直し願望が国家権力による土地均分政策への期待と予期にまで高まったことをしめすとされて、民衆運動史の側から関心をよせられているもので、これも研究者のあいだではよく知られている。これまで発見されたすべての史料は、土地均分を支持しているのではなく、「平均」への不安や恐怖を伝えているのだが、この点は、これらの史料が豪農商層など地域の支配者によって記録されたものだから当然だと解釈されているらしい。しかし、専門研究者たちのそうした解釈からいったん自由になって、史料そのものを見ると、史料が語っているのは、神宮動座→天皇と神器の洋行などとも相通じた、新しい国家権力への不信・疑惑・恐れなどにほかならない、と私は思う。その点をもっともよくものがたっているのは、『民衆運動』八三〜四頁の広島の風説で、そこでは「田畑平均虚説」は、「革田」がエゾへ送られるとか、皇学・漢学・洋学・医学が廃止されて「魔法」が支配し「人倫は不ㇾ立様になる」とか、土佐国と安芸国の百姓が入れ替わりになるとか、さらには「日輪二体御出ましに付、天子様東西に御別れの事」などという奇怪な風聞と相伴うものだった。民衆の生きる生活秩序と安穏が、なにか奇怪で途方もない威力によって破壊されようとしているという不安や恐怖を、どんな作家や詩人の想像力もおよばぬほどにリアリティに富んだ言葉で、これらの史料は伝えているのではなかろうか。これらはどれもまったく根拠のない「虚説」なのだが、しかしこうした「虚説」の奇妙さを通してこそ、私たちとは異なった時代と状況のなかに生きる人びとの経験を垣間見ることができるのだ、と私は考える。

思想史は、人間の経験を探るひとつの手だてであり、そのようなものとしてもっと積極的に活かされてよいのではなかろうか。人間の経験を探るためには、さまざまの方法・ディシプリンがあることを知らないではないが、思想史には、人びとの主観にとらえられたものとしての経験を書き残された史料としてもつという点で、若干有利なところがある。もちろん史料は手がかりであって、そこに書き留められているのは広範な人びとの複雑な経験のほんの一端にすぎない。また、書かれた言語として表現されることで、人びとの経験はある定着性を獲得するが、それがまた経験のデフォルメの過程でもあることは、いうまでもなかろう。だがそれでも、私たちは史料のなかに異なった時代を生きた人びとの経験にいたるための確かな手ごたえのある手がかりをもっているのであって、もし適切な方法をもち修練を重ねれば、私たちはこれまで見過ごしてきたような史料のなかからも、思いもかけなかったようなゆたかな意味を発見しうるはずである。史料というものがもつこうしたゆたかさ・深さを、『日本近代思想大系』は、なにほどかは示唆しえているだろうか。読者の叱正を待ちたい。

〔『歴史学研究』五八九号、一九八九年〕

九　文化の戦場としての民俗

天明七年（一七八七）七月二日は、新田義貞が越前藤島で戦死してから四百五十年目にあたる年忌の日であった。義貞を敬慕する高山彦九郎は、義貞の墓がある上野国新田郡太田の町役人橋本道恭を招いて、七月二日は「克（よ）ク同役へ謀（はかり）て休日あらしめ、末へ迄も左中将（義貞）を思はしめ欽敬せしむべし」と求めた。勤王の志をいだいて諸国を遊歴した彦九郎は、「他邦に遊んでも人新田のものと聞く時は襟を刷（はら）ひ恭敬するに至る」というような体験をもっていた。彦九郎によれば、「人傑」がでるのは「地霊」の働きによるのであるが、義貞のような人傑がでたのに郷里の者がそのことに深く思いをいたさないならば「地霊」は悲しんで「我が功労も空し」と思うだろうし、義貞の霊も失望するだろう。そこで、町役人・村役人は民衆教化の責任をもっているのだから、その日を休日として義貞を偲ぶように定めなければならない、新田郡全体でその日を「農業休日」とし、新田義貞四百五十年忌を営むべきだというのが、彦九郎の立場で、「今年は年忌なるをもって進めつるに、否とは云はしめず、必ず郷里をば服さしむべし」と、彦九郎はすこぶる強硬である。

だが、太田の町役人橋本道恭は、彦九郎の要求に当惑するばかりである。彦九郎がこの問題をもちだした天明七年六月といえば、天明の饑饉のもっともきびしい年の端境期にほかならず、五月末には江戸ではげしい打ちこわしがあって、その情報は彦九郎自身が記録している。太田でも、打ちこわしの気運は身近な現実性であり、地域社会の支配秩序は大きく動揺していたにちがいない。こんな時に義貞四百五十年忌を郡中でいっせいにやらせろなんて！　はた迷惑な独りよがりはいい加減にしてもらいたいものだ、ということであったろう。しかし、日頃から慷慨家として知られる彦九郎に、道恭は正面から反対はしない。「仰の義至極に御尤なる御事にて、拙者は誠に承知仕るなれど、町家の者ノ軽薄にしてケ様なる義は入り難し」、それにまず同役の者がなんというか、「若シ同役の者ノ共承知致さずば、拙者家切に欽敬仕るべし。是レにて免ルし玉へ……」。

太田での打ちこわしへの気運は、おなじ六月の祇園社祭礼をめぐって展開していた。饑饉年で万事倹約につとめるため、「狂言類」（芝居など）は行ってはならないと町役人が申し合せて指示したのに、「天王（牛頭天王、祇園社の祭神…注）申スなど、恐れ入りたる認めにて火札を張」る者があり、ひとつの町組で「狂言」が催されることになると他の町組もこれにならい、結局、例年とおなじように挙行された。こうした経緯に、道恭は、「下の火札におぢて狂言をゆるしては、初発の事皆ナ無になりて役人の甲斐もなく、私壱人歯がミをなしても多分に勝れず、空しく下の無道に負け無念至極にて候」と、地団駄踏む思いをしたのであった（以上の引用はすべて『高山彦九郎日記』第三巻）。

こうして、天明七年六月に上野国新田郡太田とその周辺に緊張と対立が深まっていたのだが、以上の簡単な経緯のなかに対立しあう三つの立場が存在していたことが容易に見てとれる。第一は、いくらか早く来すぎた勤王家高山彦九即の立場。新田義貞の四百五十年忌を新田郡でいっせいに行うというこの立場は、たとえば、南朝の遺臣を祭ることをくみいれて年間の祭日を定めようという会沢安『草偃和言』につらなり、またさらに明治初年の国家の祝祭日の制定につらなっていて、民衆の伝統的な祭礼や行事などに対立している。しかし、この立場はまだまったく孤立しており、一人の慷慨家の思い込みに属しているにすぎない。第二は、地域の秩序に具体的な責任をとらなければならない町役人・村役人の立場。この立場からは、第一の立場は現実の問題状況を知らぬ独善であり、当面する緊急の課題は、打ちこわしの気運に現実的に対応することにほかならず、彼らの立場が第三のそれから脅かされていると痛感されている。そして、第三はもとより、「火札」をもって町役人を脅迫して「狂言」を上演した一般民衆の立場。この立場は、多額の出費となる「狂言」上演を禁止しようとする町役人の経済的合理主義にたいして、饑饉年だからこそ疫病除けの牛頭天王を華々しく祭ろうとし、祭りの華麗な活気のなかに災厄を除去しようとする心意を表現していたにちがいない。そして、こうした動向のなかに、民俗的な祭りという様式をとって地域社会にひとつの伝統が形づくられているとき、こうした様式のなかに民衆の欲求・願望・怨恨などが容易にもりこまれ、そのゆえに地域社会の支配秩序を脅かすほどの威力をもちうるということ、したがってまた、民俗的な祭りをめぐる対抗は、地域支配をめぐる対抗の結節点たりえたことなどが読みとれよう。そして、民俗的な祭りを地域の民衆文化と呼ぶとすれば、それは打ちこわしの気運のなかでこそ充溢しており、三つの立場のなかで、さしあたってはもっとも優勢だったともいえるのである。

ここまでにのべたことをひとつの構図とすれば、近代化の過程はそれに対抗するもうひとつの構図として把握できよう。日本社会の秩序が内と外からゆさぶらされているという体制的危機意識が、水戸学や国学の思想形成のバネとなって国体神学とでもいうべき構想が樹立されていったが、そこでは地域の民俗的神々をどのように〝分割〟して、一方を国家の祭祀体系の底辺に位置づけて整序し、他方を排除するかということが、具体的な関心事となったからである。会沢の『新論』における国体論の展開や『草偃和言』、水戸藩・

長州藩における社寺改正などをへて、そうした構想は明治新政府のもとで国家のイデオロギー政策の機軸となったといえるのだが、ここではその到達点のひとつを明治五〜八年の神道国教化政策のなかに求めてみよう。

「郷村神社説教大本大意」（『社寺取調類纂』一五五）は、おそらく明治六年（一八七三）に教部省で立案されたもので、神道国教化政策の地域レベルの政策理念のひとつの表明と見てよかろう。そこで論じられている主題は、地域の氏神の祭神・説教の内容などであるが、氏神以外の民俗的信仰・信仰行事などの排除が立論の前提となっていることにまず留意しておこう。さてそこで、祭神であるが、それは、「一、郷々村々ノ神社へ天照大御神ヲ相殿ニ祭ルベシ。但此神体鏡一面裏へ宸筆ニテ天照大御神ト鋳付ベシ」と、必ず天照大御神が相殿に祭られなければならない。よく似た事例として、明治六年一月の教部省の伺も、「二府七十県ノ各庁近旁ノ大社へ新ニ皇大神宮ヲ鎮祭リテ、瓊々芸尊・神武天皇ヲ御配祀有セラレ、毎月十七日ヲ以テ奉祀スベシ」とし、東京では芝大神宮を東京大神宮、京都では八坂神社を京都大神宮などと改称して右の祭神を祀れ、としている。地域の神々が天照大神を中心とする整然とした体系につくり変えられようとしているのである。

つぎに祭りだが、祭りがおわってから村民一同で神酒を飲む、しかし、「神酒ニ酔フ可カラズ」、またそのさいの席次は必ず年齢順とし、「家ノ新旧・人ノ上下等」によってはならない。そして、神酒のあとで説教が行われるが、祭りは八時か九時までにおわり、村民は一〇時までに帰宅しなければならない。夜祭りは、「放蕩無頼ノ徒、暗ニ乗ジ来テ祭事ヲ汚」す恐れがあるから、禁止しなければならず、神輿も、「供奉ノ村民等意気揚テ而シテ沈静ナラザル」恐れがあるから禁止しなければならない。「意気揚テ而シテ沈静ナラザル者ハ教ヲ施ス可カラザレバナリ」。また、祭日に神社の境内や近傍で「戯場観物等ノ構ヘ幷ニ商人賈豎（こじゅ）ノ類」が雑踏することも禁止しなければならない。

「郷村神社説教大本大意」は、このあと説教されるべき内容に移るのだが、それはもはやここで紹介するまでもないだろう。天照大神教といってよいような神観念の強要のもとで、どんな説教がなさるべきだと考えられたかは、容易に想像できることだからである。ここではただ、地域社会の伝統に根をおろした、人びとが指折り数えて待っていた祭礼が、それとはすっかり断絶して、静粛で謹厳で秩序的なものへとつくりかえられようとしているということをたしかめたかっただけである。もちろん、それだからといって、私は、地域の祭りが権力の介入によって実際に右のようなものに変わってしまったと主張するわけではない。権力の規制がどのようなものであろうと、変容しながらも生きのびるところにこそ民俗の民俗たるゆえんがあり、民衆の活力があるともいえよう。しかし、それにもかかわらず、民衆の活力が高揚する祭祀という場へこそ国家が介入してきて、イデオロギー的支配の核につくり変えようとしている構図が、前面に突出してきているのである。

Y・M・ベルセは、民衆の伝統的な祭りと叛乱が近接した性格をもっており、前者が容易に後者に転化しうることを論じながら、しかしその叙述の全体の流れのなかでは、そうした祭りがどのように規制され抑圧されてゆくかに多くの頁を割いている（Y・M・ベルセ『祭りと叛乱』、井上幸治監訳、一九八〇年、新評論）。ベルセによれば、伝統的な祭りにはあらゆる階層の人びとが参加した（若きルイ一四世も、祭りで歓喜にあふれた群衆のなかへ入っていった。しかし彼は、そのようなことをした最後のフランス国王であった）のだが、やがてエリートと民衆のあいだに分裂が生まれ、カーニバル的な祭りは非合理的で古くさいものとして規制され抑圧されてゆく。その最初の画期は一六世紀の宗教改革にあるが、最大の画期は一七世紀にあり、フランス革命が止めの一撃となる。フランス革命のあとでも、王政復古期に祭りの一部が復活したり、辺境地帯ではいっそう遅くまで祭りの一部が継承されもするが、しかしそれでも全体としてみると、一九世紀はその終末期にほかならない。

こうしたベルセの分析は、M・ウェーバーと大塚久雄氏がえがいた禁欲的プロテスタンティズムの歴史像を、裏側からとらえなおしただけだといえないこともない。しかし、裏側には裏側にそくした真実もあるというものだ。

ベルセによれば、一七世紀初頭のフランスの民衆叛乱は、希望と笑いにみちたものだった。そこでは、悪税徴収者などを笑いものにして喜ぶことがお目当となり、笑いと酒にみちあふれたカーニバル的様相が現出して、それが威力を発揮した。そして、地域の法は、うっ憤晴らしをするこうした民衆の手中にあり、習俗にかんする司法権と警察権は、若者たちに掌握されていた。これにたいして、一七世紀を境とする中央集権国家の成立は、地域の民衆文化から独自性を奪いとることで、自己抑圧的な規律を人びとに課してゆく。規律と文明と国家は、あたかも三位一体のように結びついて、人びとの心身の様式の全体をつくりかえてゆく。

日本の歴史学では、民俗的なものの研究は民俗学というべつの学問の領域とされ、民俗学の側では、国家の政策や近代化の問題はその学問的対象の外にあるものとされる傾向は、いまも根強いが、しかし、民俗、とりわけ広義の宗教的なそれをめぐる対抗こそが、地域・民衆・伝統文化と国家・エリート・文明の対抗のもっとも具体的な核心だったのではないか。そしてそこには、私たちの心身の全体としてのありようをめぐる問題性が提示されていると確言できるのではなかろうか。

第Ⅱ部　状況への発言

十　日本史研究にもっと論争を！

〔『図書』五三三号、一九九三年〕

この一〇年あまりのあいだに、日本史研究にもっとも大きな影響を与えた隣接の学問はおそらく『アナール』派で、その成果を代表するいくつかの書物は、邦訳されて私たちにも親しいものとなっている。だが、その『アナール』派も、研究対象が拡散して見通しが効かなくなり、〝パン屑と化した歴史学〟という告発をうけているという。一九八八年春の『アナール』編集部のアピール「歴史と社会科学――危機的な曲がり角か？――」は、こうした状況を率直に認めて、「カードを切りなおす時期が到来している」、「新しい方法」と「新たな同盟」について意見をよせてほしい、と呼びかけている（二宮宏之編訳『歴史・文化・表象』、一九九二年、岩波書店）。余所目には華やいで見えていても、台所事情は結構苦しいというわけであろうか。

また、青木保『「日本文化論」の変容』（一九九〇年、中央公論社）は、『菊と刀』からはじめて、戦後における日本文化論・日本社会論の展開を時代背景とのかかわりのなかで跡づけて明快だが、日本史研究はマルクス主義歴史学としてひとまとめにして、敗戦直後の状況に登場するだけで、日本史畑の研究者の名前はまったく登場しない。私からすれば、たとえば色川大吉氏や網野善彦氏の作品は、新しい日本論として魅力をもっており、影響力も大きかったと思うのだけれども、青木氏の著書の論理の流れのなかでは、どのような意味をもつ仕事として受けとめられるものなのだろうか。

こうした事例をあげてみるだけでも、私たち今日の日本史研究者がおかれている状況のおおよそは推察できるというものだ。敗戦直後の一〇年ほどは、日本社会の前近代性・封建性を究明する歴史研究は、現状変革を求める国民意識の動向と照応していて説得力をもち、知的パラダイムとしての魅力をもっていた。最近では、自治体史の編纂、各種博物館の建設、遺跡見学などが活発で、歴史書ブームもあり、歴史への広い関心があるともいえるのだが、そこにはもとより敗戦直後の一時期のような知的衝撃力が込められているわけではない。国民の現実意識と歴史研究者の仕事の内実とのあいだに大きな懸隔があり、歴史研究の成果は、それを支えている問題意識や方法から切り離されて、消費市場で切り売りされているというのが現状であろう。

各種の意識調査によれば、現在、日本人の圧倒的多数は、自分が中間階層に属し、基本的には現在の生活に満足し幸福だと意識している。「日本に生まれてよかった」と思う人は九五％もあり、象徴天皇制への支持率も圧倒的に高い。こうした意識状況のひとつの前提は戦後改革で、戦後改革の成果が私生活型の幸福享受へと誘っているのだが、しかし、そうした可能性を現実性に転化せしめたものは、日本経済の高度成長にほかならない。私生活型の幸福享受の意識は、高度成長が顕著となった一九六〇年代以降にしだいに定着してきたものであろうが、七〇年代半ばに大きな画期があり、八〇年代にはいって圧倒的な重みをもつようになったことが、各種の意識調査から検証できる。第二次大戦後、「西」も「東」も「南」もある時期までは大きな発展を遂げたのだが、やがて格差と分断と停滞とが支配するようになった。とりわけ七三年のオイル・ショック以降は、スタグフレーションのもとで苦悩する各国の困難を尻目に、日本はとびぬけて経済大国への道を走りつづけたのだが、右にのべた日本国民の現実意識には、オイル・ショックを切り抜けて成長をつづけたという日本の現実が刻みこまれているのだといえよう。

　高度成長とそのなかでの日本社会の変容は、誰にとっても思いがけないような内実のものであり、そこには、戦後の歴史研究が意識的にも暗黙のうちにも前提としてきた通念への痛烈な反駁がある、と私は思う。こうした現実状況の認識をふまえれば、どんな問題群が日本史研究に投げ返されることになるのだろうか。私は最近、現代日本研究のいくつかの論著を読んで、異なった立場からまだ模索的にではあるが、相互に関連しあう興味深い論点が提示されているという印象をもった。こうした研究成果の意味を歴史研究の場でとらえかえすことで、新鮮で緊張と希望にみちた問題群に行きつくはずだというのが、私の一夏の拙い読書経験のあとに残った感想であった。

十一　歴史研究と現代日本との対話——「働きすぎ」社会を手がかりに——

〔『世界』五九〇号、一九九四年〕

1　日本史像の変貌

この二〇年ほどのあいだに新しい史実や論点が発見されて、日本史研究の現場は大きく変貌した。多くの新史料が発見・紹介されるとともに、歴史研究の視点と方法も変ってきて、歴史家の歴史に向きあう姿勢に大きな変化があった。敗戦直後から一〇年余りまでの時期の日本史研究を戦後日本史学と呼ぶとすれば、それは日本社会の前近代性・封建性を批判的に究明することに基調をおいており、こうした問題意識は私たちの世代の者が歴史研究へ入ってゆくさいの動機づけとなっていた。だが、社会構成史的研究を中核にすえた戦後日本史学は、一九六〇年前後からゆるやかに解体しはじめ、今日までのあいだに問題関心も研究対象も大きく変容してしまった。ところが、戦後日本史学のパラダイムが崩れるにともなって、歴史の全体像はしだいに見えにくくなって大きな説得力を失い、さまざまの新しい発見の意味も曖昧になったり、その成果を十分に評価して研究者の共有財産とすることが困難になったりしているのではないかと思う。もっと広い視野からいえば、日本社会の前近代性・封建性の究明を掲げることで、現状変革を求める国民意識の動向と呼応していた戦後日本史学が解体すると、歴史家の現場の仕事と国民意識の動向との乖離が大きくなり、研究成果はその問題意識や方法から切り離されて消費市場で切り売りされるようになった。

一九六〇年以降、さまざまの日本文化論・日本社会論が盛況を極めた状況とは対照的に、こうして、日本史研究者の歴史の全体像や日本社会の大きな特質についての発言が低調となった。しかしそれでも、色川大吉氏・網野善彦氏の一連の労作や尾藤正英氏の最近作『江戸時代とはなにか』（一九九二年、岩波書店）などは日本史像の大きな転換を求めており、そこには、私たちがなんとなく通念化してきたようなものの見方への大きな批判が含まれていた。

たとえば網野氏のばあい、歴史の大きな転換期が一四世紀に求められるとともに、伝統社会の基軸を水稲中心の農業・農村におくような通念が批判されて、農業以外の生産の重要性、畑作の比重の大きさ、非定住民と海の役割などが強調され、単一国家・単一民族観がきびしく批判される。こうした網野学説は、私たちがほとんど無自覚のうちに受けいれてきた日本の社会や歴史にかかわる通念を逆転させてそれに対置されているのであって、いったんそうした視角が明確になると、さまざまな実証研究の成果が網野氏の体系のなかへ咀嚼・吸収されて壮大な歴史像が形成されるとともに、そうした歴史像がまた具体的な研究を誘発してゆくというような循環的構造をもって発展した。

こうして網野氏の歴史学は、近現代日本の社会とイデオロギーを批判的に相対化しようとする強い意思と実証研究との結合において成立したラディカルな性格のものなのだが、問題の枠組全体は中世史研究の立場からの近現代日本の相対化という位相で構想されており、近現代日本についてのポジティヴな説明原理を提示しようとする立場からのものではなかった。こうした立場をつきつめて、その最近作では、日本の国家形成から現在までの一三〇〇年のうち、「「律令国家」一〇〇年と敗戦までの近代国家七〇年とが、その中で特異な時期であることに気付かざるをえない」とし、日本文化論等で日本の特質とされるものがこの二つの国家の制度やイデオロギーに由来するという見通しをのべ、この二つの国家が支配した一七〇年は日本列島で展開する人類社会史のなかでは「ごく一瞬」にすぎない、と断じている（「日本列島とその周辺」『岩波講座日本通史』第1巻総論、一九九三年）。そのようにもいえるとしても、私は、その「特異」な日本近代こそが説明されなければならないと思うし、高度成長以降の現代日本こそがもっとも「特異」な社会ではないかとも思う（「中世」や「近世」も、それはそれで「特異な時期」かもしれないが）。

この小論では、網野氏ら先学の作品に敬意を払いながらも、それは論の外において、おぼつかない足どりながら現代日本の状況についてあれこれ考えてみることで、歴史研究と現代との私なりの小さな対話を試みてみたい。

2　現代日本への眼指し

各種の意識調査によれば、現在、私たち日本人の圧倒的多数は自分は中間階層に所属し、生活に満足し、「日本に生まれてよかった」と思っている。生活目標についての質問では、四項中、「身近な人たちと、なごやかな毎日を送る」三八・五％がもっとも多く、他の二つの選択肢も私生活型の幸福を内実としており、「みんなと力を合せて、世の中をよくする」は六・五％である（NHK世論調査部編『現代日本人の意識構造（第三版）』、一九九一年、日本放送出版協会）。「豊かな生活」とはなにかという問いには、物質的に恵まれた生活よりも精神的に豊かな生活と答える人がずっと多いが、他方で高い収入の獲得を重視する人は七七％を占め、「階層志向性が弱まったという兆候はまったくみられない」、若年層でこうした志向が強まる傾向もあらわれている、とされる（原純輔編『現代日本の階層構造②階層意識の動態』、一九九〇年、東京大学出版会）。

こうして現代日本では、私生活型の幸福享受とそれにもとづく現状肯定の意識が圧倒的に強い。そしてそれには、敗戦直後の貧困と困難を切りぬけてきた半世紀にも及ぶ由来があるのであろうが、一九七〇年代以降に確固とした傾向として定着したところに大きな特徴がある。たとえば、総理府「国民生活に関する世論調査」で中間階層に所属すると答える比率が九〇％をこえるのは七三年で、この数値は八〇年代半ばにかすかな動揺をみせるが、現在も九〇％近い高率を維持しているし、ＳＳＭ調査（社会階層と社会移動に関する調査）で生活全体に満足と答える比率が八五％となるのは七八年調査で、それ以後二回の調査では八六％となっている。それ以外のさまざまな指標でも、七三・七四年頃にひとつの曲り角があって、一般に保守的な意識が強まったとされており、おなじことのべつな現れとして、主体的な政治参加・社会参加の意識は弱体化してきている。

世界史的にみると、第二次大戦後、六〇年代までは「西」も「東」も「南」も経済的に大きな成長過程を歩んだのだが、七三年のオイル・ショックを契機にスタグフレーションの傾向が顕著となり、「東」では体制そのものが崩壊した。だが、「西」の先進国では日本だけが経済成長をつづけ、そうした事実と符節をあわせるかのように右のような意識が定着したのである。労働運動が七四年春闘と大幅賃上げを境に急速にその闘争力を失い、八〇年代にはいるとストライキをともなう闘争がほぼ壊滅したこと、戦後日本の労働運動と社会運動をリードした国鉄労組や日教組なども実質的には解体したこと、六〇年代以来の革新自治体もあいついで保守中道連合に追い落されたことなども、記憶に新しい大状況の一部である。最近の政変劇で自民党の一党支配が崩れたことは大きな変化ではあるが、しかしそれもこうした大状況のなかでの出来事だったことに留意しておく必要があろう。

私は最近、現代日本を批判的に分析している人たちのいくつかの論著を拾い読みして、彼らがその矛盾の表出形態を言いあわせたかのように働きすぎに求めていることを知って、強い印象をうけた。貧困ではなく働きすぎ。働きすぎの延長線上に過労死があるが、過労死一一〇番の運動をすすめる川人博氏は、「残業代のために死ぬまで働くという実例」に接したことがないとのべ、研究者も活動家も問題意識の転換を必要としていることを強調している(『過労死社会と日本』、一九九二年、花伝社)。資産・収入などで大きな貧富差があることを強調して、そこに現代日本に特有の階級的構造を見ようとする研究者もいるが、そこでとりあげられているのは、実際上は格差であって、古典的な意味での貧困ではないようだ。むしろ、働きすぎの問題を軸として、受験競争などの教育問題、家族崩壊の危機、学校や家庭におけるいじめや暴力、外国人労働者問題など、さまざまの問題が有機的に結びついて現代日本の構造的な諸問題を構成している、ととらえるべきところであろう。

ところで働きすぎであるが、『労働白書』によれば、「総実労働時間」は六〇年代から七〇年代にかけて徐々に減少し、七五年にはいったん年間二一〇〇時間以下となったのだが、その後、「所定内労働時間」には若干の減少傾向が見られるものの、「総実労働時間」はふたたび上昇傾向にある、欧米諸国との比較では年間二〇〇時間から五〇〇時間多いので、さしあたり一八〇〇時間を目ざす、というようなことになる。だが、川人氏は、こうした統計とその説明では、「過労死まで生む日本社会の異常性の説明としては決定的に不十分である」として、別な統計によって男子平均二六一七時間、男女平均で二四〇九時間という数値をあげている。二つの労働時間統計がいちじるしく異なっているのは、企業と労働省がサービス残業を統計にいれていないからで、欧米にはそもそもサービス残業という言葉がないのだという。また、男子銀行員のばあいは年間三〇〇〇時間と推定されているが、労働省の統計では、金融・保険業の平均所定外労働時間は月九・一時間で、この統計を見たある銀行マンは、「一日平均残業九時間の間違いではないか」とのべたという（川人、同右書）。

熊沢誠氏も、こうした川人氏の見解を念頭において、八一年から八六年までの五年間に男性の平日の労働時間は一二分増え、睡眠時間は一〇分減少したこと、七五年から九〇年までの一五年間の四〇歳代の男性の生活時間では、仕事が四〇分増え、睡眠が二三分減少したことを、NHKの「生活時間調査」などによって指摘し、「小さな変化ではありません」とのべている（『働き者たち泣き笑顔』、一九九三年、有斐閣）。日本的経営を賞揚する立場からの研究でも、「人的疲弊を増大させる」などという表現（ここでは野中郁次郎『知識創造の経営』による）ではあるが、それが働きすぎをもたらしているという現実がとらえられている。第三次産業の比重が増大し、少量多種生産による市場のニーズへの対応が重視され、営業部門の活動が強化されるという最近の動向のなかで、個々の労働者にとっては自分の労働時間の限定がますます困難になってきており、働きすぎを慨嘆しながらもそうした企業社会への全人格的包摂が強化されているというのが、オイル・ショック以後いっそう顕著になってきた私たちの社会の現実なのだと思われる。きびしい不況という現状のもとで、ここでのべたような傾向がゆるめられるよりもむしろいっそう深刻化していると想定してみることもできよう。

3　日本的経営のとらえ方

終身雇用、年功序列、企業別組合を三位一体とする日本的経営は、一九二〇・三〇年代の重化学工業化のなかでその原型が形成され、戦時統制と戦後改革の時代をくぐりぬけたあと、高度成長期に本格的に形成され、オイル・ショック以降にいっそう拡大・深化したというのが、一般的なとらえ方であろう。日本的経営論をふまえて会社主義という概念で現代日本社会を総括する馬場宏二氏のばあい、あとの二つの時期はそれぞれ「本格的形成期もしくは発現期」、「昂進期」と命名されており、馬場説をふまえながらも政治的文脈を強調する渡辺治氏の「企業社会」論では、高度成長期はその形成期でオイル・ショック以降にその確立をみている（馬場「現代世界と日本会社主義」『現代日本社会　1課題と方法』、一九九一年、東京大学出版会。渡辺『「豊かな社会」日本の構造』、一九九〇年、労働旬報社）。「会社主義」や「企業社会」は、日本社会の前近代性や文化的特質などによって生まれたものでなく、「過剰富裕化」や「資本主義的原理の過剰貫徹」のもとで実現されたとするところに両氏の強調点があり、オイル・ショック以降に重点をおいた現代日本社会論となっているわけである。こうした「会社主義」ないし「企業社会」のもとで、人びとは限定しにくい職務と労働時間のなかにあり、集団目標に向けて献身することを競いあっているのであって、働きすぎはもとよりその内実にほかならない。

今日、日本的経済と呼ばれているものは、はじめは労資関係論の視点から前近代性・封建性の問題としてとらえられていた。戦後日本の社会科学の方法的立場は、日本社会の特質を普遍的発展段階論を前提にしたうえでの前近代的なもの・封建的なものの遺存による規定性としてとらえており、それは、近代化＝民主化を求める啓蒙的進歩主義と結びついていた。はじめにのべたように、私たちの歴史学もそうした理論的枠組をもっていた、というより、むしろそうした立場を代表するディシプリンであり、一九六〇年ごろまでの現実のなかでは大きな説得力をもっていた。ところがやがて日本経済の高度成長が顕著な現実として注目されるようになると、日本社会には経済成長を促す特殊な文化的伝統が存在していたということになり、高度成長についての文化論的説明が優勢となった。二つの説明原理の転換点は一九六〇年にあり、たとえばR・ベラー『日本近代化と宗教倫理』（一九六二年、未来社）は、日本社会の伝統的価値と近代化＝産業化を結びつけて大きな影響力をもった。

だが、日本社会の前近代性を強調する理論は、一九三〇・四〇年代の時代体験をふまえて成立したもので、六〇年以降の高度成長を視野におさめたものではなく、高度成長という現実そのものによって反駁されてしまった。日本資本主義の強搾取を強調することで補強してみても、それではなぜ強搾取が可能なのかということになり、強搾取とその背景としての前近代性だけでは循環論法に陥るだろう。また、文化形態による説明も、たとえば日本的経営の重要な内実をなす企業内組合が、五〇年代初頭までのはげしい労働組合運動への対決をへて成立したことや、オイル・ショック以降に長時間労働がいっそう強化された事情を具体的に説明しようとしない点で説得力を欠いていると思う。

第三の説明原理は、企業行動の内在的分析からポスト・フォーディズム的な現代資本主義の編成原理として説明するもので、ここでは、レギュラシオン学派の立場からトヨタ・システムを論じたB・コリア『逆転の思考――日本企業の労働と組織――』(一九九二年、藤原書店)をとりあげてみよう。トヨタ・システム、あるいはコリアがその事実上の創始者の名前によってオオノイズムと名づける経営方式は、まだ日本国内の自動車生産の将来が見きわめをつけがたい状況にあった一九五〇年ごろに、「多品種少量生産」のためのシステムとしてつくりだされたものである。フォーディズムが画一化された大量生産・大量販売の原理であることに対抗して、「量が増えなくとも、生産性を上げるにはどうしたらよいのか?」という「一見単純だが、実は恐るべき問いかけ」に明快に答えたのがオオノイズムである、とコリアは説明する。トヨタ・システムは、「ジャスト・イン・タイム」

と「自働化」という二つの原理をもつが、これは在庫を徹底的に排除することを意味するとともに、在庫の背景にある人員過剰を発見し排除することを意味している。労働者の脱専門化と多能工化、労働時間の「分かちあい」、「かんばん」方式などは、右の原理から生みだされるコロラリー(系)であるが、こうした原理やルールを貫くもっとも基本的な原理は、徹底的にムダを排除するというところにあるのだという。コリアは、オオノイズムには明確な原理、ルール、コンセプトがあるとし、それは大量生産・大量販売というフォーディズムに対抗するための戦略として、まだ幼弱な日本の自動車産業のなかで構想された〝逆転の思考〟だったとのべている。

R・ドーア『イギリスの工場・日本の工場』(山之内靖他訳、一九八七年、筑摩書房)も、そのいわゆる「組織志向型」経営について、①後進性、②文化的伝統の独自性、③後発効果の三つの説明原理をあげているが、ドーア自身の立場である③は、ポスト・フォーディズム的解釈といってよい。後発資本主義国たる日本では、企業が熟練工を養成して終身雇用制と年功序列型処遇で彼らを確保するほかなかったのであり、産業別というより職種別に労働組合が発達していて、職種別に同一労働同一賃金を原理とするイギリスとは、企業組織の原理がちがう。そして、日本の「組織志向型」経営には後発資本主義国に共通する特徴があるとともに、先進資本主義国でもある程度までそうした方向へ収斂しつつある、というわけである。もっとも、実証分析を重んずるドーアは、後発効果だけで割りきっているわけではなく、一九九〇年版「あとがき」では、経営者の役割が大きいこと、文化的要因も重要なことを強調している。

ドーアの研究対象となった日本側の工場は日立の二工場だが、同書には「日立の指導精神」と社歌の全文が引用されている。まず「日立の指導精神」は、誠、積極進取の精神、和の精神の三項目からなるのだが、私たちのような日本思想史の研究者からいうと、誠は、相良亨氏が『誠実と日本人』（一九八〇年、ぺりかん社）などの著作で日本人の規範意識の中核として論じたものだし、和は、聖徳太子の一七条憲法以来の伝統をもつ日本人に馴染み深い集団主義的原理だということになる。こうした伝統的なものと「積極進取の精神」を結合したものが指導精神だといわれると、日本精神史の精髄のあまりにみごとな総合というのか、折衷というのか、驚嘆してしまうのである。社歌の第二聯は、

鉄（くろがね）をつらぬく誠
たゆみなく励めりわれら

とはじまるのだが、ここまできて私は噴きだしてしまった。労働対象としての「鉄」をも貫く誠とは?! これぞ日本精神の極致、これではいくらなんでも出来すぎではないか、と思ったのである。もっとも、大卒の社員たちは、こうした社訓や社歌を大真面目に受けと

っているわけではなく、日立はこうした問題についてはむしろ「ドライ」な企業なのだという。

だが、こうした社訓や社歌が大卒社員にとっていくらか気恥かしいものだとしても、そこに体現されている集団主義的企業原理は、基本的には受容されているのであり、ただその受けとめ方に年齢や経歴や個人的資質などによる特徴があるということなのであろう。そして、こうした企業の側の論理が支配するようになった前提としては、日立のばあいでいえば一九五〇年の長期ストの敗北と、敗北の結果としての妥協、企業内組合の確立があった。トヨタのばあいも、五〇年と五二年の激しい労働争議をへて、「企業を防衛して生活を守ろう！」と呼びかける企業内組合が確立されることで、トヨタ・システムが形づくられた。こうして、日立やトヨタのような大企業のばあい、日本的経営は一九五〇年前後の激しい労資対立をへてその渦中からの経営側の努力と工夫、新しい労働者支配としてつくりだされたものであり、その形成過程とそれを支えた論理は具体的に説明しうるものなのである。オイル・ショック以降に日本的経営がいっそう強化されたとすれば、それもまたきびしい経営環境のもとでの経営上の努力と工夫（レギュラシオン学派が「調整＝レギュラシオン」と呼ぶもの）としてとらえうるものであり、またそこに労働運動の敗北が刻印されているような内実のものである。

しかし、右にあげた日立の社訓や社歌、またオオノイズムの基底にある原理がムダの徹底的な排除にあったことなどを想起してみると、そこに日本の伝統が巧みにとりこまれていて、伝統の再生による原理化といった趣を呈しているという印象がつよく、こうした社会文化的コンテキストなしには日本的経営は成立しなかったとも論じうるのではなかろうか。日本的経営を特徴づける集団目標への献身、その献身におけるきびしい競争と査定、またそこに不可避となる働きすぎなどは、企業の側での経営戦略や労働関係の具体性を通してはじめて理解しうるものなのではあるが、しかしなぜそのようなことが実現可能だったのかと問えば、それを経営者の努力や工夫、また強搾取などと答えても、それはようやく問題の半ばにさしかかった答えにすぎず、問題の全体を、人びとがほとんど無自覚のうちにさえ取り込んでしまう社会文化的コードに照らしてとらえ返さねばならぬということになるのだと思う。

4 「働きすぎ」社会の歴史的文脈

ドーアによれば、雇用保障、年功序列型の賃金と昇進制度、企業内組合などは、後発の近代化過程によく見られる特徴なのだが、それだからといってどこでもうまく機能するというわけではない。たとえば、スリランカの国営企業で工場協議会が成立したさい、会議の場はたちまち非難応酬の場となったが、それは、たとえば昇進の決定は家族やカーストや学閥にもとづくコネのせいだというのが当り前だと見なされていて、家族などを超える第二次集団の目標を個人の目標の上におくような訓練ができていないからだ、とされている。

ドーアの説明との対比でいえば、日本では集団目標への献身やそれにともなう勤勉や規律などへの訓練ができすぎているということになろうが、それではこうした訓練は、歴史をさかのぼって、いつどのようにして形成されたものであろうか。これにはさまざまの説明がありうるが、私は、国民的規模でそうした訓練が行われて人びとの心の習慣へとそれが定着したのは、明治維新をはさむ約一世紀間における日本社会の転換過程に由来するところが大きく、地域社会で家や村を単位としてそうした訓練が行われたのだと考える。一八世紀末の日本には、飢饉、一揆、村方騒動などが頻発して、地域社会は全体として荒廃化の傾向が強く、人口もおよそ一八世紀初頭から停滞ないし減少化の方向にあったのだが、寛政改革をひとつの契機としてこうした状況が少しずつ改められ、地域社会の秩序が再編成されて、生産力と人口も上昇に転じた。こうした方向は、幕藩政改革による側面もあるが、石門心学、草莽国学、報徳社などの民衆的な改革運動・思想運動に影響された側面も重要で、さらにそうした運動の受容基盤ともなった、地域秩序の再編につとめる村落支配者層の広範な動向があった、といえよう。

ひとつだけ例をあげてみよう。越後国新津の大庄屋桂誉重（一八一六～七一）は、「村長役」としての責任意識に立って民衆教導につとめ、地域社会の再建に努力していた草莽の国学者だった。桂は、職業労働と奢侈抑制を村民に教え込もうとするのだが、そのさい、「男女夫婦相互に相思ふ」ような、「至心実情」をもって、隔意なき一体性・共同性が実現されなければならない、とする。「男女夫婦」の愛と共同性に類比されるような緊密さで、「何事も聊隔意なく、過あらば異見をしあい、真実に打ちあけ交」わるという態度で地域民の生活と心意の内部に深くたちいって、彼らの生活態度を変革しよう、というわけである。性への関心は、近世後期の思想史のひとつの興味ある現象だが、ここでは「村長役」のヘゲモニーのもとにおける一体性・共同性のモデルとして、性に大きな意味が与えられていることになる。

性の問題はともかくとして、こうした一体的秩序に対置されているのは、奢侈・怠惰・博奕・酒色などであるが、またこうした方向に走りがちの若者組と彼らを担い手とする休日や祭礼についてのあらたな動向などであった。およそ近世中期ごろから、村の祭礼とそれにともなう行事、踊りや芝居などがしだいに盛大化する傾向があり、それはまたその担い手としての若者組の活動と結びついていた。地域社会の秩序は、こうした動向に対抗して、村落支配者層の主導権のもとでの勤勉・倹約・和合・孝行などの生活規律の実現、またそうした規律による訓練を主体的根拠とする生産増大などによって再編成さるべきものであった。そうした地域秩序の再編成は、かならずしも目立った形をとらなくとも、一八世紀末ごろから各地で模索されており、幕末維新期から明治一〇年代にいたる社会的激動をくぐりぬけて、やがてこうした方向で近代日本の地域社会を形づくることになったのであり、それこそが日本社会の全体が近代化に向けて編成替えされてゆく過程のもっとも基底的な次元をなしていた、と私は考える（拙著『日本の近代化と民衆思想』、一九七四年、青木書店、とくに第一章）。桂はそのひとつの事例であるが、多様な事例も、家と村を共同性へ向けて編成替えし、禁欲的規律で人びとを訓練するという点では、基本的にまったく同一だと考えてよい。ちょっと考えると、共同体の桎梏がゆるみ個人の自立性の増大することこそが近代化のように思えるかもしれないが、こうした村落改革のなかで、「個人的ではいけぬ、村が一つになって所謂一致協力しなければならぬ」、「己人的の我まゝ」は「旧幕府時代の弊風」などとされたのである（『但馬偉人平尾在修』）。

伝統社会には、季節の循環を軸にした生活のリズムがあり、民俗学的にはそれはハレとケの循環としてとらえられてきた。貨幣経済の浸透が顕著になってゆくと、このハレとケのバランスが崩れて祭礼・芝居・踊りなどからなるハレの次元が膨張する。こうした傾向

ハレとケの二項対立

ハレ	ケ
祭	労働
オオヤケ	ワタクシ
非日常	日常
聖	俗
超規範的	規範的
解放的	強迫的
意識の深層	意識の表層
はなやかな色彩	じみな色彩
（等）	（等）

に対抗してケの次元を中核に生活秩序を再構築することで一元化された規律が生まれる。上表でいえば、二つの項の循環を断ちきって、左項を抑圧し右項に自覚的に一元化された生活規範を実現化することが近代化なのであり、それが右にのべた地域秩序の編成替えの過程にほかならない、と私は考える（拙稿「「近代化」の思想と民俗」『日本民俗文化大系1　風土と文化』、一九八六年、小学館）。基本的にはおなじ過程がヨーロッパでも展開したらしいことは、最近の社会史研究からうかがえるが、おそらくこうした過程を条件づける社会的文化的システムに大きなちがいがあり、日本ではこうした過程の全体が国家と資本の側からのむきだしの収奪にさらされるという傾向がずっとつよかったのであろう。祭り・芝居・踊りなどの民衆的伝統文化が抑圧されて秩序のなかにくみこまれ、若者組や宗教的講などの独自組織が抑圧されたり編成替えされたりしたことのなかに、今日の私たちの精神史的状況を省察するうえでの大きな示唆がふくまれていると考えるべきところであろう。

　アナール派の新しい旗手として注目されているA・コルバンは、今年（一九九四年）一月に来日したさいの印象を、「わたしが日本で強い印象を受けたのは、時間の使い方の密度が高く、しかもそれが混乱に陥っていないこと、社会生活のリズムが正確で規則正しいことであった。またわたしは、ひとびとの忍耐心、とりわけ日本の歴史家や学生の忍耐心――それが繊細な礼儀でないとすればだが――にも強い印象を受けた」と書き留めている（『時間・欲望・恐怖』、小倉孝誠他訳、一九九三年、藤原書店）。日本的経営などというものとはなんのかかわりもないと思い込んでいる日本の歴史家や彼らの訓練を受けている学生たちもまた、右にのべたような過程をへて構築された自己訓練の伝統のなかに育ったことの刻印を、ほとんど無自覚な慣習の体系（ハビトゥス）として身につけているということであろう。アナール派の心性史家の眼からすれば、そのことがとりわけ印象深い事実だったのである。

5　歴史と現実の狭間で

近世後期から近代への転換期において地域社会で家や村を単位とした生活規律の編成替えが進行し、それが近代化してゆく日本社会の基底をなすというのは、今から三〇年も以前に私が若書きの論文のなかで論じた主題であるが、最近、現代日本研究のいくつかの論著を拾い読みして、問題の枠組をもうすこし広い展望のもとにおくことでおなじ主題を再論しうるのではないかと思うようになった。この小論はそうした気持を込めて書いているのだが、それだからといって私は、右にのべた私の論点が歴史と現代との対話においてなにか特権的に重要だといいたいわけではない。私は歴史的文脈の事例のひとつを自分の研究歴のなかからとりあげてみただけで、歴史にはさまざまの局面があり、現在と過去とのかかわりにもさまざまの文脈があることを強調したい。そして、歴史と現在とをつなぐ文脈をより媒介的多元的なものにしてゆくことが私たちの現実を見る眼をゆたかにするのだが、他方でまたそのような訓練が日頃は曖昧にやりすごしている文脈を自覚化して歴史研究を活性化してゆくのだ、という立場をとりたい。

I・ウォーラーステインは、最近翻訳された『脱=社会科学』（本多健吉他訳、一九九三年、藤原書店）で、F・ブローデルによりつつ、古典的自由主義も古典的マルクス主義も、資本主義は独占を排して自由な競争市場をもたらすのが本来の形だと考えがちだが、それは正しくない、資本主義は自由市場であるよりもむしろ独占と投機だ、とのべている。この見解は、無学な私の虚をつくことですっかり納得させてしまった。ブローデルの定義する「経済生活」では、小さな利潤をともなう競争的市場が存在するのに、資本主義のもとでは相対的に大きな独占、反市場、弱肉強食のもとでの大きな利潤が実現するのである。この点は、ブローデルの対象とする一五～一八世紀に妥当するだけでなく、現代にまで貫かれている資本主義の基本的特質だ、とウォーラーステインは指摘する。なるほど、たとえば東欧革命をへてもたらされたのは、市場経済と称してじつは独占と投機＝資本主義だったわけか、ロシアの民衆の苦難はこの資本主義による収奪のゆえなのか、と思ったのである。こうした見方は、もとより素人の軽信と独断にすぎないかもしれないが、ここではウォーラーステインの考えが刺戟的だったことをのべたいだけである。そして、『脱＝社会科学』では、ウォーラーステインはブローデルにほとんど全面的に依拠して世界システムの現在と将来を展望しているのであって、それは、歴史研究と現代との対話としてきわめてラディカルな内実のものだといえよう。

念のために付言すると、私は、現代的な観点に立つことで現在の説明のために都合のよい〝事実〟を歴史のなかに〝発見〟すればよいとか、そうした〝発見〟で現代までを系譜づけることが現代的歴史学だなどと思っているわけではない。歴史研究にかかわっていると、今日の私たちの通念からは理解しにくく奇妙に思われる事実に出会うことが少なくないが、そうしたばあいに私たちはその事実の意味をよく考えてみることで、私たちがみずからのまだ十分に彫琢されていない粗雑で通俗的な通念や感受性を歴史という場へ持ち込んでいて、自分がそう思い込んでいるほどには歴史内在的でも実証的でもないことに気付かせられるとともに、私たちの現在を相対化して省察する手がかりを得かかっているのだと思う。歴史はむしろ奇妙な事実や意外な事実にみちているのだが、しかしそうした事実への鋭敏な感受性と理解力をもつためには、歴史家は人間や社会について深い理解力をもつように自分を訓練する必要があり、そのためにはなによりも現実を見つめ理解しなければならないだろう。現実・現代の問題状況から出発して、私たちが自分の研究者としての職人仕事の意味についてくり返して考え、歴史像の大枠や現代的意味、またその探求方法などについて大きな論争を展開してゆけば、歴史研究の現場はいまよりもずっと緊張と活気にみちたものに変貌してゆくのではなかろうか。

〔追記〕

本書第Ⅱ部十「日本史研究にもっと論争を！」と十一「歴史研究と現代日本との対話」は、べつに発表した「現代の思想状況」（『岩波講座日本通史21　現代2』、一九九五年）と一連のもので、後者の準備過程での副産物である。現時点での日本の思想状況についての私の立場からの全般的な展望については、「現代の思想状況」の方を参照してほしい。また天皇制とのかかわりでの現代の状況論については、『近代天皇像の形成』（一九九二年、岩波書店）のはじめの部分や末尾でいくらか付言しているが、『現代思想』23巻10号のインターヴュー「例外状況のコスモロジー——国家と宗教——」（一九九五年）でも関説している。

十二　日本の近代化についての帝国主義的歴史観

〔『新しい歴史学のために』八一・八二号、一九六二年〕

日本の近代化の歴史的性格をどのように考えるかという問題は、現代日本の未来像の問題である。したがってまた、それはイデオロギー闘争の問題である。

この小論でとりあげようとする日本の近代化のとらえ方のひとつの傾向——近代日本社会を主として急速な経済発展という見地から肯定的にとらえる傾向が生まれたのは一九五六年頃であることは、注目に値しよう。一九五五、六年は、日本経済がいわゆる高度成長を開始した時点であり、日本帝国主義復活の重要な画期である。それはまた、六全協とスターリン批判の時代であり、思想界とジャーナリズムの世界におけるマルクス主義の権威が凋落し、「戦後は終った」という言葉が流行した時期であった。このような時点に立って、鋭敏な時代感覚をもった批評家たちは、これまで主としてマルクス主義によって構成されてきた日本の歴史像に疑問をもちはじめた。マルクス主義者はあまりに厳しく日本の過去を糾弾しすぎるのではないか、源氏物語や浮世絵以外に日本の過去は誇るものをもたぬだろうか、日本の近代化は現在の経済発展をもたらしたものとして偉大な成功だったのではないか、世界に類を見ない高度成長こそ日本の歴史のもっとも重要な帰結ではないかなどという疑問が批評家たちの脳裏に浮かんだが、このような疑問は、急速な経済発展にともなう日常的な幸福のささやかな実現の可能性に生き甲斐を託すようになった民衆の実感をなにほどかその背景としていた。経済危機が克服され、封建的なものが戦後の諸改革によって一掃されたことを確認したとき、革命の予言は誤っていたように見え、太平ムードの時代が訪れた。このような時代感覚の推移に、さらにほぼおなじ時点における歴史学界の事情も加えねばならない。歴史学界では、国民的歴史学の運動が性急な危機意識を情熱的に爆発させながら方法的な結実をみせることができなかったためにみじめな終焉をとげ、それ以後個別実証的な研究方向が高まり、マルクス主義歴史学のアカデミズム化と思想性の衰退が顕著になった。マルクス主義が仲間言葉のやりとりのなかで創造性と思想性を失う過程は、知的影響力を失う過程にほぼ照応していた。さらに、安保闘争以後ことに強化されたように見える学界へのアメリカ資金の導入と、いわゆるライシャワー路線が、研究者たちを結集しようとしていることも、問題の背景として附加すべきであろう。

日本近代社会の歴史的研究は、昭和初期以来主としてマルクス主義者かそれに近い立場の人たちによって推進されてきた。太平洋戦争にいたる理由を構造的に説明し、日本社会の前近代的な特質を鋭く暴きだし、そこから敗戦と民主主義革命の必然性を予言した講座派は、戦中から戦後にかけての歴史過程をもっとも正しく見透していたといえよう。そして、講座派的歴史分析の基本的な正当性は、敗戦と戦後の諸改革によって証明されたかに見えたから、その後の研究が主としてこの系統の人たちによってなされたことは当然であろう。マルクス主義者ではないが、大塚久雄氏の経済史、丸山真男氏の思想史と政治学、川島武宜氏の法社会学のような日本の社会科学を代表する業績も、日本社会の前近代的な諸性質の究明と民主主義革命の推進を基本的なモチーフとする点で講座派理論と共通していた。そして、日本社会の全域にわたる民主化が社会的風潮であり国民的課題とされていた時期においては、これらの研究は基本的には反論しがたい正当性をもつものと見え、良心的な人びとの歴史像の大枠は講座派に依存していた。「日本人というものの民族としての低さ。やりきれない思いをするほどの実際の低さ。負けたからではなしに負けるまえからの桁(けた)ちがいの低さ。敗戦の原因ではなしに、開戦の原因でさえあったところの、国としての低さ。……そういう低さというものの実体と根元を、一度でも静かに考えてみただろうか」(大熊信行『国家悪』、一九五二年、中央公論社)というような言葉が、痛切な自己省察の言葉として人びとの胸の奥深くに訴えかけた時代に、講座派系の歴史学はそのような時代感覚を支えるものに見えた。

右のような時代感覚が、高度成長と太平のムードのなかに消え去ると、あらたな時代感覚を基礎にこの小論にのべようとする帝国主義的歴史観が登場しはじめた。だからこのような歴史観の登場は、一面では新しい時代感覚の質を示すものであるとともに、他面ではマルクス主義史学が現代日本の問題状況に訴えるように歴史像を構築しえていないということを反映するものである。おそらくのちにのべるような歴史観が、帝国主義的本質をもっていることは論証しやすい事柄に属すると思う。困難であるが重要なのは、こうした歴史観のうちに表現されているはずの現代日本の問題状況を明らかにすることであり、そのような問題状況を鋭い論争的な問題にまで高めて思想闘争の主題にすることである。この小論に登場する人たちは、近代日本社会の厳しい諸矛盾を忘れ去り日本帝国主義を弁護しているが、その弁護の仕方の歴史的個性が問題であり、それと民衆的実感との触れあいや断絶が問題であり、そこに示されている時代の特質が問題であり、さらにその克服と変革的な歴史意識の形成が問題であろう。

この小論で念頭においているのは、「明治の再評価」（『朝日新聞』一九五六年一月一日）以来の桑原武夫氏のいくつかの論稿、梅棹忠夫氏の「文明の生態史観序説」（『中央公論』一九五七年二月号）と「東南アジアの旅から」（同上一九五八年三月号、両論文とものちに『文新潮社）と『ロストウ理論と日本経済の近代化』（一九六二年、春秋社）、坂田吉雄編『明治維新史の問題点』（一九六二年、未来社）、『思想の科学』一九六一年十一月号、E・O・ライシャワーの「日本歴史研究の意義」（『朝日ジャーナル』一九六一年十一月）、「近代史をみつめる」（同上一九六二年六月）など（のちに『近代史の新しい見方』、橋場武一訳、一九六四年、原書房）、R・N・ベラー『日本近代化と宗教倫理』（一九六二年、堀一郎他訳、未来社）、スカラピーノ・升味準之輔『現代日本の政党と政治』（一九六二年、岩波書店）などである。

明の生態史観』所収）、日本文化フォーラム編の『日本文化の伝統と変遷』（一九五八年、

一言断っておくが、これらの論稿がすべて頭の天辺から足の先まで帝国主義的だとも共通した理論をもっているとも私は思っていない。たとえば、ロストウはアメリカ帝国主義のもっとも雄弁な代弁者の一人であるが、桑原氏は敗戦後一貫して革命思想がロマンチックな独りよがりになる傾向を批判して合理主義的現実主義的なコースで日本の民主革命を実現しようとする立場にあったと思う。梅棹氏もいくらか桑原氏に近く、日本文化フォーラムに結集した人たちの間には重要な見解の相違がある。しかし個性あるこれらの論客たちの論点の相違や共通性をひとつひとつ忠実に追跡することは、このような小論では不可能だし必要でもない。この小論の目的は、日本の近代化についてのこれらの人たちの発言のなかにみられるある種の傾向を指摘しそれに方法的な批判を加えることにある。そこにみ

られる傾向が、現代日本のどのような問題状況とどのように触れあっているかは、私がさきに指摘したように諸事情をふくめてべつに詳しく検討されるべきである。

1　近代化のとらえ方

右にのべた人たちは、日本の過去がこれまであまりに否定的に評されたのではないかという疑問から出発している。『日本文化の伝統と変遷』はまずその序文で、「終戦以来日本は……専ら範を外国に求め日本伝来のものを一括して無視する傾向が強かった」とのべ、すぐつづいて「われわれは、独特の文化的伝統を生んだ日本人の活力を正当に評価して、その力によって日本の民主々義を押しすすめ」（傍点安丸、以下おなじ）、世界に寄与しなければならないとのべているが、おなじことを桑原氏は「欠点があろうとも、それ（近代化）に成功して独立を守った私たちの祖父たちを認めることなしに、日本の伝統を語ることは無意義であろう」（「伝統と近代化」『現代思想』XI、一九五七年、岩波書店）とのべている。いくらでも例を挙げることができる右のような発言は、彼らのモチーフをよく示している。彼らによれば、これまでの歴史学は、日本の過去をあまりに否定的に評価しすぎ、日本人の「活力」や能力の高さを無視してきたのである。そして、近世以降、とくに明治維新以降の日本歴史の研究はこれまでほとんどすべてマルクス主義的立場からなされたから（そのこと自体が興味ある研究テーマになりうる）、彼らの発言はマルクス主義歴史学の批判をつよく志向しており、しばしばマルクス主義一般との対決にゆきついている。しかし彼らのうちでは、ロストウその他のアメリカ人は指導的な帝国主義国の理論家にふさわしく明確な社会科学的な理論構築をしてマルクス主義との体系的な対決を試みており、日本人論客は問題意識ないし発想の次元にとどまることが多くあまり体系化されていないという相違がある。

それでは、日本の近代化が肯定的に語られるとするならば、それはどのような観点からであろうか。

この問題を明快な論理でさばいたのは桑原氏であるから、まず氏の問題の立て方を検討してみよう。氏は合理主義者らしく「近代化」を分類して「およそ近代化とは基本的に、(1)政治における民主主義、(2)経済における資本主義、(3)産業における手工業ないしマニュファクチュアから工場生産への移行、……(4)教育における国民義務教育の普及、(5)軍備における国民軍の成立、(6)意識における共同体からの解放、個人主義の成熟」という六つの要素に分けられるとし、敗戦までの日本は(1)と(6)では成功しなかったが、(2)〜(5)において成功した、そしてこれらの要素のうちどれに力点をおくかによって評価が変るが、「もっとも基本的と思われる生産力において」世界史に空前のスピードで進歩したとのべている（「伝統と近代化」）。このような立論の仕方をみればさきにのべた私たちの祖父たちの努力や成果を認めなければならないという主張は、日本は生産力の発展＝資本主義の発展において明治維新以来急速な発展をとげたということを主要な論拠にして日本の近代化を肯定的に評価する立場であることがよくわかるであろう。桑原氏は六つに分類しているが、(2)〜(5)が本質的に結合しており、(1)と(6)が(2)〜(5)と異質であることは明らかであろう。教育の普及という問題をとりあげても、肯定的に評価しうるとすれば(1)や(6)と結合した側面ではなく(2)や(3)と結合した側面を強調しなければならず、近代的な軍事力の創設が(2)や(3)ともっとも深く結合していることはいうまでもない。だから桑原氏のいう六つの要素のうち、成功したという(2)〜(5)は生産力の発展＝資本主義の発展を中核としてそれに結合したものであり、桑原氏の近代日本にたいする高い評価が近代化の主要な示標を産業化におくからであることがわかる。べつなところはつぎのように要約している。

個人主義の発達とかあるいはデモクラシーの発達というのをふつう近代化の要素にしますけれども、そういう点では十分なことがなされたとは思いませんけれども、しかし、工業化とか、資本主義化あるいは資本の集中とか国民教育の普及とか、それから、国民軍の創設とか、そういう意味での近代化ではいい成績をとっている。それで総合評定して近代化に成功したと見るわけです（討論「明治維新の意味」『中央公論』一九六二年一月号、での発言）。

桑原氏は民主主義や個人主義の発展も資本主義の発展や国民軍の創設も同一平面に並列して入学試験の採点のように綜合評定しようというわけだ。ところで、産業化という見地から日本の近代史をみれば日本の近代化は大成功であったが、マルクス主義史学にとってはそのような近代化こそが民主主義と個人主義をおしつぶし対外侵略をひきおこしたのだということが問題であった。マルクス主義の立場からは、入学試験の採点のような桑原氏の「総合評定」は受けいれがたいものであり、日本の近代化＝産業化と民主主義の抑圧や対外侵略との構造的な連関を明らかにしなければならない。桑原氏は並列することによって構造的に関連したものを切り離す。そしてもし、近代日本の急速な近代化＝産業化が、民主主義と個人主義の抑圧や対外侵略に関連と責任をもたぬなら、近代日本の近代化＝産業化こそ世界に誇るべきものではないか。

近代化＝産業化＝生産力の発展という視角から近代史を把握しようとする立場の代表者はロストウであるが、成長段階論という名称が示すように近代化とはなによりもまず経済成長の問題であるとされている。「マルクス主義の近代史解釈に代るものである」と自称するこの理論は、国民総所得の一〇％以上が投資にまわされるということを「伝統社会」

から近代社会への転化の唯一の指標としている。そしてこの投資率の増大がどのような「刺戟」によってもたらされ、いつどのようにして規則的成長がもたらされるようになり、こうした経済成長はどのような結果をもたらすか等々を論ずる（杉本昭七「ケネディ政権の理論的背景——W・W・ロストウの見解について——」『新しい歴史学のために』八〇号参照）。そして成長段階論の立場からは、日本は「団結して、機敏に、気力にあふれ」（『ロストウ理論と日本経済の近代化』、以下ロストウの見解は同書による）て外圧に反応し近代化に成功したものとして、きわめて肯定的に評価されている。経済成長段階という観点に立てば、「団結心」（国家主義のこと?）、「機敏さ」、「気力」などという道徳外的（?）な人間能力が高く評価され、自由や平等や正義は登場する場所を失ってゆく。

近代化＝産業化というとらえ方を精神史的に試みたのは竹山道雄氏であった。竹山氏によれば、近代化とはなによりもまず精神における現世化、世俗化、合理化などのことであった。氏によれば、一六世紀を境として日本と西洋において宗教の支配がくつがえされ、精神の現世化、世俗化という現象が起こり、そのような精神態度が近代的な経済制度と政治制度をつくった。精神的要因を「経済関係や権力関係などの他の要因に還元し」、そこからすべてを演繹的に説明する唯物史観は誤りであり、精神的なものが「経済関係や権力関係を生みだした」（『日本文化の伝統と変遷』、以下竹山氏の見解はすべて同書による）。日本と西洋をのぞく地域（梅棹氏の第二地域）は宗教的な聖なるものに究極的な価値観をおいたために、現世における世俗的な活動を重んじてそれを合理的に遂行することができず、そのために近代化＝産業化することができなかった。

竹山氏のいう現世化と世俗化とはほぼおなじ意味であり、合理化とはそのための手段の有効性の問題であろう。そうすると現世化、世俗化、合理化は急速に発展する産業社会として実現されるものであり、人間生活のさまざまな側面は現世化、世俗化、合理化において急速な経済発展に従属しそれに収斂することになる。こうしてそこにもまた道義的理想の喪失という問題が生まれる。竹山氏は現世化のことを論じて、「西欧でも日本でも、やがて現世の実力がすべてを決定する近世となった」とのべているが、「現世の実力」とは経済的ないし政治的な力、支配力や権力であり、竹山氏によればそのような実力が支配する社会が近代社会なのである。そして右の言葉はまったく肯定的にのべられているが、「現世の実力がすべてを決定する」とはあまりに露骨でドライな実力主義の立場ではなかろうか。「宗教も伝統もそれだけでは無力となり、以後はむしろ現世の力を装飾するものとして利用されるようになった」とのべるとき、氏は「力は正義である」という立場から近代社会を画き、近代社会においてどのような道徳や理想が形成され運動しているかを発見できない。

坂田吉雄氏が明治維新史における知的要素の重視を主張し、源了円氏が実学史観を提唱するとき、知的要素とか実学とか呼ばれているものは究極において日本の産業化とそれにともなう諸制度や文化を推進するものであるし、ベラーが儒学や心学を論じてそこに合理主義や世俗内禁欲主義を発見しているのも、近代化、産業化に宗教（ベラーによれば儒学も心学も国学も宗教である）がはたす積極的な役割を明らかにすることであるが、ベラーの著作についての詳しい論評は別の機会に試みたい。

ところで、近代化の問題を主として産業化という観点からとらえるべきものであるとするなら、社会体制の相違は近代化＝産業化のための手段の相違にすぎなくなる。スカラピーノと升味氏によれば、現代は基本的な価値が普遍化しつつある時代であり、「コミュニズムとの対立について重要なことは、歴史の眼で見れば、両者の相違ではなくして両者が同じ目標を追求しているということである」。そして共通する基本的価値ないし目標とは、両氏によれば進歩と産業化と科学とデモクラシーであり、この四つの目標のためにどの体制がより有効であるかという立場から二つの世界は争っているのである。右にあげた四つの価値ないし目標のうち、進歩はなんのための進歩なのかよくわからぬが産業化以下の進歩だと考えれば、（自然）科学は広い意味では産業化の手段なのだから、社会的にみて基本的な価値は産業化とデモクラシーに要約される。そして産業化とデモクラシーにおいてアメリカと西欧の「自由主義」の社会体制がコミュニズムのそれよりも有効であると主張することが、現代アメリカの「進歩派」の価値感覚であるらしい。彼らは、一方においてコミュニズムの問題を道徳的な善悪の問題からとらえる狂信的な反共家を抑えるために、他方においてともすれば共産主義に傾きがちな後進諸国の人びとを味方につけるために、西欧的自由主義の有効性（高い生産力）を証明しなければならない。ライシャワーが『近代史をみつめる』その他で展開していることも、ロストウがいくらか論理的にのべていることも、結局は右にのべた意味で現代の欧米的な社会体制がもっともすぐれたものであり、後進諸国はそのような体制にいかにして近づくことができるかを論じたものといえよう。

　ライシャワーによれば、現代の先進国は経済的にいずれも高度成長と混合経済（自由経済と統制経済の混合）によって特徴づけられ、ソ連と欧米諸国には統制の強弱において程度の差があるにすぎない。根本的に異なるのは民主主義の存否であって、一八〇〇年以降欧米社会は次第に完全な民主主義に近づいたのにロシアは不完全な民主主義からますます専制主義へとすすんだ。では、政治的にはなぜこのような対極的な現象が近代化の過程で生まれたか。そのことを考えるさいに重要なのは近代化の時点である。すなわち、早くから近代化の方向を歩んだイギリス、フランス、アメリカなどは、資本主義の発展と民主主義の発展とが相ともなったのに、より遅く近代化をはじめたドイツ、日本、ロシアでは産業化の発展が国家権力の主導のもとに強力的に行われ、そのために産業化の発展は民主主義の発展をおしつぶしてしまった。ところが近代化＝産業化の発展は高い教育水準とマス・コミの発展を必然的にともなうものであるから、近代化がすすめばすすむほど高い知的水準をもつにいたった国民の民主主義への要求は強まる。したがってドイツや日本のようにこの要求を認めて、たとえば敗戦を契機に民主主義化の道を歩むか、さもなければロシアのように次第に自覚しつつある民衆を抑圧するためにより厳しく専制的になるかしなければならない。ソ連社会は、近代化＝産業化すればするほど自覚しつつある民衆を抑えるためにより強く専制的になるか、民衆の要求を認めて欧米社会のように民主主義化するほかない。以上がライシャワーの考えであるが、ソ連論ではロストウもよく似た理論である。ロストウによれば、共産主義は「富裕で企業心旺盛な」産業的中産階級を欠いたロシア社会が近代化を効果的に推進するためにとった権力的組織である。それはさまざまな欺瞞にもかかわらず「おそるべき力を発揮する」「権力の技術」であり、近代化を効果的に推進する前提条件を欠いた後進諸国がとりつかれやすい病気である。ところがこのような社会形態は産業の高度化がすすみ、豊かな生活を求める民衆の要求が強まると崩壊の危機にさらされる。「共産主義は成長問題の供給面にだけ妥当する奇妙な社会形態であり、高度消費時代に衰微する見込がある」。だからソ連社会は民衆の高度消費時代への要求を抑えるためにたえず対外危機を強調し対外侵略を試みなければならない。ソヴェトの好戦的外交政策を生みだす根源はこのような社会体制にある。

なかなかみごとなアメリカ帝国主義の弁護ではないか。彼らの議論に従えば、ソ連社会がアメリカ化することによってソ連社会はその宿命的な矛盾を解決し、この矛盾が解決すれば世界の平和が実現される。戦争の原因はアメリカ資本主義にも日本の資本主義にもない。産業化＝資本主義化はそれ自体では戦争と植民地獲得の原因ではありえず、マルクス主義者の帝国主義論は誤っている（たとえばストレイチも、第二次大戦後に植民地を失うことによって欧米経済はかえって急速に発展したと強調している）。だがそれなら、かつてもっとも好戦的であったドイツや日本の帝国主義はどうなのか。たとえば近代日本に一貫する侵略の衝動はなににによって説明されるのか。

それは、ロストウによれば反応的ナショナリズム（反応的というこの奇妙な言葉は、reactive の訳語である。最初は反動的と訳されていたが、日本文化フォーラムの人たちによって誤訳とされた）のせいであり、ライシャワーによれば国家主義と軍国主義のせいである。だがそのような反動的国家主義こそ日本資本主義と不可欠に結合したものではなかったか。

ここで私たちは、日本の財閥は侵略戦争にたいしてどのような責任をもっているのか、という日本近代史のひとつの重要な論争問題に到達する。これはまた、戦争責任論の核心問題であり、東京裁判の歴史的性格の問題でもある。ライシャワーはこの点について早くから、日本の財閥には直接の戦争責任はないことを歴史的に明らかにしようとしている。たとえば終戦直後に書かれた著書のなかでのファシズムの擡頭を論じたさいに、たとえば「実業家と官僚とは、反動的な超国家主義者、軍国主義者の一団の人々が、その維持してきた覇権に対して最も直接的な脅威となっていることを見損ったことによって、運命的な過誤を犯した」(『日本――過去と現在――』、岡野満訳、一九四八年、時論社)とのべている。つまり、資本家と官僚の責任は軍国主義に断固として反対せず、軍国主義や国家主義者に覇権をゆずりわたしたという点にのみある。したがって彼らの責任は、反戦のために充分に有効な手段をとらなかったという間接的な責任にすぎない(ついでながら天皇については、「穏健派に入るもう一人の人物は天皇自身であった……多分自由主義者であった」と右の本はのべている)。

結局のところ、戦争の問題は二つの方向から論じられているように思う。ひとつは、戦争の原因をナショナリズムに求め、後進国における近代化が強いナショナリズムと結合したために戦争がしばしば起こったのであり、近代化の推進にともなって国家主義的要素が少なくなると戦争もなくなるという考えである。ロストウが「選択の型」ということを主張して、高い経済発展にともなってそれぞれの社会は対外侵略でも高度の消費経済でも福祉国家でも任意に選択できるのだ、というのは右の立場である。この考えでは、対外侵略は遅く近代化をはじめたドイツ、日本、ロシアのような近代社会に特有の、ある程度やむをえなかったにしても、頭の悪いやり方であり、ちゃんと頭を働かせて考えればなくすることができるものである。もうひとつはこの小論に登場する日本人論者がしばしばのべているものであるが、戦争は近代国家が一般にやっていることで、日本だけが悪いのではないと考える立場である。この立場の人たちは、日本の近代化が対外侵略と結合していたというマルクス主義者の主張をいちおう認めたうえで、それを近代化のためにはやむをえないことであったと容認する。たとえば竹山氏はあからさまな口調で語っている。

> 明治日本の国家主義を中軸とする進歩は大成功をおさめた……侵略的膨張主義は当時のすべての活力ある国がやったので、日本の罪はそれを遅くはじめて無理をしたということだった。

これ以上赤裸々に語ることは不可能ではなかろうか。竹山氏にとっては「活力ある国」であることが最高の価値であり、それこそ近代的ということの内容なのだから、侵略的膨張主義をもっとも勇敢に遂行した日本はもっとも「活力ある」、したがってもっともすばらしい国ではなかろうか。血気にはやりすぎて「無理」をしなければ本当によかったのに！

『ロストウ理論と日本経済の近代化』の討論に参加した人たちのうちで、高橋正雄氏は主として労農派理論の立場からほぼ一貫した反対論を唱えているが、気賀健三氏、馬場啓之助氏などはマルクス主義的歴史観への敵意に燃え、近代日本のいくつかの戦争についても、欧米諸国やロシアの東洋進出をあげ、日本帝国主義だけが原因ではない、財閥には直接の戦争責任はない、と強調している。そこには、かつての「持てる国」と「持たざる国」の対抗の理論を見る思いがするが、「持てる国」も「持たざる国」も「持たれる国」(加藤周一氏の用語による）にたいしては侵略的帝国主義国だということが忘れられてしまう。おなじような見解は桑原氏にも見られる。桑原氏によれば、資本主義国はどこも侵略戦争をやったのだから、日本だけがとくに責められる理由はない。なるほど南京虐殺のような特殊な暴虐事件にたいしては戦争責任を問わねばならないが、資本主義の発展と侵略戦争が必然的に結合しているものであるなら、人間は必然的なことにたいしては責任を負いえないのであるから、戦争責任を論ずることはできない（『日本史研究』五九号のシンポジウム参照)。

以上のような戦争問題のとらえ方は、彼らの近代化のとらえ方と必然的に結合しているように思える。たとえば、竹山氏においては、近代化とは現世化、世俗化としてとらえられ、「現世の実力がすべてを決定する」社会になることであったが、侵略もまた「実力」

のうちであるから実力あるものが支配するのは当然であろう。合理化とは実力を有効に発揮する方法にかかわるものであるから、侵略を「無理」をせずにうまくやりとげることも合理的であることのうちである。私は最近、『徳川時代における人間尊重思想の系譜』（一九六一年、福村書店）という本を読んだが、そこではたとえば織田信長があらゆる伝統的権威を無視して行動したことをさしてヒューマニズムだとか人間尊重の精神だとかのべられているのをみて驚いた。そこでは、自分の実力を信ずるがゆえにいくらでも暴虐になりえた人間が、その実力という地上的なものへの信仰のゆえにヒューマニストだとか人間尊重の精神だとか呼ばれているのであった。彼らは、人間とは「欲に手足のつきたるもの」であるという西鶴の定義に近づいている。

桑原氏の広範な評論活動の全体をここで論評する必要はないが、かつて民主主義の確立という国民的課題の実現のために現実生活の上に立った合理主義的な思想を培うことを目的としていた桑原氏の基本的な立場は、民主主義へのパトスをいつか切りおとして日本人の有能さ（トランジスターとか猿の研究の成果とか）を誇ることにおいて合理主義と鋭い現実感覚を発揮する立場に移行しつつあるように思える。ナショナリズム論の提唱を私は無意義であるとは思わないが、産業化やそれとむすびついた学問・技術の分野での急速な発展という視角からのみ日本の伝統が把握されるとき、そして民主主義や個人主義や平和の問題が「そういう点では十分なことがなされたとは思いませんけれども」と簡単にいいすごされるとき、私たちはそこに池田勇人氏流の大国主義の臭いをかぎつけ、公式主義という蛮刀をふりかざしてさえ騒ぎたてざるをえないのである。

2　近代化の推進主体

近代化を主として産業化という観点からとらえるならば、その推進者は誰であったか。近代化＝産業化という観点に立てば、その推進者は資本家であり、日本のような後進国においては資本家とそれを援助した明治政権の指導者たちということになる。そうすると、民衆は日本近代化においてどのような役割をはたすのか、武士階級は明治維新と資本主義の担い手であったかどうか、またそうだとすればどうして武士階級のなかからそのような担い手が生まれたのか、などという周知の論争問題にゆきつく。

この問題、あるいは一連の問題にたいする右にのべた人びとの見解はみごとに一致しているようである。まず、明治維新は武士、ことに下級武士出身のインテリによってなされた。松田道雄氏は、明治維新がインテリによってなされたことをはっきり認めるべきであり、階級的基盤の問題よりも志士たちの「精神における共通性」の方がより大切であると主張しているが（「日本の知識人」『近代日本思想史講座』4、一九五九年、筑摩書房、のちに『日本知識人の思想』）、右にのべた人たちもほぼ同様の見解である。竹山氏が明治維新を論じて、「国内的な好条件は何といっても活動した下級武士出身のインテリが高いモラルと知力と精力をもった人々だったことにあった。このことを認めなかったら不公平だと思う」とのべるとき、彼らが「高いモラル」をもっていたかどうかは大いに疑わしいけれども、明治維新の主体が主として下級武士にあること、しかも下級武士が階級としてではなくインテリとしてとらえられていることにおいて、右にのべた人びとの公約数的な見解が示されている。右のような見解は、さらに「明治の建設者」一般に拡大されている。

明治の建設者たちは、合理的な知力と冷静な意志力の持主だった……かれらは歴史を大切にする儒教の教養を身につけてつねに事実に即して判断する能力をもっていて、空理空論にはしらず、責任ある地位についてからは慎重な漸進主義をとった。国民も怜悧で勤勉だった。

つまりは儒教の教養を身につけた武士階級のなかからいかに有能な近代化の推進者が現れたかということにつきているが、民衆については申し訳のように一番最後に二言だけ附加されているところが面白い。

『ロストウ理論と日本経済の近代化』の討論に参加した人たちのうちで、ロストウ理論に好意をもつ気賀、武藤、馬場の三氏は、近代化の担い手については、ほぼ右にのべた竹山氏の見解に等しい。たとえば、高橋氏の労農派的な立場からの報告は馬場氏の気に入らない。そこで、「この報告書（高橋氏の報告書）の中にあります武士団というものの規定の仕方が搾取階級という形で規定されているわけです。単なる搾取階級であってはその中から産業の統率者を生み出すような役割を果すことができないのじゃないか、武士は高度のプロダクティビリティをもった階級ではないか、そのような単なる搾取階級でない武士の社会であった江戸時代は封建制とはいえないのじゃないか、「商業資本に欠けておったような生産的投資へのモチーフというものが、実は政府並びにそれと連関する士族によって代行された……そう考えるとやはり日本の近代化における武士の役割を相当に重く見なくちゃいけない」、と馬場氏は論ずる。この議論は直ちに儒教をプロテスタンティズムに対比し、そこに資本主義のエートスを見ようとする議論につづくのだが、それはのちにのべよう。ただここでは、近代化の推進者が武士階級とされ、その武士階級が有能さという見地からとらえられていることを確認しておこう。私は、有能さという基準でとらえられていることを重要だと思う。なるほど竹山氏は「高いモラル」ともいっているが、重点はモラルにはなく、幕末明治の指導者がいかに知的にも活動力においてもすぐれていたかということにある。もし有能さということが歴史をとらえる基準であるなら、有能なものが歴史を推進するといえるなら、有能なものが勝利を収めるのだ、有能なものが支配するのだという結論は直ちに生まれる。そしてこのような歴史のとらえ方は、大和魂や道義的生命力を基準とする精神主義的ないし道徳主義的な歴史把握（国体史観その他）とも、階級闘争の観点からする史的唯物論の立場とも根本的に異なっている。それは、自分の能力とそこから生まれる巨大な物質的な力にもっぱら信頼をかけるある階級の歴史観ではないか。

下級武士出身のインテリが明治維新の直接的な担い手としてもっとも重要であり、彼らはまた維新以降の近代化に重要な役割をはたしたことは、歴史的事実であると私は思う。そして彼らがなかなか有能であったことも事実だと思う。しかし問題は有能さの質であり、特別に有能な少数のエリートを指導者とした社会の歴史的な性格であり、そのような有能さのはたした歴史的役割にあるのだから、有能さということ自体は超歴史的な抽象概念であって歴史分析の武器にはならないと思う。たとえば源了円氏が「実用に役立つ」学問という超歴史的な抽象概念をもって実学を定義し、そのような実学に日本の近代化を担わせて「実学史観」というひとつの歴史観を提唱するとき（『思想の科学』六一年一一月号）、実用とはなにか、その実用はどのような歴史的諸矛盾の解決でありまた発展であるのかと問い、実用一般は歴史的存在でないと主張しなければならない。右のような主張にたいしては、実用や有能さは日本の独立のためのあるいは近代化のための実用であり、有能であるとちゃんと規定しているではないかと反論されるかもしれない。それなら私はまた独立と近代化一般は存在しないと主張し、したがって日本の独立と近代化がどのような諸矛盾との対決であり、どのようなあらたな諸矛盾の形成であったのかと問い、有能さや実用だけでなくさまざまな愚かさや非合理や宗教や道徳もまたそのような諸矛盾のなかから生まれて歴史発展を規定しており、特有な形態での日本の独立と近代化を推進しまた歪めたことを主張しなければならない。有能さや実学一般は、日本近代化と独立を近代化と独立一般にすりかえさせ、近代化と独立一般は明らかに善いことであるから、したがってそこにふくまれる諸矛盾の分析は回避されてしまう。有能さや実用に役立つ学問一般を歴史のなかから抜きだして歴史の推進力と考えることは、その人びとの価値意識を端的に物語るものであり、したがってひとつの世界観の歴史分析への実用主義的な適用であると思う。

ロストウによれば、近代化とは投資率が国民総所得の一〇%以上になることにほかならないが、しかし投資率を高める要因こそ問題の核心である。そこで大切なのはつぎのような「ひとびと」である。

投資率を高めるためには、近代科学と有用な費用節約的発明を操作し、かつ利用することのできるひとびとが、その社会に存在しなければならない。また一連の発明を資本ストックへ生産的に向けることにたいし、指導者としての負担と危険に耐える覚悟をもったひとびとも存在しなければならない。さらに革新的企業家を援助するために、大きな危険を冒しても、長期貸付をおこなう用意のあるひとびとも存在しなければならない。そして一般民衆はひとつの経済制度の運営を学ばなければならない。

右の引用がいう近代化を推進した「ひとびと」とは資本家をさすことは明らかであるが、彼らは有用な発明を利用する有能な「ひとびと」であることがまず主張され、さらに彼らはかならずしも利潤をもとめて活動するのではなく「負担と危険」に耐えて(おそらく社会正義のために?)そうしたのであるとされている。さきにのべた討論のなかで、日本近代化をすすめた資本家たちは利潤動機から活動したのかどうかが論争されているが、気賀氏や武藤氏はロストウにしたがって利潤動機からではなかったといいたいらしい。桑原氏が「伝統と近代化」という興味ある論文において、「欠点があろうとも、それ(近代化)に成功して独立を守った私たちの祖父たちを認めることなしに、日本の伝統を語ることは無意義であろう。上からの資本主義化というようなコトバにのみとらわれて、たとえば金子直吉、武藤山治、藤原銀次郎、こうした産業資本家の創意と努力を、彼らが資本家であったというだけの理由で否定するような心性からは、国民の伝統の創造的把握は生まれないにちがいない」とのべてその結論としたとき、氏は竹山氏やロストウとともに資本家たちの「創意と努力」のゆえに生まれた暴虐と悲惨に眼をつぶるのである。

このように、近代化の推進力を主としてエリートの有能さに求め、さらに有能さの上に基礎をおいた彼らの責任意識等々に求めれば、近代化の過程における民衆の役割は必然的に無視されることになる。民衆は自分らの手で維新政府をつくったのではないし、資本家になったのでもない、民衆はしばしば視野の狭い非合理的な行動にかりたてられており、エリートに比較してはるかに無能であったことはまぎれもない事実ではないか、とこの人びとは考える。そしてこのようなとらえ方が、農民的な商品経済の発展と一揆や打ちこわしの発展を基礎にして、階級闘争の見地から近代化の問題をとらえようとする立場と根本的に異なることは明らかであろう。坂田吉雄編『明治維新史の問題点』は、こうした立場に立って階級闘争史観を打破する体系を打ち立てようとした最初の首尾一貫した研究であろう。この本は（その方法はのちに検討するが）、近代化をすすめた知的要素の研究がもっとも大切だという立場に立ち、佐久間象山、横井小楠、蛮書取調所などから維新政府の官僚や明六社グループなどに連なる「実学」の系譜に、日本の近代化の主要な推進主体としてもっとも高い位置を与え、尊攘討幕運動は右にのべた実学的エリートの活動を準備するものとして、「名望家層」はそれらに協力する地方の有力な指導者として、それぞれに重要な位置が与えられる。これにたいして民衆運動は、黒正巌氏の見解を援用して革命的な動向はまったく読みとれない前近代的な反抗であり、近代化になんらの積極的な役割をはたすものではないとされている。この本には、維新史に登場する主要な勢力がほぼ網羅されており、それなりに緻密な研究から実証的に明治維新史の全体像を組み立てようとしているが、右にのべたような各勢力の位置づけは知的要素の重視、したがってエリートの重視という方法論のなかにすでに含意されている（〔追記〕『歴史学研究』二七二号に私の同書書評がある）。

竹山氏はエリートの尊重と民衆の役割の否定という点でもずけずけいっている。世の中を動かすのは、つねに活動的な少数者である。はじめは微々たる一群の動きが、圧迫をうけながら時と共に力を得、激動のなかに勢力を増して、ついに全体を左右して次の時代の性格をつくる。つぎつぎと時代を作ってゆくのは、表面に立った波であり、その下には一般国民の前代から変らない深い層がある。これはニュートラルな受動的なものであって、あたらしい形成力をもっていない。故にこの変らない深い層中に沈んだものをとりあげて、歴史の動きを説明することはできない。

3 「史的唯物論」＝経済決定論の批判

この小論で帝国主義的歴史観と呼んだものの特徴を、以上にのべたかぎりで要約するなら、第一に日本の近代化の問題を主として産業化という見地から肯定的にとらえていること、第二にそのような近代化＝産業化の推進者を武士出身のエリートに求め、主として有能さという見地から彼らを高く評価することであるといえよう。侵略戦争の肯定、民衆闘争の役割の否定、社会体制と階級対立の問題の無視、民衆抑圧の弁護などは、右のような立論から必然的に生まれるコロラリーであった。そこで最後に、このような立論の理論的な根拠を検討してみよう。ところがこの理論問題を検討してゆけば、個々の論点の背景に私たちはおそらくT・パーソンズの社会学理論を見出し、さらにその背後にM・ウェーバーその他を見出し、日本の近代化をめぐる個々の論争点も一九世紀以来のマルクス主義と社会学諸理論の論争史にかかわる重要な理論問題と結合していることを発見しうるであろう。竹山氏や桑原氏は、もし欲するなら、氏らの立論の根拠をロストウやベラーに見出し、ロストウやベラーの背後にパーソンズ、ウェーバー、デュルケームなどの社会学の伝統を見出しうるであろう。だがここでは、もとよりそのような広汎な問題を一挙に論ずることは筆者の能力をはるかに超えるから、右のような事情を一応念頭におくだけで、坂田氏とロストウが史的唯物論を批判しながら構築した方法論をとりあげ、のちにはベラーも論じよう。

『明治維新史の問題点』において、坂田氏は独特の方法論を展開している。氏によれば、

「まず第一に、人間は目的をもって主体的に行動するものであるから、人間の行動およびその結果としての歴史を理解しようとするならば、人間行動の目的を知らねばならない。そして第二に、人間は目的をたてるために認識し、この認識にもとづいて目的を立てるのであるから、目的は認識から説明されなければならない」。したがって、「歴史学では、まずどのような環境の下でどのような対象に関してどのような認識が生れたかという事実を叙述することからはじまって、認識から目的を、目的から行動を、行動から結果を説明するという方法がとらるべきである」。このようにして認識の問題がもっとも重要になる。「歴史学では特に、主体である社会的勢力がもっていた認識の内容が明らかにされなければならない」、しかし「認識が問題になる場合、重要なのは環境との関係ではなく内容そのものである」。

右のような方法論にもとづけば、歴史学はそれぞれの社会勢力の認識内容を明らかにすることに還元され、高い認識をもつのはエリートとエリートを生んだ特定の集団なのだから、歴史の推進力はエリートとエリートが属する特定の集団の認識能力にかかっていることになる。私の考えでは、このような方法の誤りを発見するためには、人間は「正しい（客観的な）認識」にもとづいてのみ目的を立て行動するものであろうか、と問うてみればよい。そうすれば、人間はしばしば誤った認識にもとづいて行動するばかりか、感情や道徳的信念等々からも目的を立てて行動するものであるから、「認識から目的を、目的から行動を、行動から結果を説明」できるのは、ごくごく限られたばあいであることがわかる。なるほど人間は主体的に目的を立てて行動するものであり、存在によって決定されるものではないという点で、坂田氏と史的唯物論は一致する。しかし、人間の意識は、正しい（客観的科学的な）認識をもひとつのモメントとしながら、さまざまの主観的願望や意志や自己欺瞞や信念やをふくんだひとつの世界観なのであり、このような世界観にもとづいて人間は行動する。そしてその世界観は歴史的なものであり、世界のなかにふくまれる客観的認識や人間の願望や意志や自己欺瞞なども歴史的に特有な構造をもっているから、人間を行動にかりたてる歴史的に特有の構造をもった世界観を分析しなければならない。さらにまた、世界観が右のようなものであるからこそ、歴史の客観的な過程はそれに参加した人間の意識とは独立に進展し、そこに意識過程とは独立した客観的過程（意識過程も研究者の立場からはひとつの客観的過程であるが）の研究が必要となる。坂田氏は、人間がしばしば誤った認識にもとづいて行動するという問題を試行錯誤の問題として処理し、正しい認識をもったものがいつも勝利をうるとは限らないが、正しい認識をもったものが主導権を握らなければ矛盾は解決されぬから、「何時かは正しい認識をもったものが主導権を握ることになるのであろう。その時点で変革の歴史は終る」とのべている。これはどこか「現実的なものはすべて合理的である」というヘーゲルの命題に似ているようだ。明治維新は正しい認識をもつものが主導権を握る過程であり、彼らが正しい認識をもっていたことは彼らが主導権を握って社会を安定化させたことによって（「変革の歴史は終」ったことによって）証明されている、というわけだ。そこでは、虚偽意識（イデオロギー）はなぜ生まれるかという問題が前もって回避されている。

右のような方法論がその欠陥をはっきりと示すのは、民衆運動の評価であろう。この本が黒正厳氏の見解を採用して民衆運動にまったく否定的な評価を与えていることはさきにのべたが、運動している人間の意識に現れている知的水準を問題にするという方法をとれば、右のような結論に到達するのは必然的であろう。民衆は知的水準においてエリートよりも遅れており、その運動はしばしば非合理的で復古的なものとなるから、そのような民衆を意識の現象面（典型的な例としては、右の書物があげている学制反対一揆や藩主の復帰を求める一揆）からみれば、遅れた反動的なものとすらみえる。しかし民衆は、そのもっとも遅れた現象形態をとることによってすら、客観的矛盾を暴きだして攻撃をしかけており、学制反対一揆というような一見反動的な目的を掲げることすら、民衆的自覚の一形態である。封建社会においては、肉体労働と精神労働は厳しく分裂しているのであるから、民衆の知的水準がエリートのそれより遅れるのは当然であり、そのような歴史的に与えられた条件のもとにおける階級闘争や民衆の自覚の歴史的に特有の形態が研究されねばならない。人間の意識の歴史的に特有な形態を研究するということは、人間が意識していることをその人間の主観によりそってそのまま認識するのではなく、その主観は特有の歴史的形態をとった世界観であると考え、その主観が未だ充分に把握していないその世界観の隠れた意味も合せて把握することである。もし人間の意識をその現象面（主観）にぴったりくっついて研究するなら、民衆闘争はしばしば遅れた反動的なものであり、またこの書物がのべているように封建支配者はしばしば熱烈な愛民主義者だったことになるだろう。しかし人間は、自分自身にもまだ隠されている動機にもとづいても行動し、行動を通じて（最広義には全人類史を通じて）いつかその真の動機や真の意味を明らかにしてゆくことができる。だからこそマルクス主義者は、人間の意識の問題を虚偽意識や可能意識（L・コルドマン）の問題としてとらえるのである。

ロストウは、史的唯物論を論駁するためにとくに「人間方程式」なる一節を設けているが、ロストウ理論と史的唯物論のもっとも根本的な相違は「人間の動機」をどうみるかという点である、とされている。ロストウによれば、史的唯物論とは経済決定論のことであり、マルクス主義の人間論は経済的利益の追求者ということに還元される。しかしロストウによれば、「人間はもっとも複雑な単位」であって、人間は経済的利益を求めるだけでなく、権力や余暇や冒険や安全や文化価値や愛情をもとめて行動するものである。だから、近代化を推進する人間の主体的な力も、経済的利益の追求とそこから生まれる階級闘争だけによって説明することはできず、右にのべたようなさまざまな動機によって説明しなければならない。ここでロストウは、史的唯物論における下部構造の規定性という考えを、人間の意識構造における経済的利益追求欲の優先という意味に解しているが（さきにのべた討論の参加者も高橋氏を除けばおなじ意味に解している）、ひどい曲解であろう。ロストウがいう権力や余暇や冒険や安全などを求める人間の意識は、そのような形態であらわれた下部構造の意識化現象であろう。もし階級関係が、人間の歴史において直接的にかならず階級関係、生産関係として意識されるものであるとしたら、人間の歴史はどんなに単純なものであったろう。人間は階級関係をふくめて全体の社会関係を権力や安全や道徳や宗教等々の問題として間接的に特有な形態で意識してきたのであり、私たちは歴史学において、権力や安全や道徳や宗教等々として主観的に意識されたものの真の意味を彼らの主観的な意識とは独立して明らかにしようとしているのである。

知的要素を重んずる坂田氏とさまざまの動機を主張するロストウは、一見ひどく異なるようだが、人間が現に意識していることを重んずる点で共通している。彼らは人間をその人がいま現に意識しているとみずから信じている意識からとらえ、そのような意識現象を支えるまだ意識化されていない全体的な人間構造をとらえない。
ロストウは、人間のさまざまな動機を重んじ、その動機が行動を決定するものと考え、そこから「固定的、必然的な発展段階」ではなく、「選択の型」を導き出す。つまりロストウによれば、人間は自分の意志決定によって、対外侵略でも福祉国家でも高度消費時代でも任意に選択できる。このような「選択」においてはエリートの役割が重要であろうが、こうしてロストウによれば、人間は歴史発展のモメントを全体として自由に操縦できるのであり、坂田氏によれば、エリートの知的認識が歴史発展の全モメントを掌中にしている。いずれにしてもエリートの意識が歴史発展の全モメントを握っているのである。エリートが日本の独立をめざして努力すれば独立が得られ、産業化をめざせば産業化が得られ、民衆の幸福を求めれば民衆の幸福が、平和を求めれば平和が得られる。

以上のような理論が、エリートを生みだした諸関係から切り離してエリートをそれ自体として重視する前述の考え方にふさわしいことは明らかであろう。そこではエリートの有能さが高く評価されるばかりか、有能さを支えるエリートの意志や願望や努力も肯定的に評価されることになる。ところで、これまでのべた人たちの大部分が下級武士革命論（明治維新、近代産業、諸制度、文化すべてにおいて）であること、そして下級武士の役割が彼らの階級的立場や民衆運動との関連からではなく、彼らの主観的な意識自体から高く評価されていることはすでにのべたが、そのように考えるなら、下級武士の世界観を支えていた儒教の意義が高く評価されることになるのは当然であろう。『ロストウ理論と日本経済の近代化』の討論参加者のうちで、馬場氏や武藤氏が武士階級に担われたものとしての日本の近代化を積極的に評価することに努め、武士階級を「単なる搾取階級」と定義してはならない、などとのべていることはすでにのべたが、このような立論の背景にあるのは、儒教の高い評価である。馬場氏も武藤氏も日本の儒教をウェーバーの意味でのプロテスタンティズムに類似するものと考え、そこにはパブリックなものに対する責任意識、世俗内禁欲主義、合理主義などがみられるとしている。そして国家主義は、このような儒教によって内面的に基礎づけられたものであって、ウェーバーの意味での近代化への動機づけをもったこの国家主義が、日本の近代化のエートスであったとされている。

右のような考えを、もっとも体系的にのべたのは、ベラー『日本近代化と宗教倫理』である。

ベラーによれば、日本の近代化の基礎は西欧のそれとはまったく異なる。西欧の近代化をひき起こしたものは、個人主義およびそれと結合した利益社会の志向であり、日本においては伝統的社会の特殊な構造であった。日本の「近代化の過程は、革命的要素によって明らかにすることはできず、伝統社会自体の構造によって明らかにしなければならない」。そして伝統社会のなかでベラーが注目するのは、「経済的要因や社会階層」ではなく、社会価値であるが、社会価値はそれぞれの社会で経済構造や政治構造よりもはるかに恒常性をもった特有のものであり、日本ではそれは忠である。この忠の対象を国家に集中させ、忠を「最高度の能率と最少限のエネルギー」をもって、目的合理的に、世俗内禁欲的に遂行することによって日本は近代化したのであり、「富の増大は（忠の実現のための）単なる手段にしかすぎなかった」。こうしてベラーも下級武士革命論であり、この忠意識を支えた理論として儒教、国学、心学などが高く評価される。ベラーが高く評価するものは、まさに私たちが封建的とか前近代的とかいって批判してきたものにほかならないが、彼は、「もし私が伝統的日本社会の肯定的側面のみを過大に強調する誤りを犯したとしても、日本の戦後の知識人は、反って一般にその否定的側面のみを強調する誤りを犯すものといえよう」とのべている。そしてさらに、「明治以後の日本の近代化の過程は、特殊でもゆがんだものでもなく、きわめて自然な事実それのみが可能な道だった」。

尊攘討幕派の指導者、明治政府の官僚、代表的な資本家などは、しばしば自分は儒教的な忠意識にもとづいて行動しており、資本主義の発展も官僚制の発展も自分が大金持になったことも忠誠の結果にすぎないと信じていたが、ベラーの理論はこのような明治の指導者の主観にぴったりとより添っている。それは、当該社会に支配的な社会的価値（日本では忠）を社会発展の主要な原動力とするベラーの方法から必然的に生まれる結果である。だがそれならば、近世の儒学や国学のなかに深く根ざした忠意識がかならずしも合理化の方向だけをたどらず、心情的呪術的な天皇信仰へと収斂し、前近代的な精神構造を再生産（しばしば拡大再生産）したのはなぜか。この問題を丸山真男氏は右の書物の書評のなかで追求しているが、私の考えでは、旧い社会構造という場でなされた近代化＝合理化＝産業化こそがあらたな矛盾を生みだし、その諸矛盾にたいする批判や隠蔽として前近代的な精神構造が再生産されるのである。読者はたとえば、「現世の実力がすべてを決定する」という竹山氏の言葉を思いだしてみればよい。現実社会がもしそのように実力主義であるとするなら、社会的タテマエとしてはかえってあまりに赤裸々な実力主義は隠蔽しなければならず、したがってそこに非合理的でおそらく心情的な共同体的イデオロギーが形成されやすいことがわかるであろう。近代化のひき起こす諸矛盾にたいする批判が、なぜ前近代的な思想構造をとりやすいかは別の機会にのべてみたいが、その諸矛盾の隠蔽の役割をはたす儒教思想について、いくらか唐突だが漱石の『それから』の主人公代助の父、長井得の場合について考えてみたい。代助の父長井得は、藩の財政整理から頭をもたげて、維新のどさくさのなかで、「大分の財産家」になった人物であるが、彼は旧藩主に書いてもらった「誠者天之道也」という額を麗々しくかかげて、自分は国家社会のために尽くす以外に余念がなかったように思い込んでいる。ここで長井得は、自分の資本家らしい功利欲をみごとに隠蔽する虚偽意識を身につけており、だから近代人代助からみれば、「父は自己を隠蔽する偽君子か、もしくは分別の足らない愚物か、何方かでなくてはならない」のである。

このような例において、長井得の主観に即してみれば忠意識にもとづいた目的合理的な行動であるものが、近代人代助からみれば偽君子か愚物か「何方かでなくてはならない」ことが大切である。そして忠という社会的価値が人びとを行動にかり立てた原動力であったとするベラーは、長井得の主観をそのまま代弁しているのであり、その虚偽意識性を暴いて彼の生活原理の隠された意味を明らかにしようとしないのである。なるほどその主観に則して考えれば、長井得のような人物は道徳的に正しいばかりか目的合理的であり、私たちは彼の偉大さにうたれるばかりかもしれぬが、しかしこうした主観の実現過程にひき起こされている諸矛盾は、そこではみごとに隠蔽されている。

右にのべたような見解が、史的唯物論を経済決定論であると考え、それにたいして主観的または主体的なものの重要性を対置していることは明らかであろう。E・H・カーによれば、「ヘーゲルとマルクスと決定論に知ったかぶりの軽蔑の態度」を見せ、主観的要因や偶然的要因の重要性を強調することは、現代のアメリカとイギリスの歴史学者においてはほとんど例外のないほど一般的現象であるが（『歴史とは何か』一九六二年、岩波書店）、こうした史的唯物論の歪曲は、マルクス主義のなかに燃え立っているヒューマニズムと理想主義が広範な民衆をひきつけてゆくことにたいする彼らの秘かな恐怖を表わすものかもしれない。しかし、このような歪曲自身が、それを充分に論破しうる理論構築をマルクス主義者に迫っているのだともいえよう。

＊　＊　＊

右にのべた人たちの多くは、現代日本を経済的には高度成長のゆえに満足でき誇るべきものと考える。ただ、すでにのべたような近代化の特質のために、欧米的なデモクラシー＝議会主義が確立せず、政治的に不安定なところが不安である。桑原氏を別とすれば、おそらく右にのべたすべての人たちは、急速に発展する日本経済と大衆社会化を基礎として、ある程度の福祉国家化をすすめ、欧米的民主主義（議会制、多数決、少数意見の尊重、秩序の尊重、漸進主義など）の習慣を確立し、現代日本社会が欧米社会に近づくことによって安定化されてゆくことを望んでいる（このような願望をもっとも端的に表現しているのは、スカラピーノと升味氏の『現代日本の政党と政治』であるが、これにたいする江口圭一氏のすぐれた批判〈本誌『新しい歴史学のために』七八号〉を参照されたい）。彼らは、世界にほとんど類をみない高度な経済成長という日本社会のひとつの現実をふまえて、テレビと電気洗濯機を買い入れて自家用車の値段と型について噂しあっているような日本の民衆のささやかな幸福感をくすぐり、民衆が日常的なささやかな幸福の追求のなかで、平和と民主主義と生活の破壊者が、かつて日本帝国主義であったし、やがてまたあろうとしていることを、忘却するようにと呼びかける。こうした動向がどのように専門的な研究領域に浸透しつつあり、思想的影響力をもっているかは、べつに詳しく論じなければならぬが、マルクス主義者もふくめていわゆる進歩的歴史学者たちの多くは、彼らの主張を一つのナンセンスとのみ考え、彼らの主張もまた歴史事実のある側面をふまえており、民衆の日常感覚に訴えうるということを無視し、みずからの問題設定と方法に深く自足して、うむことを知らぬげに洪水のように大量の論文を製作しつつあるようにみえる。

〔追記〕

三〇年以上も以前に書いたこのような内容の文章について、年老いた現在の私がなにかを付言しようとすれば、後知恵による弁解か、慚愧か照れ隠しか、いずれにしてもとても落ちつきが悪い。また、ソ連と東欧の社会主義体制の崩壊や現代中国の動向などをもって、近代化論の勝利、性急なイデオロギー的批判の失敗と思う人も多いはずで、そうした視角からすれば、この小論も戦後日本の進歩主義が残した累々たる残屍の一片ということになろう。だが、この小論でとりあげているような近代化論が一方的に勝利すれば、それは人類にとってもっとも悲惨な結果をもたらすだろうと考える点では、いまの私もたいして変りばえしていない。それに、さまざまの稚拙さはともかくとして、この小論には研究者としての私の出発点が、善かれ悪しかれ、端的に表現されていると思うので、恥を忍んで本書に収録することとした。たとえば、この小論中の「3「史的唯物論」＝経済決定論の批判」における意識研究の方法論や民衆運動への言及が、その後の私の重要な関心対象となって今日に及んでいることは、今回の収録にさいして読み返してみて明らかだった。また、恥の上塗りとなりそうなことをつけ加えると、この小論に先立って発表した二論文、「近世思想史における道徳と政治と経済——荻生徂徠を中心に——」（『日本史研究』四九号）と「近代的社会観の形成」（同五三号）では、「生産力」という視点を日本思想史研究の新しい分析視角として押しだしているが、それは戦後日本の進歩主義にしばしばみられたある種のリアリティの感覚の欠如への批判で、近代化論的リアリズムを私なりに受けとめようとする立場のあらわれであった。

十三　反動イデオロギーの現段階——歴史観を中心に——

〔『歴史評論』二一三号、一九六八年〕

1　イデオロギー闘争と歴史意識

歴史観の問題は、現代日本のイデオロギー闘争のなかでとりわけ戦略的な重要性をもっている。そのことに誰も異存はないと思われるが、それでは現代日本の支配階級の歴史観のもっとも本質的な性格をどのように把握したらよいのかということになると、かならずしも明快には答えられていないと思う。支配階級の歴史観といっても、それはきわめて多様なものであり、矛盾や故意の歪曲にみちているばかりでなく、願望や善意から陥った誤謬もあれば、一定の事実認識をふまえた部分もある。イデオロギー支配の論理としてすでに有効性を発揮している部分もあれば、現代日本の民衆にたいして容易には説得力をもちえないだろうと思われる部分もある。「真理は一つされど誤謬は多し」というわけで、要するに支配階級は自分の役にたつものはなんでも手あたりしだいに利用するのだ、ともいえる。しかし、そうした多様性を通じて、主導的な論理上の特質も把握できるし、イデオロギー的な機能も分析できると思う。

長期的展望からいえば、現在支配階級が試みているのは、戦前の天皇制イデオロギーにかわるあらたなイデオロギー支配の体制を樹立することである。あらたに樹立されようとしているイデオロギー支配の体制は、いまのところ、近代化論をふまえたあらたな国家主義と規定できるように思う。そのことは「明治百年祭」準備会議における佐藤栄作首相のあいさつや「明治百年祭」の理念をあらわす「明治百年を祝う」という有名な文書をみれば明らかだと考える。すなわち、それらはいずれも、その前半部では明治維新以来の日本近代史が経済成長において謳歌され、後半部あるいは最後の三分の一ほどで現代日本の精神的荒廃を慨嘆して伝統的精神主義の再生を主張している。これらの文書は、この二つの部分から構成されているのであって、そこには、あらたなイデオロギー支配の体制の基本構想が示されているとともに、彼らの危機意識の性格も示されている。これからも、状況と問題に応じて、あるときは近代化＝経済成長を主として、あるときは国家主義と精神主義に重点をおいてイデオロギー支配の確立がすすめられてゆくであろう。

敗戦にいたるまでの近代日本の支配イデオロギーを天皇制国家主義とよぶとすれば、それはたんに、天皇や国家についての狭義の政治思想を意味するだけではなかった。それは、①個人生活の領域における行動原理としての通俗道徳、②社会や政治の次元における、天皇主権の国家主義、③世界観と思惟様式の領域における、精神主義や直観的方法などの諸領域をふくみ、しかもそれら諸領域は論理的次元だけでなく心情的次元でも強い生命力をもっていた。それは人間の意識の全域にまたがるきわめて強大なイデオロギー支配のシステムであり、そのシステムを通じて厖大な人間的エネルギーが、支配体制を支えるエネルギーへと動員されていった。だが敗戦と戦後民主主義は、こうしたイデオロギー支配のシステムをそのすべての領域で破壊したのであり、その破壊を通して戦後民主主義を支えた諸理念――民主主義、平和主義、国際主義が民衆の通念として定着していった。「自由がほしい」「もっと民主化せよ」などといえば、誰にもその意味が了解しうるような切実さが伝達しえたところに、戦後民主主義が民衆の通念としていかに強い浸透力をもったかということが示されている。しだいにその内容が風化し擬制化していったにしても、民主主義、自由、個人の権利と幸福、平和などの理念を通じて民衆のエネルギーを動員せざるをえなくなったところに、敗戦を境とした日本社会の質的な転換が明示されている。そうしたイデオロギー状況は、現在でもすっかり転換してしまったわけではない。

ところで、ここでは、敗戦を境としたこうした社会意識の転換を歴史観の側面から支えるものが、マルクス主義歴史学、ことに講座派歴史学であったことが重要である。敗戦によって、天皇制国家主義の一環としての皇国史観の欺瞞と空虚さがいっきょに明らかになったとき、歴史、ことに明治維新以降の日本近代史の全体像を一貫した方法と論理によって提示し、「現代」を歴史の光のなかに開示してみせたのは、なによりもマルクス主義歴史学であった。もちろんすべての歴史家がマルクス主義者になったのでもなければ、一般の民衆がマルクス主義者になったのでもない。しかし、すべての歴史家はマルクス主義から圧倒的な影響をうけたし、一般の民衆にとっても、みずからの体験と実感を反省し整序してみればマルクス主義者の提示する歴史像の重要な諸側面をごく自然に受容してゆく、というような事情があった。さまざまの媒介をへながらではあるが、マルクス主義歴史学の近代史像は、敗戦と民主改革の過程で広範な民衆に受容されてゆき、戦後民主主義を支える論理として機能したのである。もっとも、歴史学固有の領域では、マルクス主義の影響が圧倒的であったが、戦後民主主義を支えた論理の全体を考えるばあいには、マルクス主義と近代主義諸理論をあわせ考えるべきであろう。両者は、緊張・対立・誤解などをはらんだ複雑な関係にあったが、戦後民主主義を支える論理としてはむしろ相補的に機能したと私は思う。マルクス主義は、近代主義諸理論に欠如している全体像を提示し、近代主義諸理論は、マルクス主義によってはみたされなかった意識や主体性の領域をとりあげた。だが、両者はともに日本近代史をもっとも主要な分析対象とし、また問題意識形成の場とすることで、戦後民主主義の諸理念を歴史的パースペクティヴのなかに支えた。両者の論点はうまく切点を形成していないが、戦後民主主義との関係でみれば、両者が相補的に機能することでより広い領域をカバーしてきたのではなかろうか。それはともかく、現代日本の支配階級があらたなイデオロギー支配の体制を樹立しようとすれば、それはかならず戦後日本の民衆のなかに通念化した民主主義、平和主義、国際主義の否定のうえにたつものでなければならず、その否定のためには、マルクス主義と近代主義にかわる歴史のあらたな全体像を樹立しなければならない。そこで、支配階級のイデオロギー攻撃は、学問と思想の分野ではマルクス主義と近代主義に集中され（両者への攻撃の仕方は異なるが）、ことに日本近代史の全体像をめぐって展開されたのである。

支配階級の立場からするあらたな歴史像の形成は、一九五五、六年ごろから展開する日本経済の高度成長を背景としたいわゆる近代化論にはじまるということには、あまり異論がないであろう。近代化論は、あらたな国家主義イデオロギー形成のための一経過点にすぎないとしても、現在さまざまの形で高唱されている国家主義と精神主義の再評価や伝統への回帰は、近代化論による日本の近代化の肯定的なとらえ方を前提とし媒介としながら登場してきたのだと思う。支配階級の側からすれば、高度の経済成長という観点から日本近代史をとらえることによって、はじめて「歴史」の全体を彼らの側に奪回する見通しとチャンスを見出したのであり、日本の近代化＝高度の経済成長という歴史把握を現代日本の大衆社会的な状況のもとでの民衆の願望や欲求に連繫することで、あらたなイデオロギー支配の可能性をきりひらいたのだといえよう。しかし、近代化論は、広範な民衆に現代日本の支配体制への積極的な献身を説得する論理とはなりえない。高度の経済成長が結局は人びとの生活を向上させるという文脈は、一定の説得力をもつとはいえ、それが事態の一面にすぎないことを人びとはほとんど本能的に見抜いてしまう。近代化論の説得力は、経済成長の停滞によって失われるだけでなく、経済成長そのものによってさえ失われる。そこで、自己犠牲をともなう献身と服従を義務づける論理として、伝統的な国家主義と精神主義がふたたび登場してきた。最近の軍事問題の切迫化と佐藤内閣の右傾化のもとで、こうした要請がことさらに緊急のものとなってきた。そして、いったん国家主義とそれにまつわる諸観念が復活しはじめると、戦後民主主義のもとでは閉塞せざるをえなかった諸観念がつぎつぎと再生してきた。支配階級は、戦後民主主義の発展線上に未来を構想できないので、現代との断絶のために伝統的諸観念をよびもどそうとする。そのさい、彼らは、伝統的諸観念が歴史の現実のなかでどのような役割をはたし、どのように批判され克服されてきたかをみまいとしているので、伝統的諸観念を追放した責任はもっぱら進歩的歴史学にあるということになる。こうして、「革新の名においてわが国のよき伝統と美しい歴史を忘れ、すべての過去を否定し、それを破壊しようとする」「占領史観からの脱却」（自民党の「昭和四十三年党活動方針」）が緊急の課題とされ、「民族の本来の姿をさし示」すように歴史像を再構築しようということになる。

現代日本における支配イデオロギーの展開過程を、私は、あらたな国家主義の成立としてとらえたい。(注)この小論では、近代化論にはじまり「大東亜戦争肯定論」をへて「明治百年祭」にいたる反動的歴史観の展開過程を、そうした視角から考察してみたい。

（注）『歴史学研究』三三〇号の「特集〈明治百年祭〉批判」は教えられるところの多い力作であるが、そこでは現段階の反動イデオロギーの性格はファシズムと規定されている。そして、その論拠は、安岡正篤その他の戦前型超国家主義者がイデオロギー攻撃の中核的役割をになっているという判断である。だが、戦前型超国家主義がそのまま復活するはずはないのだから、イデオロギー状況とイデオロギー闘争の中心問題が戦前型超国家主義におかれてよいかどうか疑問である。著者たちも、おそらくそのことを意識して「しかしながら、むしろ危険なのは、一見すればスマートにみえる『近代化論』のはたす役割である」などとものべているが、こうした見解は全

体の論旨のなかにうまく位置づけられていないように思う。それはともかく、右の特集号では、戦前型超国家主義者が最近になって急速に発言力を強化してきたという事実と、敗戦後二〇余年の歴史をふまえたあらたなファシズムはどのような論理と心情の脈絡から展開するのかという問題とが、曖昧に混融しているのではなかろうか。私には現段階の反動イデオロギーの性格をファシズムと規定すべきかどうかはよくわからないが、ファシズムと規定するさいには現代ファシズムの現代的たるゆえんを明らかにする視角が不可欠だと思う。

2　近代化論の役割

一九五〇年代後半に論壇に登場し、六〇年代初頭にはそのオピニオン・リーダーとなった近代化論は、戦後日本のイデオロギー状況を根本的に変革する転轍手となった。その事実認識、論理、心情、客観的役割などの特徴はどのようなものか。すでに多くの紹介と批判があるけれども、(注) ここでは私なりの概括をおこなっておきたい。

（注）文献については、前掲『歴史学研究』の文献目録を参照されたい。ただしこの文献目録は批判者側の文献を主としたもので、批判対象の方はごく大雑把である。また、批判者側の文献を

主とするのなら、山田宗睦『危険な思想家』(一九六五年、光文社)や武井昭夫『現代日本の反動思想』(一九六六年、晶文社)のような力作を省略するのはあまり公平ではないと思う。

一　近代化論のモチーフは、マルクス主義を批判してあらたな歴史の全体像を樹立することである。日本のマルクス主義者ことに講座派が、日本の歴史をあまりに否定的に暗くえがいているというのが、五〇年代後半の近代化論の出発点であった。桑原武夫氏や梅棹忠夫氏は、一方では、五五、六年からはじまる日本経済の高度成長を背景とし、他方では、A・A諸国での旅行体験を通じて、日本もなかなかたいしたものではないかという確信に到達した。梅棹氏がその体系を構想したのは、五五年のインド旅行のときであり、素材的には四二年以降の大陸旅行の体験による、という。桑原氏や梅棹氏は、インドやパキスタンなどの旅行によって彼らなりにすさまじい貧困と矛盾に触れ、そこに発想の根をおいている。桑原氏が、自分は眼がいい、観察者としてすぐれているという意味のことを語るのを私は聞いたことがあるが、氏らはA・A諸国の政治的に独立することでは解決しなかった深い矛盾を体験したのである。ところが、A・A諸国の近代化がいかに困難であるかが明らかになっていったちょうどそのころ、敗戦によってすっかり荒廃した日本、西独、イタリアがすさまじい勢いで「奇跡」の経済復興をとげた。そこで、A・A諸国の旅行体験をふまえ、これら諸国との比較で日本社会をみることが氏らの主要な方法となる。そして、これら諸国のすさまじい貧困を体験してみれば、なにはともあれ、近代日本における急速な生産力発展という事実が決定的な意味をもってきたのである。講座派や近代主義者が、日本と西欧との比較史的考察を理論基軸としたのにたいし、氏らは比較軸を転換して、日本とA・A諸国との異質性の主張を基軸にして歴史をみることになった。

ところで、桑原氏や梅棹氏のよいところは、体験から論理を構成する立場に徹しようとすることにあると思う。梅棹氏は、書物からばかり理論を構成する人が多すぎるとのべ、「僕は自分で本を読んで、少したくさん本を読んだ時期には、いつも悔恨の情に駆られる」(『未来への対話』)などとのべている。だが、右の問題との関連でいえば、旅行体験という直接的体験によってはっきり認識できるような問題もあれば、その直接的体験に固執することでかえって見えなくなるような問題もあると思う。梅棹氏は、旧世界を二つの異質な地域に区分しているが、現実には二つの地域は世界資本主義によってむすびついているひとつの事態の表と裏なのであって、このむすびつきを離れて二つの地域の異質性を論ずることは困難である。だが、直接的体験に固執すれば、インドの饑餓と貧困はインドの饑餓と貧困そのものであり、イギリス帝国主義がいかにインドを荒廃させたかという問題視角は生まれにくい。氏らの主張には、私たちの世界認識を発展させうる重要な契機がふくまれていたと思うが、全体としては、インドのすさまじい貧困と日本の生産力発展を比較して日本の近代化を謳歌するというような方向に道を拓くことになった。その結果、桑原氏や梅棹氏がみずからは軍国主義者でも侵略主義者でもないことは明らかなのに、軍国主義、侵略、民衆抑圧などの問題は、生産力発展という至高の価値にとっての必要悪とされたり、従属的な意味しかもたぬものとされた。そしてこうした価値序列を認めてしまえば、そこから竹山道雄氏の「明治日本の国家主義を主軸とする進歩は大成功をおさめた。……侵略的膨張主義は当時のすべての活力ある国がやったので、日本の罪はそれを遅くはじめて無理をしたということだった」(『日本文化の伝統と変遷』)という「侵略的膨張主義」への居なおりが生まれるのは必然であった。桑原氏や梅棹氏の論理は、客観的には、戦争やファシズムについての心の痛みを融解する役割をはたした。

二　近代化論を論壇の主流へとおしあげていった客観的背景は、なによりもまず五五、六年にはじまり六〇年代初頭に頂点にたっした日本経済の高度成長であった。この未曾有の経済成長の渦中で、おそらく民衆の価値意識の重点は民主主義や個人の権利や自由などから経済的、功利的なものへと移ってゆき、経済成長の成果が民衆生活の向上に均霑されることを期待するようになったのであろう。見田宗介氏は、戦後のベストセラーを分析して、戦争直後には人生論的なものと現代社会への関心をあらわすものがベストセラーであったのに、六〇年代になると実用的な知識を求めるハウ・トゥものの全盛期になるとのべ、その代表として、『頭のよくなる本』、『記憶術』、『英語に強くなる本』、『性生活の知恵』、『私は赤ちゃん』などをあげ、「それらのリストは、いわば現代日本人の欲望のカタログとして読むことができる」とのべている。そして、全体の傾向を概括して、「時代と人生の「意味」にたいする根元的な問いかけから、日常的な幸福や生活技術の追求へ。戦後十八年目の今日、われわれは精神の「健全さ」を取り戻したのか、それともそれを失ったのか」(『現代日本の精神構造』、傍点は見田氏、一九六五年、弘文堂新社)と結論している。

ところで、生活体験にそくして論理を構成しようとする桑原氏や梅棹氏の立場は、見田氏が社会的視野の喪失と日常的私的生活への跼蹐としてとらえたこうした大衆社会的状況下での庶民の生き方に対応している。梅棹氏は、「自分の立場を自分の生活の中で考える」のだ、大衆の生活本位に考えるのだとのべ、その立場から、「私の持っている枠組から考えて、戦後二〇年を大づかみにとらえれば日本のコースは戦後にその本来の軌道にもどった、ということになると思います。だいたい、明治、大正からずっと一定のコースを歩みつづけてきたのに、第二次大戦中はしばらくのあいだ、そのコースからひどくかけはなれて、いわば谷間におちこんでいた。それが、戦後はもとのカーブにほぼもどった、というふうに私はうけとっています」(「語りつぐ戦後史」『思想の科学』一九六七年六月、のちに『語りつぐ戦後史』)とのべている。ここで梅棹氏がのべていることは、庶民生活の次元からは、(江戸時代から)明治大正をへて現代まで、一時的な「谷間」をのぞくと一連の発展だ、ということである。こうした把握の問題性は、その「谷間」をとらえようとする問題意識も論理も欠如していることにある。だから、右の引用にすぐつづく部分で、戦争とファシズムについては、「一時ひどくおかしかった時期がある」、「病的展開」があったとしか把握できない。だが、「病的展開」にもその特有の病理があるはずだ。ところが梅棹氏は、個人の生活次元に密着しすぎるために、個人生活をその内部にふくみこみながらも、しかし個人生活とは独自に展開してゆかざるをえない全体社会の構造、矛盾、運動法則への認識の契機をもつことがない。社会は、個人生活のたんなる集まりではなく、諸個人がつくりだしたものでありながら、諸個人の願望や意志だけではこわすことのできない特有の構造、矛盾、法則をもった巨大な怪物であり、そのようなものとして個人の生活を鷲づかみにしている。そのことを小市民的な生活体験に即しようとするプラグマティズムの方法は把握しえないのである。

経済の高度成長を背景として、日常的欲求の主体としての民衆に注目することは、「転向」のためのかっこうの跳躍台となる。こうした転向事例は数多かったと思われるが、桑原氏が日本の民衆は幸福感にひたっているとみることで思想的転換をとげた（ひろた・まさき「現代日本における近代主義の限界――桑原武夫について――」『歴史評論』二〇六号、参照）のはその一例である。また戦後民主主義のオピニオン・リーダーの一人であった清水幾太郎氏の転換も、おなじような民衆観の変化によるものだった。すなわち、安保反対闘争の体験は、清水氏の内心に、第一に既成の反体制運動指導部にたいする絶望的不信感をうえつけ、第二に大衆の根深い政治的無関心を教えた。そして、安保反対闘争以後、第一の問題をとりあげて既成指導部をはげしく批判していた氏は、六三年になって突如、「百年前のマルクスへ遡るのでもなく、社会の外へ出てしまうのでもなく、今日の社会の真中へ一歩でも進み出る」（「無思想時代の思想」『精神の離陸』、一九六五年、竹内書店）と宣言する。清水氏によれば、戦後の反体制運動は、民衆が民主主義と平和と社会主義の理念のために献身的に蹶起することをアテにしてすすめられてきたが、現実には、たえず民衆の政治的無関心という厚い壁にぶつかって挫折をかさねてきた。しかし考えてみれば、そうした理念に献身できるのは、政治を論ずることを職業としている知識人や政党人だけであり、そうした理念を中核とする政治運動に大衆が無関心なのは当然である。大衆の関心は、テレビや電気冷蔵庫やマイ・ホームにある。「「君が代」の歌詞が切実なリアリティを失ってしまったのと同じく、「起て、飢えたる者よ、今ぞ、日は近し」という「インタナショナル」の歌詞も、切迫感のない儀式的なものになっている」（同右）と清水氏はいう。こうした主張は、大衆社会的状況の描写として一面の真実をふくんでいようが、しかし、民衆がなによりもまず日常的欲求の主体として存在していることに、清水氏は六二〜三年の段階になってやっと気づいたのであろうか。いや、清水氏はそれほど迂闊な思想家ではなかった。ほんの一年ほど前の氏は、「「マス・ソサイティ」それ自身、私にとっては、一方、正面から認めねばならぬ事実であり、他方、これに腰を据えていてはならぬ事実であった」（「大衆社会論の勝利」『現代の経験』、一九六三年、現代思潮社）と書くことができた。日常的欲求の主体である民衆は、また日々にその欲求を社会と歴史の全体のなかでみつめることを通して、根元的、全構造的矛盾のなかにみずからを発見してゆかざるをえない存在にほかならない。日常的欲求の次元でのみ民衆をとらえることは、日常性の割れ目からたえず顕在化しつつある根元的な矛盾に眼をつむるよう、思想的に武装解除するよう説得することにほかならない。

三　五〇年代後半に論壇に登場した近代化論は、マルクス主義に対抗する歴史像をはじめて提示することで大きな影響力をもったけれども、まだ支配イデオロギーの主流になったわけではなかった。近代化論が論壇に集中的に登場し、あらたな支配イデオロギーとしての地位を確立したのは、安保反対闘争のあと、六一年から六三年にかけてであった。そのさい、五〇年代後半とは比較にならぬほど多様な人びとが近代化論者として登場してきたが、ことに、経済学者や歴史学者が中核的役割をはたしたこと、ロストウやライシャワーに代表されるアメリカの学者の圧倒的影響のもとに近代化論が展開したことなどが注目される。ところで、近代化論のもっとも重要なモチーフは、前述のように、マルクス主義にかわる歴史の全体像を樹立することであるが、この課題は、ロストウやライシャワーなどのアメリカ人学者のばあい、アメリカの世界政策の論理を再建するうえで不可欠の重要性をもつものであった。第二次大戦後における社会主義圏の拡大とA・A諸国の独立、ことに中国革命と朝鮮戦争は、アメリカの世界政策の破綻を明示したのであり、あらたな世界政策の原理が探求されざるをえなかった。ライシャワーの『転機にたつアジア政策』（アジア協会訳、一九五七年、一橋書房）は、こうした転換点における苦しい模索を示す著作のひとつであろう。ライシャワーは、そこで、「われわれの現在当面している一切の問題は、民主主義と共産主義のいずれを選ぶかという問題に集約される」と規定しながら、それにもかかわらず、「アジア人にはその意味がわからぬだろう」とのべている。ライシャワーによれば、アジア人の選択は民主主義か共産主義かにはなく、ただ欧米と対等になるにはどうすればよいかということにあるのだから、こうしたアジア人の願望を積極的に認め、「民主主義」が「全体主義」よりも「経済の分野でいっそう大きな成果をあげ」ることを「実証」しなければならない。その意味でアジアにおける経済の近代化という「革命」の先頭にたたねばならない。「現実の情勢を仔細に分析すると、アジアの全域を通じて共産主義の方が民主主義より断然有利だという気がかりな結論しか引出せない」のだけれども、それでも、社会主義化のコースとは異なった、近代化＝経済成長の道をみつけださなければならない、というのである。『転機にたつアジア政策』の原題は、"Wanted: an Asian policy"であって、そこでは狂信的な反共主義とそれにもとづく力の政策の破綻が自覚されている。そして、苦しい模索のなかから、近代化＝経済成長はいかにして可能かという問題が核心に据えられてゆく。こうした模索の過程が、アメリカの学界でどのように展開されたかを検討する能力は私にはないが、和田春樹氏によれば、アメリカで近代化論が形成されたのは五八年から六〇年にかけてであり、その契機は五四年のインドシナ休戦と、五七年のスプートニク打ちあげであったという。その理論形成を支えたのは、「多くの国民は共産主義が人類必然の運命であるという観念をうけいれはじめた」のではないか（ロストウ）という深刻な危機感であり、やがて六一年、J・ケネディの登場にさいして近代化論はその世界政策を基礎づけたのだという（和田「現代的「近代化」論の思想と論理」『歴史学研究』三一八号）。ライシャワーは、こうした模索をへて到達した結論を武器として、六一年三月、駐日大使として来日したのである。こうした世界政策の論理の模索と基礎づけのなかから形成されたところに、アメリカ人学者による近代化論の特質がある。

四　右のような意味で、近代化論はアメリカ帝国主義のレーゾン＝デートルを賭けた思索のなかから生まれたものであり、したがって、そのマルクス主義批判も日本の反共主義や評論ふうの近代化論よりもはるかに緻密な論理性をもっていた。近代化論の成立そのものは比較的最近のことだとしても、その背景には、社会科学の一般理論としてのパーソンズその他の社会学があり、経済学的にはドーマーその他の成長分析があり、歴史哲学としてはポパーその他があった。これら諸理論は、さらにM・ウェーバーその他の二〇世紀初頭以来の社会科学諸理論につらなり、ある意味では、近代化論の形成にはブルジョア科学の総力が結集されていたのであろう。そして、こうした学問はアメリカが本場なのだから、六一～三年における近代化論の展開がアメリカの学問の輸入に依存して行われたのは当然である。歴史学界では、これまで「実証」の領域にたてこもっていた人たちに、近代化論とその系統の諸理論は方法論を供給したと思われる。私は、ずっと以前、学生のころに、井上清氏が坂田吉雄氏を評して、勉強はしているが方法論がないから本が書けないんだよという意味のことをのべるのを聞いたことがある。だが、坂田氏はいまや方法論を見出し、つぎつぎと著作しうるにいたったわけである(『明治維新史』『明治維新史の問題点』『士魂商才』など)。近代化論は、論壇次元よりはるかに大きな影響力をもったのであって、たとえばベラー『日本近代化と宗教倫理』の影響はいろいろな形で思想史研究にはいりこみ、鈴木宗憲『日本の近代化と「恩」の思想』(一九六四年、法律文化社)や池田昭『日本の精神構造論序説』(一九六七年、勁草書房)などを生みだした。

近代化論者がマルクス主義を批判するもっとも基本的な理論問題は、上部構造の諸要素、ことに人間の主観的諸側面がどのようにして歴史の形成力になるのかというてんである。ロストウによれば、マルクス主義は経済決定論であり、人びとの行動は「経済的な利害の函数」として把握される。だが、「社会は相互作用的有機体」であり、「人間は単に経済的利益のみならず、権力・余暇・冒険・経験の継続・保障等も求める」「より複雑な単位」である。これがロストウによるもっとも基本的なマルクス批判であるが、一見して明らかなように、もっとも通俗的なそれにほかならない。マルクス主義を経済決定論とみることの誤りはいうまでもないとしても、人間の主観的側面は「権力」、「余暇」、「冒険」などの欲求という、それぞれまったく切離された「独立変数」の集まりであり、それらは人間の客観的存在様式にたいしてはなおさら完全な「独立変数」である。そこでは、人間の主観的側面は、主観の表相においてつかまれているだけであり、「権力」、「余暇」等々の欲求を、そのようなものとして展開させている根拠を、人間存在の内的構造に問いかける方法が欠如している。また、こうした主観的諸側面の完全な独自性の主張は、経済的世界を自己の主観の支配にしたがわせようとする、主観性の恣意的な強調とむすびついている。ロストウにおける「選択」と「バランス」、清水氏における「計画の哲学」がそれである。清水氏の「計画」は、神や歴史に頼らない強い人間のものとされ、社会の客観的法則から隔離される（「計画の哲学」をめぐって清水氏を批判したものとして、梅本克己「マルクス主義の歴史観とその磨滅」『マルクス主義における思想と科学』、一九六四年、三一書房、参照）。ところでマルクス主義を経済決定論ととらえ、それにたいして主観的要因の独自性と重要性を強調することは、マルクス主義批判のもっとも通俗的形態であるけれども、人間の主観的諸側面を歴史の形成力としてどのように分析するかというてんでは、マルクス主義史学の達成はきわめて乏しいといわざるをえない（すくなくとも日本では）。近代化論は、あらためて私たちにそうした分野での理論的実証的展開をせまっているのである。

五　近代化論の立場からは、「根本的な選択は資本主義か共産主義かではなく、インダストリアリズムへの適応か滅亡かである」（清水『現代思想』、一九六六年、岩波書店）。社会主義はインダストリアリズムのための一つの方法であり、かつ後進国が大いそぎで近代化しようとするばあいに採用されやすいひとつの有力な方法である。ロストウによれば共産主義は「権力行使の技術として……恐るべき力をもつ」ものであり、「成長過程を惹き起し、かつそれを持続させるだけの力をもつところの一つの特異に非人間的な政治組織形態」である。後進国ロシアにおいては、右のようなものとしての共産主義の力が存分に発揮され、経済成長を達成した、というのである。清水氏も、おそらくロストウ説を念頭において、ソビエト社会主義を分析する。すなわち、レーニンやスターリンは「大衆の生活水準を引下げながら、同時に大衆を激しく働かせねばならない」という課題に直面していた。そこで、「その生産に資本の要らぬイデオロギーは、不足した消費財の代用品として大衆を堪え難い現実に堪えさせるという機能」(「新しい歴史観への出発」、前掲『精神の離陸』)をはたした。一見して明らかなように、右のような考え方では、共産主義は少数のエリートないし権力者の手中に握られた「技術」であり、民衆自身の主体形成＝思想形成の問題ではない。民衆はただエリートの「権力行使」の対象とされているにすぎない。清水氏はさらにこうした立場から、スターリン崇拝と明治日本の天皇崇拝と現代アフリカのエンクルマ崇拝やセク・トゥーレ崇拝をおなじ機能をもったものだと把握する。それらはいずれも、近代化のための資本蓄積にむけて民衆を堪え難い現実に堪えさせるためのものだ、というのである。天皇制イデオロギーは、近代化のために不可欠の役割をはたしたものとして再評価されたわけである。ところがここでも、天皇崇拝は明治の「俊敏な指導者」が創造したものであり、エンクルマ崇拝やセク・トゥーレ崇拝はアフリカの指導者たちが先進国の事例にならって創造したものであって、いずれのばあいもイデオロギーはエリートの手中ににぎられている。いずれのばあいも、民衆がなにをどのように見すえて思想形成したのかという視角はない。そして、民衆自身の思想形成＝主体形成の問題を切りすてて近代化の問題を論ずれば、生産力の発展だけがクローズアップされることになり、資本主義も共産主義もその手段にすぎないことになろう。

ところで、前述のように、アメリカの近代化論は、アメリカの世界政策の模索のなかから生まれたものであるから、それはかならず現代世界の最重要問題としての戦争と平和の問題に答えなければならない。彼らのマルクス主義批判の要点は、抽象理論の次元では人間の主観的諸側面のとらえ方にあるが、より具体的な次元では帝国主義論の批判にあるといえよう。そのさい共産主義は権力行使の手段として巧妙で強力だという右のとらえ方が重要な意味をもっている。周知のように、ロストウによれば、戦争の原因は、ドイツ、日本、ロシアのような遅れて近代化した諸国が、すでに成熟の段階にたっした巨大な生産力を民衆の消費生活の向上にふりむけずに軍事的進出にむけることにある。これら諸国は、権力主義的支配体制を支えとして近代化してきたために、その支配体制を維持するためには、個人の権利と自由の覚醒につらなるような消費欲求の充足は極力おさえねばならぬのである。ライシャワーが、『近代史の新しい見方』で、近代化の過程で教育とマス・コミが発展せざるをえないことが政治的には完全民主主義と完全全体主義とへの分極化の原因となる、なぜなら、発展した教育とマス・コミのもとで全体主義を実施するためにはよりきびしい全体主義にならざるをえないからだ、とするのも、よく似た意味であろう。発展した生産力をもつ国家は、アメリカ型の「民主主義」国家になるのが正常な発展のコースなのだが、そうならないばあいにはきわめて危険な侵略主義と全体主義におもむく、というわけである。ここで重要なことは、ここからきわめて露骨な力の政策の論理が出てくるということである。というのは、戦争の原因は権力主義国家(現代では社会主義国家)が権力主義支配を維持するために行うものなのであるから、その侵略主義が成功すれば内部の権力支配もまた強化され、そこにまたあらたな侵略への衝動が生まれる、だから、どのように些細な侵略の企図も徹底的に抑止することによって権力主義国家の強化につらなる悪循環をたちきらなければならない、ということになるからである。これは、反共封じ込め軍事戦略体制の確立と強化を現代世界の最大の課題とする論理にほかならない。ロストウは、「われわれは、ロシア人たちが、一時的な軍事的決定を合理的に感じるほどわれわれを凌駕してしまうことを許さないであろう、ということをはっきりと示さなければならない」とのべ、日本と西欧がアメリカの世界政策にもっと積極的に協力することを期待している。『経済成長の諸段階』（木村健康他訳、一九六一年、ダイヤモンド社）はこうした世界政策の論理化にささげられた書物にほかならない。ベトナム戦争の推進者としてのロストウと経済学者としてのロストウは、みごとに内的に統一されている。

六　近代化論は、日本近代史を近代化＝経済成長の観点からとらえてそれを「大成功」と判定し、そのことを通して、日本の歴史に誇りと愛着をもつようにと人びとを説得する役割をはたした。こうしたナショナリズムの心情は、たとえば「明治の再評価」以来の桑原氏の問題提起の背景にあったもので、こうした立場から氏は、「たとえば金子直吉、武藤山治、藤原銀次郎、こうした産業資本家の創意と努力を、彼らが資本家であったというだけの理由で否定するような心性からは、国民的伝統の創造的把握は生まれないにちがいない」（「伝統と近代化」）などとのべた。ここで桑原氏が再評価しているのは「産業資本家の創意と努力」にとどまっているけれども、経済成長の問題を突破口として、やがて日本の伝統を再評価しようとするさまざまの動向を生みだしていった。こうした動向のうち、経済成長の問題と直接にむすびついているのは経済成長を推進したエートスや能力を伝統のなかにみつけだそうとするものである。儒教や心学や老農思想を、近代化＝経済成長を支えた精神として再評価しようとするものには、ベラー『日本近代化と宗教倫理』をはじめ、日本文化フォーラム『ロストウ理論と日本経済の近代化』、伝田功『近代日本経済思想の研究』、東畑精一『日本資本主義の形成者』などいろいろある。清水氏が、近代化のために民衆の献身的エネルギーを獲得する「機能」の面から天皇制イデオロギーを再評価するのも同様の立場であろう。(注) しかし、ひとたび伝統再評価の機運が展開すると、近代化＝経済成長の問題から自立してさまざまの形での「日本への回帰」が生まれ、あらたな国家主義イデオロギー形成へと道を拓いていった。

(注) この問題についての私の立場は、右の人びとは事態の一面をとらえているにすぎないということである。私は、伝統のなかから伝統の自己革新を通してしかあらたな歴史の形成力は生まれないと思うけれど、こうして出現した歴史の形成力から近代化＝経済成長という「機能」だけをきりはなして論ずるときには、かんじんの問題が見失われてしまうと考える。伝統の自己革新のなかに歴史の形成力を見出そうとする立場からは、丸山真男「忠誠と反逆」以来いくつかの興味深い業績があり、私個人の主な関心も最近ではその方面にある。そのさい、私の問題意識のひとつは、近代化論やナショナリズム論の内在的批判である。

日本の近代化の「大成功」は、ロストウやライシャワーにとっても決定的に重要であった。西欧以外では、資本主義の形態によって近代化したただひとつの実例がそこにあるからである。そこでライシャワーは、つぎのように訴える。「私は、世界史上もっとも重要なのは、過去九〇年の日本の歴史である、その理由は西欧の近代化のパターンを用いて近代化の過程を早め、しかもそれに大成功を収めた唯一の例がそこにあるからであると思います。……日本の例は低開発国の手本となるべきものでしょう」、「日本という唯一の例を無視して〝われわれは、それとは無関係に新しい道を発見するのだ〟というのは、極めて非科学的なことといわねばなりません」。ライシャワーによれば、低開発国が日本の経験を重視しないのは、日本人が自分の経験を外国人にコミュニケートする能力（英会話の能力）に乏しいからだ。中国はむしろ失敗した事例だ。こうした主張は、西欧型＝日本型＝資本主義型の近代化へとA・A諸国を説得するものであるとともに、日本にむかっては日本の近代化の全体にもっと自信をもて、と訴えるものであった。ライシャワーによれば、日本のインテリは時代遅れになったマルクス主義における資本主義、帝国主義、ファシズムなどの教義を通して歴史をみるために、なるほど日本は急速に経済成長したかもしれないが、それは侵略やファシズムを生みだしたではないかなどと考えている。だが、一九三〇年代の熱狂的な軍国主義は一時の病いであり、日本にはむしろ「自然発生的民主主義」

が根強かった。明治憲法の「民主主義的要素」は「日本固有の自然発生的民主主義のあらわれ」であり、戦後の諸改革もただそうした日本固有の傾向に「適合」したものにほかならないというのである。日本の近代化の全体像についてのこの一種の楽観論は、戦後民主主義を支えた歴史の通念を心にしみいるような快感とともに一気に吹きとばす役割をはたすこととなった。右のようなライシャワーの近代化論は、日本人のそれよりはるかに一貫した近代化論であり、日本の近代化論者のなかに曖昧な形で残存していた戦後民主主義にかかわる諸観念を放逐して、日本近代史の大枠を手放しで肯定する論理となったのである。

3　あらたな国家主義の論理

近代化論は、日本経済の未曾有の高度成長と池田内閣の出現を背景として、六一～三年段階で論壇の主導権をにぎり、大衆社会的状況の蔓延のなかで一定の説得力を発揮したと思う。その課題は、現実の矛盾をみつめ、変革の担い手たろうとする民衆の主体性を解体させ、現存の支配体制のなかで満足するよう訴えることにあったといえよう。それは、私生活においては日常的な幸福主義（マイホーム主義）へ、社会生活においては企業中心主義へ、生き方の方法論としては技術主義ないし廃朽化したプラグマティズムへと人びとを説得した。それは、経済の高度成長を背景とした大衆社会的状況のなかで自足すればそれでよいのだということを歴史の見かたの側から説得するものであった。だからそれは経済成長と大衆社会的状況をふまえているかぎりで一定の説得力＝有効性をもちえたが、しかしそのゆえにまたイデオロギー支配の論理としては根本的な限界をもっていた。その限界は、とりわけつぎのような問題状況として露呈していると思う。

第一に、大衆社会的状況は、一方で支配層を満足させ、他方で不安に陥れる。というのは、大衆社会的状況は、民衆の変革的主体性の解体・体制の消極的肯定であるが、体制への積極的支持↓献身ではないからである。経済成長がうまくゆかぬばすぐにも批判勢力が増大するだけでなく、経済成長のゆえにかえって体制から疎外されてゆく層も生まれる。こうした次元で考えると、近代化論は、戦前の天皇制イデオロギーに比べてきわめて不完全な支配の論理だといわざるをえない。天皇制イデオロギーにおいては、個人生活の次元は通俗道徳によって処理されるから、そこでは個人生活の幸不幸は、個人の全人格的道徳的実践にかかっている、つまり個人の自己責任ということになる。だからそこでは、個人は、体制から脱落しないよう、幸福になるよう全人格的エネルギーをふりしぼって努力する。だが、現代では、人びとは個人の人格や徳性が全体のシステムのなかでは無力なことを知っているから、人びとの努力は技術的ないし技能的なものとならざるをえない（ハウ・トゥものの流行)。人びとの内面的な人格的領域は、支配イデオロギーの枠組からもれ落ちており、潜在的にはより人間的な生き方をもとめて浮遊することになる。第二に、大衆社会的状況のもとでは、私的生活への埋没と享楽的傾向が生まれ、そのために人びとの労働意欲は減退し、勤勉や奉仕精神が失われてゆく。そしてそのことが経済成長そのものの基盤をゆるがす。そこで資本の側から、その要請に献身するあらたな精神主義が鼓吹される。「人作り政策」といわれ、「根性」、「おれについてこい」などという言葉がはやり、もっとも近代的な大企業で、「一つ、産業報国のこと……」以下の社訓が大まじめに唱えられたりする。第三に、経済成長といっても、それが誰の利益を中核としているかを人びとは本能的に見ぬいており、政治的にも「現代民主主義」がひとつの擬制に転化していることを見ぬいている。〝黒い霧〟や「政治資金規制法」の骨抜きと流産があっても、民衆はむしろ憤りも驚きもしない。そのことを政治的無関心というのは、マス・コミとインテリがつくりあげた神話であって、民衆は、〝黒い霧〟その他が厖大な欺瞞のカラクリのほんの一角にすぎないことを本能的に知っているから、あらためて憤るまでもないのである。社会の底辺で民衆の政治不信がいかに頑強に根をはっているかを示す無数の根拠があると思うが、たまたま切りぬいておいた週刊誌の記事をひとつ引用しておく。「総裁公選に勝った佐藤総理が記者会見にのぞんだ情景を〝釜ケ崎銀座〟に面したあるコーヒー屋のテレビが映し出していた。佐藤さんの顔がアップで出てくるたびに、一杯二十円のインスタントコーヒーをなめていた十数人のアンコたちが口ぐちに『ドアホ！』『にくたらしいやっちゃ』『なんちゅうつらや、みとうないわい』と、大変な悪たれ口が飛んだあげく、チャンネルはマンガに切りかえられてしまった」（『週刊朝日』一九六六年十二月二十三日号）。こうした鬱積した不信と不満はきわめて根強いものではあるが、さりとて革新政党の支持へつらなるものでもない。しかし、保守的な社会意識の基盤をなす農村が崩壊し、旧世代が年老いてゆくという現実のなかでは、保守党の支配は日々に困難になってきており、潜在的な不満と不信が幾重にも蓄積されてゆく。第四に、最近の軍事問題の緊迫化があらたなイデオロギー支配の体制を強く求めている。日本の支配階級がアメリカの軍事戦略体制のなかに日本をおき、しかもアメリカが軍事的にすっかりゆきづまっている現状のもとでは、日本の軍事力強化が緊急の課題となる。そこで、軍国主義化のための経済力はあるが、イデオロギーは不在だ、ということにならざるをえない。

こうした諸事情を考えてみると、近代化論は、戦後日本のイデオロギー状況を根本的に転換させるものではあったが、しかしなお支配イデオロギーとしては不充分であり、あらたな論理が要請されざるをえないことがわかる。あらたな論理は、ナショナリズムないし国家主義であり、それは六〇年代初頭に台頭しはじめ、六三、四年以降に急速にその力を強めた。

あらたな国家主義の論理の検討を、そのもっとも期待される旗手、高坂正堯氏からはじめよう。「現実主義者の平和論」(『中央公論』一九六三年一月号。ここでとりあげる高坂氏の諸論文は『海洋国家日本の構想』所収)によって論壇にデビューした高坂氏の課題は、「現実主義」という武器によって、平和主義ないし中立主義を否定することである。高坂氏は、平和主義ないし中立主義を代表するものとして、加藤周一、坂本義和、日高六郎などの諸氏を批判し、そのことによって社会党の外交政策を批判する。そのさい、高坂氏の批判の基準である「現実主義」とは、国際関係の現実を支配しているのは権力主義の論理でしかありえないことに目覚めよ、ということである。ところが、氏によれば、日本の平和主義者は、そうした現実のなかで無力な道義主義的発言をくり返すだけで「力によって支えられない理想は幻想に過ぎない」ということがわからない。平和とは現実になんであったかといえば、国際関係を支配している権力関係における力の均衡状態にほかならない。「勢力均衡は近代ヨーロッパに国際社会が成立して以来、国際関係を規定してきた第一の原則であったし、勢力均衡の存在しないところに平和はなかった」。そして、現在の日本が平和なのは、こうした力の均衡の結果なのだ。「われわれは、すでに権力政治のなかに組み入れられており、権力政治的な力の均衡の平和の一つの要素となっている。日本が(中立主義への転換によって）そこから突然退くことは、力の均衡にもとづく平和を危機にさらすというギャンブルでしかない」。もし日本が中立化して米国の基地がなくなったばあい、たとえば朝鮮はどうなるか。日本の基地を失った米軍は孤立してその力を失い、朝鮮半島における力の均衡は破れて極東の平和は崩壊するにちがいない（『現実主義者の平和論』）。以上が現実主義者高坂氏の「平和」論の要点である。これは、氏の明言のとおり、力の政策によって実現されている「平和」であり、したがって、ベトナム戦争、朝鮮、沖縄をその内部に包みこんだ「平和」である。ベトナムでなにが起こっていようと、日本は現実に「平和」であり、この「平和」の体制によって資本は厖大な利潤さえあげている。日本は、ソレ、現実に「平和」を愉しんでいるではないか。この現実の「平和」のそとに平和を求めるものは夢想家にすぎないというわけである。そして、この「平和」の体制を日本にとってより確実なものにしてゆく方策を考えめぐらすのが「現実主義」である。

　国際政治における力の論理にめざめよということは、日本の帝国主義的自立の道を、模索しようということである。高坂氏は、「冷戦の時代には、日本は米ソだけが作り出す力の構造のなかで、力の闘争から棄権しながらこれを利用」（「核の挑戦と日本」）してきた、という。その意味は、アメリカの力の政策に依存しそれによって守られてきたということである。だがこうしたやり方では、国際関係のあらたな現実には対応できないだろう、と氏はいう。なぜなら、「中国の台頭によって、防衛・外交をアメリカに依存するという戦後日本の政策の前提が崩れはじめている」からである。「対米従属と対中従属というジレンマは実在し、それを逃れる道は日本みずからの力を強める他はないのだ。われわれはわれわれ独自の力を育て、世界政治の正しい認識の上に立って、中共革命の長期的挑戦に本腰を入れて対処しなくてはならない」(「海洋国家日本の構想」)。アメリカに頼らなくても中国革命の脅威に対抗できる力が必要なのだ。ここから、軍事力増強の主張が必然的に出てくるけれども、高坂氏は、自衛隊の強化・再軍備に議論の焦点をおくことを注意深く避け、現代の軍事戦略体制のもとでは軍事力の増強は一定の限度にとどめてもよいという。力とは、現代では軍事力にとどまらない。現代にふさわしいあらたな力の論理が重要なのだ。ここで氏は、二〇世紀において国家の力の中心は軍事力から経済力に重点を移したという。だから、経済力の発展が重要なのだが、経済力の基礎は民衆のエネルギーである。そこで、「工業生産力を支える不可欠の要因は、国民を組織する力、すなわち、政治的な力にある。きわめて多数の大衆に目的意識を与え、それに沿って大衆のエネルギーを方向づけること」、すなわち「組織能力こそ国力の源泉」(「二十世紀の権力政治」)だということになる。ところが、現在の自民党政権にはあらたな国民的理念を提示して民衆を積極的に組織する努力も理念も欠如している。自民党政権は、圧力団体からの「陳情=利益の還流という、安易なしかし手堅い手段」によって存立している。しかし、こうした手段に安住しているかぎり、あらたな国民的理念が創出されるはずはなく、そこに保守党支配の本当の危険がある。

以上のような高坂氏の見解は、自民党の体質的欠陥を鋭くつくものであり、そのてんで、支配層の危機意識に直截な説得力をもっていると思う。平和主義、中立主義を批判する「現実主義」が、同時に現存の支配体制の欠陥を指摘して支配階級の危機意識にアッピールする論理になっている。そこに、高坂氏が支配階級からもっとも期待される理論家である理由がある。もっとも、そこで高坂氏が提示してみせる国民的理念（?）が「海洋国家日本」でしかないのは、あまりにもおそまつというしかないが。海には未開発の無限の資源があるなどとのべても、そこからはあらたな国民的理念は形成されうべくもないだろう。氏自身、本気かどうかわからない。しかし、そのさい、私たちにとって見のがすことのできないのは、戦後の日本人は国民的目標を失ったとし、その責任の一端を歴史学に求めてつぎのようにのべていることである。「実際、最近書かれた歴史が興味をかき立てないのは、偉大さへの感覚がないからである。歴史は一般に庶民のことを、弱いもののことを、そして敗れたもののことを扱うようになった。それはある程度まで必要である。これまでの歴史は勝者の歴史でありすぎたからである。しかしその道に過去の偉大さがなんらかの意味で侵略に結びついているからといって、それを評価しないならば、われわれは歴史のきわめて重要な教訓を学ぶことはできない。……また、過去の日本の歴史における偉大な人物の多くは征服者であった」(「海洋国家日本の構想」)。

私が、友人たちから伝え聞いて知っている青年時代の高坂氏は、巧みな論理と弁舌で学生大会を混乱させる、学生運動家にとってはもっとも苦手な人物である。氏は、学生運動に熱中している友人たちには見えていない堅い現実のカラクリを冷たく見すえて生きてきたのであろう。そして、氏がみつけた現実のカラクリのなかで働いているもっとも究極的な原理は、国家エゴイズムにほかならない。そこで氏は、国家エゴイズムの冷徹な探求者となる。氏の論理はなかなか緻密であり、読みようによっては現代日本の問題状況を鋭くえぐり出しているともいえる。しかし、国家エゴイズムという立論の前提は一度も疑われないから、その緻密さも鋭さも国家エゴイズムのために捧げられたものにほかならない。「偉大な」日本が至高の価値であり、歴史家もそのために貢献しなければならない。

林房雄氏の『大東亜戦争肯定論』(一九六四年、番町書房、同書続篇は一九六五年)については、すでに多くの論評があり、その内容もあまりに有名だけれども、私は、高坂氏と本質をおなじくする国家エゴイズムの論理としてとらえたい。そのさい、林氏の議論を戦前型皇国史観がそっくり復活したものと考えたり、「論理も事実もてんで気にしない」暴論ときめつけることは、私の立場ではない。林氏の記述は、しばしば飛躍しているけれども、論理の筋道はむしろ明晰であり、戦後二〇年の歴史から彼なりに学んだあとが顕著だと思う。従来の批判と重複するところが多いだろうが、敢えて『大東亜戦争肯定論』について考えてみたい。

林氏のモチーフは、戦後民主主義への怨念である。戦後民主主義によって否認された戦争とファシズムを支えた情念の復讐の試みである。林氏は、「敗戦後二十年、私は自分なりに、日本の敗戦痴呆症と戦ってきた」のであるが、長いあいだその戦いの論理をみつけることができなかった。エロ小説を書いて流行作家となった林氏のなかで怨念は荒れくるい、「私の生活は乱れに乱れ、妻を狂死させる」というようなことになった。疲れはてた林氏は、五八年に南米を旅行し、インディオの悲惨な生活に感銘をうけ、その旅行体験のなかでナショナリズムの論理にめざめる。戦後民主主義への怨念は、急速にひとつの論理へ吸引されていった。そして、このあらたなナショナリズムの立場から現代日本を見るとき、経済的には復興したが精神的にはすっかり頽廃した、という結論にならざるをえなかった。現代の日本人が精神的に頽廃してしまったのは、敗戦と戦後民主主義によって生きる目標を失ったからであり、それは、歴史を動かす原理がナショナリズムであることを自覚することによってしか救済されない、と林氏は考える。

林氏の日本近代史のとらえ方が、「西力東漸」とそれに対抗する「東亜百年戦争」という考えであることはよく知られている。そのさい林氏は、「東亜百年戦争」には植民地主義に対抗してアジアの解放をめざす意図がふくまれていたけれども、現実に貫いたのは日本の国家エゴイズムにほかならなかったと考える。その立場から、氏は、「ナショナリズムは、民族的エゴイズムの強烈な発露である。その（日本のナショナリズムの）対象とされた朝鮮にとっては迷惑至極なものに相違ない」とものべている。アジアの解放という美辞麗句のもとで現実がなんであったかを林氏も知っている。しかし、その現実に居なおるところに林氏の本領がある。すなわち、歴史を動かしている原理はただひとつ、ナショナリズム＝民族エゴイズムであり、どのような美名のもとでもその本質は変らない。「正義」も「人道」も、「デモクラシー」も「コミュニズム」も、民族エゴイズムの仮面にすぎない。その仮面にまどわされてウロウロするな、日本近代史がどれほど殺虐と侵略にみちていようと、それはナショナリズムの本質的属性であり、そのことを恥じるのは無益な感傷であるか、さもなければ日本弱化の陰謀に乗ぜられることにすぎない、と林氏は訴える。朝鮮併合を論じたさいに、林氏はさすがに「歴史の非情」についてのべている。しかし、氏が「歴史の非情」というのは、日本の朝鮮併合と統治にさいして行われたすさまじい弾圧とそれにたいする抵抗の渦中でのおびただしい犠牲にかかわるものではない。殺虐と侵略はむしろ人類七千年の歴史における「自然現象」であり、「歴史の非情」は血をもって日本を追い出しても、それが朝鮮民族の独立に結びつかなかったところにある。いや、ナショナリズム＝民族エゴイズムの立場からは、日本の帝国主義的侵略はあまりにささやかなものでさえあった。「この百年間に、台湾と朝鮮半島とカラフトの南半と南洋の粟粒島のおこぼれを領有したからといって、どこが帝国主義であるか」という。もっとも、右の引用文の少し前は、「帝国主義的といえば、日本は明治維新より以前に『西力東漸』を意識した時からすでに十分に帝国主義的であった」とあって、帝国主義という言葉の使い方はまったく混乱しているが、民族エゴイズムに居なおるという論旨からはかえって一貫している。

これはすさまじい議論である。まっ黒な権力主義ニヒリズムである。民族をこえる普遍的な理念と価値はどこにもないのだから、世界史は諸民族の血まみれの闘技場であり、それ以外のなにものでもない。このような林氏の見解にたいして、「日本近代史を貫いている原理は民族エゴイズムだけではなかった、別の可能性もあった」と批判されることが多い。「」内のように定式化するかぎりではこうした批判は正しいけれども、日本近代史のなかで主導的な役割をはたした論理は、粉飾をはぎとってみれば民族的エゴイズムであったろう。美辞麗句に自己陶酔した虚偽意識を免れて民族エゴイズムに居なおっているてんで、林氏は戦前型右翼と異なっており、また日本近代史を主導した論理をそれなりに把握していると思う。自国の国家エゴイズムを醒めた自覚のもとに追求することは、戦前の日本では稀なことだった。日本近代史のなかで、国家エゴイズムは赤裸々なるものにならないように隠蔽され、その隠蔽によって、人間らしく生きたい、普遍的な価値に生きたいと願う人びとの献身を詐取してきたといえよう。そして、私たち日本人にとって敗戦体験とは、①日本近代史が国家エゴイズムに貫かれていたという苦い事実認識であり、②これまで人間的、価値的な生き方だと思っていた日本人の生き方が、じつは国家エゴイズムに奉仕する人間的なものの詐取のカラクリであった、という日本近代社会における欺瞞のシステムの認識であり、③民族エゴイズムは滅亡の道であり、全人類的な価値に生きなければならないということであった。私たちにとって、あらたなナショナリズムが存在するとすれば、それはかならず、こうした認識をかたくふまえたものでなければならないだろう。もちろん、敗戦よりずっと以前にこうした認識をもった人たちがいたけれども、日本人の国民的体験としてこうした認識が定着したのは、戦争＝敗戦体験の結果である。私が林氏の見解を認めることができないのは、氏の見解がこうした戦争＝敗戦体験の意味を真正面から否定しているからである。日本近代史が国家エゴイズムに貫かれていたことはむしろ事実であるが、それがどのような矛盾、非人間性、欺瞞のカラクリによって構成されていたかを知ったところに、戦後民主主義があったし、そのことを分析したところに歴史学の役割があった。国家エゴイズムとは異なるべつな可能性もあったという主張は「別な可能性」が勝利しえたかもしれないということではなく、国家エゴイズムの矛盾と欺瞞のカラクリをあばきだすような視角からの分析でなければならないということであろう。

ここですこし大風呂敷を拡げることを許してほしい。『大東亜戦争肯定論』を読んだ私の感想のひとつは、本多利明や佐藤信淵とよく似ているということだった。利明は、「他国を侵しても本国を増殖せんこそ国の務」(「西域物語」)、「戦争を歴ても、土地人民を得べきは本意とする処なり」(「蝦夷道知辺」)などとのべており、信淵は、日到り運応じて海外を経略すれば日本は「実に世界の総主となる」(「経済要録」)とのべている。一見して明らかなように、赤裸々な国家エゴイズムの主張である。だが、私の考えでは、こうした利明や信淵の見解は、歴史的にみればむしろ進歩的なものである。なぜなら、「他国を侵しても本国を増殖せんこそ国の務」などとのべることで、利明は歴史の発展方向を適確につかんでおり、こうした認識にたって民族国家の形成を展望しているからである。いうまでもなく、固有の意味の民族国家が成立するのは、近代社会の成立過程においてである。近代資本主義社会は、諸民族国家の相互対立という形態で政治的にみずからを総括しひとつの有機的な世界を形成する。利明や信淵は、こうした民族国家形成の論理を代弁している。

ところが、形成された諸民族国家の相互対立は、巨大な生産力を背景としてますます凄惨なものとならざるをえない。二つの世界大戦は、こうして、民族国家の利益を原理とした世界史は破滅の道だ、もっと普遍的な理念を原理としなければならない、ということを人類に教える（そのことは、経済的には資本主義体制の批判と結合している）。人類は、近代資本主義社会の成立期においては民族国家形成を展望し、二つの大戦のあとでは民族国家の消滅を展望しているのだ。そして、かつてもっともすさまじい侵略国家であり、また唯一の原爆被災国である日本は、戦後、民族国家＝民族エゴイズムの消滅をもっとも明晰に展望しうる位置にたったのである。だから、私たちの憲法には、「諸国民の公正と信義に信頼し」と書いてある。利明や信淵の時代だって、理屈のうえからいえば、すべての国家が「戦争を歴ても、土地人民を得」ようと努めたら、その結末はどんなにすさまじいものになるかわかりそうなものだ、ともいえる。だから万国公法の問題や民権派の小日本主義などもやがて出てくるのであろう。だが、近代社会成立期に生きた人びとは、諸民族国家の相互対立がとどのつまりはなにをもたらすか体験したわけではない。歴史の含意は、そこではまだ人びとに充分に開示されてはいない。だから、一方では諸民族国家の相互対立がもたらす悲惨な結末を予感しつつも、しかし現実には民権派もふくめて国家エゴイズムの論理を選んでしまう。だが、現代はちがう。私たちは、民族エゴイズムの結末がなんであり、それを支えるカラクリがなんであるかを体験してしまった。問題はこの体験をふまえるかどうかである。林氏の論理は、日本人の戦争＝敗戦体験の意味の否定を通じて、全人類の近代史体験の意味を否認するものである。おなじことをのべているようにみえても、利明や信淵は歴史の発展方向を展望しようとしているのに、林氏は広範な民衆に見えてきた歴史発展の展望をかき消そうとしているわけである。

話を林氏の記述にもどすと、林氏の論理はナショナリズム＝民族エゴイズムの立場から歴史をみることであり、それにつきている。ナショナリズム＝民族エゴイズムが近代史を貫徹するひとつの重要な原理であることは事実だが、その原理からだけ歴史をみるのは歴史理論としてはあまりに単純素朴である。だが、こんな単純な理論をよりどころに八〇〇頁に近い大冊を熱っぽく書きつぐことができたのは、そのナショナリズムに殉じた人びとの系譜をたどり、彼らの心情を礼讃することに記述の大部分を割いたからである。その系譜の中心は右翼および国権主義であるが、氏によれば、福沢諭吉、民権派、中江兆民、徳富蘇峰などもそのなかにはいる。ここでは、福沢、民権派、中江らはもっぱらその国権論的側面から把握され、内村鑑三までそのなかにはいっている。そして彼らは、天皇、財閥、政治家、軍閥などがつねに戦争を避けてきたのにたいし、「西力東漸」とそれにたいする日本ナショナリズムの応戦という歴史の必然性を洞察し、あるいは本能的に予感して日本ナショナリズムの運命に殉じた英雄であり先覚者である。右翼は、「『東亜百年戦争』という既成事実とその中絶不可能を予感し、実感し、和辻哲郎博士のいわゆる『日本の悲壮なる運命』を体感しつつ破滅に向って挺身したという点に共通性がある……『東亜百年戦争』が生みだした『挫折せる英雄』たちであった」。「東亜百年戦争」は、日本に勝ち目のない「無謀な戦争」であるのに、それを敢行せざるをえなかったところに日本ナショナリズムの「悲壮な運命」があった。「『百年戦争』をみごとに遂行した日本の犠牲者たちを、誰が『犬死』と笑うことができるか！　日本の戦死者は歴史の定めた運命に黙々と従い、最も悲劇的で英雄的な死を遂げた。散華である。アジア大陸と南と北の海に散った花々のために靖国の宮はすみやかに復興されねばならぬ」。

林氏のちりばめた詞華集をもっと引用したい誘惑にかられるけれども、ここでは天皇制国家主義の怨念を晴らすことに『大東亜戦争肯定論』のモチーフがあることを読みとればよい。だが、このような主張は、かつての天皇制イデオロギーにおける非合理的なものや狂信的なものをそのままむしかえしているのではない。非合理的なものや狂信的なものは、日本ナショナリズムに捧げられたものとして、彼が到達したナショナリズムの論理からあらたに意味づけられ、そのうえで礼讃されている。天皇現人神神話も八紘一宇も皇軍必勝の信念も、それ自体としては馬鹿げた狂信であるとしても、日本ナショナリズムを支える論理として機能したことに注目して評価しなければならない、という論旨である。そのかぎりでかつての天皇制イデオロギーの狂信性や非合理性を克服して、ナショナリズム＝民族エゴイズムの立場から冷徹に現実をみてゆこうという一種のリアリズムがある。そして、そのリアリズムが自覚されているだけ、『大東亜戦争肯定論』はますますさまじい権力主義的ニヒリズムになっている。こうしたリアリズムは、ことに現代の問題を論ずるさいによくあらわれている。彼の現代日本にたいする忠告は、当分のあいだ「軽挙妄動を絶対につつしめ」ということである。日本は軍事力も弱いし、それになにより国民がナショナリズムの論理にめざめていないから、まだ力が足りないのだ。しかし、現実の世界では、諸民族の民族エゴイズムがはげしく争っている。日本もその争闘場から逃れえない。「逃げまわっても、どうにもならぬ。巻きこまれることを覚悟して今から準備しておくことだ。日本人は弱くなってはならぬ。強くなり賢明になるべきだ。「平和憲法」などという「日本弱化憲法」を死守するのは賢明ではない。自衛隊という軍隊を日蔭者にしておくことも賢明ではない」。これが、『大東亜戦争肯定論』から生まれる必然的な結論である。

民族エゴイズムを主張した最近の傑作に、石原慎太郎「鳥目の日本人」（『展望』一九六七年十月号）がある。右の一文で、石原氏は、日本は「臆病な骨無し」であり、そうなった理由は「この巨人が鳥目」だからだという。では、なぜ鳥目になったかといえば、それは価値観においてセンチメンタルな絶対主義にとらわれて、見なければならない現実を見ていないからだ。その典型が平和論者であって、進歩的文化人のように平和それ自体を価値として絶対化するのは誤りだ。「価値は人間にとって効用・利益」であり、平和も日本にとって効用・利益であるかぎりで価値的だ。そこでベトナム戦争だが、「この戦争で、世界で一番利益を蒙っているのは、まぎれもなく日本である」。そのことを充分に考えて、「結局、平和もまた現実には利益・効用でしかないという意識のもとに、天下りの誰かが作り上げた論潮でなしに、一人一人がことを自らのこととして考え、その答えを寄せ集めればよいのであって、その結果が矢張り、自らの国が不況になるよりも、戦争は好ましくないがベトナム戦争のおかげを蒙ろうではないか、当分アメリカにせいぜいやってもらおうということになったとしても、それが絶対のナンバーを占める日本人の統合意見ならそれは正しく民主的コンセンサスであって有無はないのだ。一人一人が自らに他人の戦争と自らの貧乏とどちらがいいかを秘かに問い直し、その答えを率直に選ぶくらいの労はとってもいいではないか」。以上が、自民党参議院議員全国区候補石原慎太郎氏の立候補宣言ともいうべきものである。民族エゴイズムの自覚による国民的合意を樹立しようというのであり、またエゴイズムを自覚できないところに日本人のセンチメンタリズムがある、というのである。このような主張は、「平和論に対する疑問」以来の福田恒存氏の見解でもある。かつて、「戦争は永遠になくならない」、「原水爆であらうと悪魔であらうと、生れてしまつたら、もうどうにもならない」(「戦争と平和と」)として、国際関係における力の論理の支配という現実をみつめよと主張した福田氏は、最近の「平和の理念」、「アメリカを孤立させるな」などでは、こうした国家エゴイズムの立場からアメリカを「盟主」としてその反共軍事戦略体制に積極的に協力せよと訴えている。氏によれば、政治の世界は力と力の関係であって道徳の介入する余地はない。道徳が介入するとすれば、それはただ力の手段として利用されるばあいだけだ。そのことを自覚すれば、国際政治の現実のなかでわれわれの判断の基準はただ二つしかないことがわかる。「第一は国家利害といふ観点、第二は国際情勢に対する診断、この二つだけです」。「要するに、道徳や能力は別個の問題として、日本人は日本の国家的利害を先づ第一に、そしてもつと真剣に考へるべきだといふ事になります」。そのさい、「米国を「盟主」にするといふのは政治的現実主義からの結論で、第一に、米国は経済的、軍事的にそれだけの実力」があるからである(「日本共産党礼讃」、以上の諸論文は『平和の理念』、一九六五年、新潮社)。

福田氏のようにアメリカとの軍事協力を強調するばあいも、林氏のように天皇制国家主義の心情の再評価に情熱を注ぐばあいも、高坂氏のように国家利益の立場から外交政策における現実主義を主張するばあいも、あからさまな日本帝国主義の論理の模索というてんで共通するであろう。近代化論も、帝国主義の論理にほかならないけれども、五〇年代後半から六〇年代にかけての日本の近代化論者たちは、日本帝国主義の論理という自覚をはっきりもっていたとはかぎらない。日本帝国主義の論理が自覚的に模索され、ことに、そのもとへの国民の献身と服従をどのように確保するかということに問題の焦点が移ってきたところに現段階の特徴がある。だが、そのさい、戦争体験と戦後民主主義は、あまりにも重い負債となって支配イデオロギーの足をひっぱる。近代化論は、戦後民主主義の諸価値から経済成長に評価の重点を移すことで戦後民主主義の貶下→消極的否定という役割をはたしたが、しかしそれはあらたな国家主義への積極的献身の論理とはなりえない。あらたな国家主義への献身の論理はどこから出てくるか？　そのもとへどうやって民衆を説得すればよいのか？　この難問の前に支配階級はいらだっているといえよう。

そのさい、ナショナリズム＝国家エゴイズムを、たとえばさきの石原氏のような赤裸々な形でのべることは問題の解決にはならない。それではあまりにすさまじいことだし、人びとの内面的献身を獲得する論理として機能しない。ここでの問題は、人間の内的人格的なものがなぜ国家エゴイズムへ献身しなければならないのかということである。人類と普遍的価値に献身してはなぜいけないのか。被支配階級と被抑圧民族の解放をなぜ優先させてはいけないのか。また、反対に個人的価値に埋没してはなぜいけないのか。たとえば林氏はなぜ日本民族に献身したいと思うのか。氏はいう。私は何度も隠遁したいと思った。「しかし、常に何物かが私を逃亡から呼びかえす。その呼び声の主を私は知らぬ。私の外にあるものか、私のうちにあるものか、それも知らぬ。私はそれをただ漠然と「日本の呼び声」と名付ける」。また別のところでは「文章報国」ということについてのべ、つぎのようにいう。「若い文士諸君には、この言葉は気恥しくて使えないかもしれぬ。それも結構。しかし、諸君もまた何物かのために書いていることは事実だ。「金のためさ」などと不貞くされてもだめだ。その何物かが、実は日本という国であったことにやがて気がつく」。要するに説明不可能であり、そのゆえに他人を納得させることも不可能だ、ということだ。べつのところでは「血」の問題だといっているが、これもやはり合理的説明は不可能ということであろう。福田氏のばあいはどうか。氏によれば、平和はたんに「戦争の欠如状態」という消極的なものにすぎず、それ自体は価値ではない。「誤解を恐れずに言へば、何かを守る為には戦争をも辞さぬといふ、その何かが無ければ、平和そのものもまた守れまい」。そして、そのなにか、「命に替へても守りたい」なにかとは、「民族の歴史のうちにある固有の生き方であり、そこから生じた文化的価値」(「平和の理念」)である。そして、戦後日本の平和主義と平和運動とは、ただ自分は死にたくないという生物の本能的エゴイズムのあらわれにすぎず、平和運動のさかんになったこと自体が日本人の非倫理性をあらわしている、という。つまり、福田氏のばあい、民族の「文化的価値」は、平和よりも人間よりも他民族の存立よりも重要である。そこでは、価値が人間のうえにたって荒々しく人間を強制し支配している。価値は、人間の「生物本能的エゴイズム」を生かすことを通じて実現されてゆくものではなく、ひたすらに生身の人間に対立する絶対性をもつ。しかし、日本民族の伝統のなかから生まれた「文化的価値」は、どこでそのすさまじい絶対性を手にいれるのか。氏はついに答えることがない。

　日本にたいする自然な愛情や伝統的な「文化的価値」を私たちは否定することができない。しかし、たとえば伝統的な「文化的価値」といってもきわめて多様なものであるから、そのなかからなにを選ぶか、また誰が選ぶかという問題が生まれざるをえない。そのさい福田氏は、たとえば「紀元節」については、大和朝廷の支配者たちの「日本国に対する期待と夢」がこめられている二月十一日を選ぶ（「紀元節談義」）。歴史については、当時の「人間の心理や感情」が大切だという福田氏は、支配階級の主観的な心情に即して歴史をとらえる。人びとに献身や戦争まで要求する「文化的価値」とは、福田氏にとっては右のような性質のものであり、そのことは「文化的価値」が一義的でも自明でもないことを示している。だが、問題はそれだけではない。日本にたいする自然な愛情や伝統的な「文化的価値」のほかにも、さまざまの異なった次元の価値があり、社会認識がある。こうした価値や認識にたいして、ナショナリズムと結合した感情や価値はどうしてその絶対性を主張できるのか。だが、林氏や福田氏は、こうした設問には答えない。絶対的なものは絶対的であるゆえにそれ以上の根拠をもたない。そして、平和や国際主義や資本主義社会の構造と矛盾の認識やと内在的にむすびついて正しい位置をあたえられることのないナショナルな価値は、分析不可能な絶対価値として私たちの圧制者たることを要求するしかない。

分析不可能なナショナルな価値にめざめ、そこに居なおるというのは、最近の注目すべき動向である。三島由紀夫氏、江藤淳氏、吉本隆明氏、梅原猛氏などの最近の主張はそうした性格のものだと思う。林氏は、『緑の日本列島』のなかで、こうした日本への回帰は群をなすほど多いといい、三島氏と江藤氏をあげている。そして「「日本の中の亡命者」ともいうべき多くの学者、文学者、芸術家たちが「日本への愛情」を自発的に告白し、その孤独なヨットの進路を日本の港に向って切りかえはじめた。風と潮が変ったのだ」という。「風と潮が変った」のはかりに事実としても、問題はそれがますます完璧に説明も理解も不可能な精神主義の世界であるということである。たとえば、三島氏は、外国で日の丸を見たときのはげしい感動を語り、「これは実に単純な感情で、とやこう分析できるものではない」(『緑の日本列島』による)という。もちろん、世のなかには分析不可能な感情の世界はあるけれども、ここではこうした「単純な感情」を絶対的価値に高めてそれに固執することで、正しい認識と位置づけへの契機が故意に拒否されていることが重要である。梅原猛『美と宗教の発見』(一九六七年、筑摩書房)のような力作にも、おなじような陥穽があると思う。梅原氏は、マルクス主義やサルトルのように、資本主義の批判克服によって現代の深い危機から脱却できるかどうか疑問だ、むしろ、マルクス主義もふくめてヨーロッパ的=近代的文明の存在の原理そのものを反省しなければならない、という。そして氏は、ハイデッガーによりつつ、ヨーロッパ文明は意志の文明であり、それはすべての対象を自己の意志によって支配しようとする原理にたっている。だが、この原理にたつかぎりひとつの意志にはべつの意志が対立して無限の闘争がくり返される。そこから逃れるためには、存在の原理をかえること、意志の立場を去ることが必要だという。ここで呼びだされてくるのが日本の伝統的精神であって、それはとりわけ「生命の思想」、すなわち、すべての存在を生命あるものとして肯定し、「それに深い敬意を払う世界観」(西谷啓治編『現代日本の哲学』、一九六七年、雄渾社)である、と主張される。すべての事物は現存のままで和解しあっているのだというふうにものの見方を変えよ、というのである。このような主張が、反植民地主義民族独立闘争やプロレタリアートの階級闘争をもブルジョアジーとおなじ意志の立場のひとつとして否定していることは明らかである。だが、私は哲学に暗いけれど、氏はなぜ存在の見方=存在論を問題とし、認識論を問題としないのだろうか。

日本的存在論の再評価にむかうことが、現実の具体的分析のうえに未来を構想する立場を目をつむって飛びこえることを意味しているのではないか。このあらたな存在論の立場からは、すべての科学を罵倒できるが、その代償は意志を放棄して現状に随順せよというもっとも古めかしい日本的世界ではないか。

こうした「日本への回帰」は、純粋に精神的なもの、純粋に美的なものを求め、分析不可能な直観を重んずる。歴史も、そうした純粋な心情的価値を通して把握される。福田氏は、歴史は当時の人間の「心理や感情」を重視しなければならないといい、林氏は、右翼ファシストたちの「純粋」な心情を通して歴史をとらえ、彼らは日本の宿命に殉じた理想主義者たちだという。だが、こうした把握においては、ひとつのイデオロギー支配の体制が人間の「純粋さ」や理想を詐取するシステムだということがすっかり無視されてしまう。もし昭和のファシストたちが「純粋な」精神主義者ないし理想主義者という側面をもたなかったとすれば、われわれの課題もずっと単純なものであろう。だが、天皇制イデオロギーは、その成立の日から、人間らしく生きたい、道徳的価値的に生きたいという広範な人びとの願望とつながっており、そのゆえに厖大な人間的エネルギーを動員しえたのである。換言すれば、人間の内面的価値的世界にふかくかかわることで天皇制国家主義は「主体的に」促進され、そのゆえに全体としては、その非人間性、背徳性をますます強められる、という仕組みになっていたのである。そうした仕組みを見逃して、たとえば、ファシストとなった青年将校たちの「純粋さ」に惚れこんでそれに固執すれば、その「純粋さ」によって「主体的に」促進される天皇制ファシズムの非人間性は見えない。こうした事情は、イデオロギー論のもっとも初歩的な問題として自明であるかもしれないが、この自明の問題を回避するためには、純粋に精神的なもの、純粋に美的なもの、が人間的世界の全体からきっぱり切絶された絶対的なものとして主張される。三島氏の美学は、そうした「純粋さ」の典型である。たとえば、氏が円谷選手の自殺について、「雄々しい自尊心による美しい見事な死」(『朝日ジャーナル』一九六八年一月二十八日号)と書くとき、自衛隊体育学校を中心とする巨大な機構がどのように円谷幸吉という一人の人間の内面にはいりこんで、そのなかにあったさまざまの願望と可能性を圧殺したかという事実が隠蔽されている。「純粋な」精神主義の立場は、ほんとうの人間らしさにたいしてはすさまじい圧制となり、社会的現実のなかで人間の願望や可能性を一歩一歩実現するように社会も変え自分も変えてゆくという道を閉ざしてしまう。そのことを右の三島氏の発言は明示してくれる。

あらたな国家主義は、一般にはきわめて精神主義的であり、そこでは、戦後の日本では経済は大発展したが精神・道徳は荒廃した、とりわけ公徳心や愛国心はすっかり失われてしまったということが、あたかも自明の事実であるかのようにのべられている。そこでは、戦後日本の民衆があらたに獲得し発展させた精神・道徳・認識を基礎としてさらにそれを現実をふまえて具体的に発展されてゆくという思想形成の方向はあらかじめ拒否されている。近代化論においては、現代と歴史とはひとつづきの連続的発展であったが、ここでは現代と断絶することが課題であり、そのために歴史が呼びもどされる。こうして、ナショナルな価値意識は、現代のなかに基礎づけにくいものであり、そのゆえに現代にたいしては超越的なものになる。そこでは、戦後のあらたな価値意識も現実分析もとびこえて、社会や人間の具体的なあり方からことさらに切断された絶対的な価値=伝統的な精神主義の「純粋さ」、「偉大さ」、「自己犠牲」、「美しさ」などが強調される。社会や人間の具体的なあり方から切断してそれだけを見れば、反論しがたい至高性をもつかにみえるそれらの諸価値が、「純粋」に発揮されればされるほど、それらは国家エゴイズムに仕えて国家エゴイズムの論理が貫徹する結果になるということが、そこでは充分に計算されている。

（注記）今年（一九六八年）の一月二十一日に、歴史教育者協議会愛知県支部と名古屋歴史科学研究会の共催で『明治百年祭』批判・討論集会がひらかれ、私はそこで「現代日本の反動イデオロギー——歴史観を中心に——」という題で報告した。そのときのメモをもとにして本稿を書いた。

十四　近世思想史研究と教科書裁判——原告側補佐人として出廷して——

〔『歴史学研究』三九四号、一九七三年〕

昨年（一九七二年）末の十一月二十一日と十二月十九日に、東京地裁民事三部で行われた教科書裁判に出廷する機会があった。裁判所のなかに入ること自体が生まれてはじめての経験だった。私の資格は、原告側補佐人というもので、被告＝文部省側の証人貫達人氏にたいする弁護士の反対訊問のために助言したり、自分でも反対訊問の一部を行ったりするのがその役目である。私自身がこの裁判闘争の熱心な支持者ですすんで出廷したというわけではない。しかし、出廷のきっかけはなんであれ、実際に裁判を体験してみると、教科書裁判とこの裁判にかんするいくつかの問題点が否応なく身近なものになってきて、私にとっては、なかなか貴重な体験だったと思う。教科書裁判については数多くの文章がかかれているから、屋上屋を架するにすぎないかもしれないが、若干の感想をしるしたい。

1　検定という砦

私が出廷した二回の公判では、貫達人氏が文部省検定の「妥当性」を中世・近世関係で証言し、それにたいする被告側の主訊問と原告側の反対訊問が行われた。といっても、大半は原告側の反対訊問についやされ、貫氏は、その間ほとんどの質問に知らぬ存ぜぬでとおりぬけたのである。反対訊問ではどんな質問をされるかわからないのだから、答えられないことがあるのは当然であるが、しかしその証言ぶりは、はじめから検定の「妥当性」を内容に深くたちいって擁護する意志がなかったのではないかと疑われるような性質のものだった。証言のはじめに、自分は「半学者」だと野人ぶったり、とくに近世の部分については、反対訊問のはじめに「江戸時代のことは私はよく知らない。代理でやっている」（引用は、以下私のメモによる）と逃げをうち、また誤りを指摘されると、「文部省がひとつもまちがってはならないというのは残酷ではないか」とのべたりしたのも、その無責任ぶりの一端である。じじつ、近世にかんしては、貫氏が文献を援用して学問的な内容にいくらかでもかかわるような意見をのべようとしたのは、よほどゆるやかにみても一一項目のうち二、三項目ではないかと思う。あとは、ほとんど家永氏の表現のあげ足とりといってよいもので、断定にすぎるとか、「―も」と「も」をいれれば正確になるとか、表現技術的な批判がめだった。一例として、「儒学者の多くは、中国古典の教えを書物の上だけで学んで受け売りする傾向を免れなかったが、陽明学者熊沢蕃山・朱子学者貝原益軒のように日本の実情をよく考えた上で議論を立てる学者も現われている」という記述をとりあげてみよう。これは、私にはきわめて妥当な記述のように思われ、文部省の検定理由も、のちに裁判所へ提出された被告側準備書面も、なにをいおうとしているのか、なんど読みかえしても理解できなかった箇所である。このてんについての貫証言の主旨は、「日本の実情」というのは「政治社会の実情というニュアンス」がある、しかし、益軒のばあいは本草学などの業績をさしているのだから、「実情」というのは妥当でない、「実情」ではなく「現実」といえばよい、というものである。どんな予備知識も必要としない啞然とするような内容である。他の項目も大同小異だったといえば大雑把すぎるだろうが、貫氏が近世史にかんしてはごく常識的な知識しかもたず、学問的な内容にたちいることを避けていたのは明らかだと思う。たとえば、初期の江戸幕府と儒者の関係をのべた書物として、原告側から尾藤正英『日本封建思想史研究』、堀勇雄『林羅山』、今中寛司『近世政治思想の成立』などを挙例したのにたいし、貫氏はいずれも読んでいないと答えた。しかし、近世儒学の問題が、近世関係の検定では重要な比重と意味をもたされていることを考慮すれば、この方面の戦後の代表作である尾藤氏の著書さえ読まずにすますというのは、理解できないほど不勉強な態度であろう。また、国学についての代表的研究として挙例した村岡典嗣『本居宣長』、丸山真男『日本政治思想史研究』などさえ、読んでいないと答えたのには驚いた。私たちの裁判技術上の誤りは、おそらく、それでは近世思想史についてどのような書物をお読みになりましたかとたずねなかったことであろう。

だが、貫氏が近世史についてほとんど専門的知識らしいものをもたず、こちらが挙例した書物をほとんど読んでいなかったからといって、貫氏の無学ぶりを嘲笑したり、それだけで鬼の首でも取ったように思ったりすれば、愚かな思いあがりであろう。一人の歴史研究者としてみれば、鎌倉時代の法制史あたりを専攻している貫氏が、近世思想史についての専門的な知識をもっていないのは、現在のような研究状況ではむしろ自然なことでさえあろう。立場を逆にして、私が中世の法制史や社会経済史について、多少とも専門的知識をもった人から底意地悪く質問されたら、たちまち答えに窮することは明らかである。だが、問題は、研究者としての貫氏が近世思想史について不案内だということではない。私がここで指摘しておきたいのは、現行の検定制度のもとでは、そのような無学な人物が検定を行っても、国家権力の行った検定としてまかり通ってしまい、検定者の無学ぶりや無責任ぶりは、誰からも追及されずに権力の砦のうしろにかくれてしまうということである。

私自身の無知をのべることになるが、私は貫氏が証人として出廷するときくまで、貫達人という名前を知らなかった。ところが、貫氏について予備知識がないということは、私のばあいは、貫氏は近世思想史についてそうとうの蘊蓄――おそらく国体史観風の――のある人なのだろう、右翼の方の人だからおれは名前を知らないのだろうという先入見をもつことになってしまった。そのため、私としては大いそぎで問題になっている箇所に関係のありそうな諸研究を調べることになったのだが、実際の証言は、右にその一端をのべたように、啞然とするほど無内容なものだった。つまり、他人はいざしらず、私自身は、法廷で貫氏の証言をきくまでは、私には納得できないものではあるにしろ、文部省の検定がそれなりに練りあげられた根拠にもとづいているのだろうと、たしかな根拠もなしに安易に思いこんでいたのである。そして、教科書裁判というものがなければ（私自身についていえば、こうした出廷の機会がなければ）、検定側の無根拠→無責任ぶりが誰の眼にも明瞭に見えるものにはけっしてならなかっただろうと思う。

そのてんで、この裁判はやはり重要な意味をもっていると思う。教科書検定という権力行為の次元では、権力の側とたとえば家永氏とは対等ではありえず、権力側は実定法的根拠によってその意志を一方的に貫徹することができ、こちら側はその意志決定の実質的な正当性を問いつめることができない。ところが、裁判という場では、いちおう対等におたがいの根拠とその強さや弱さを争うことになる。ことに反対訊問のようなばあいには、いろんな角度から迫ることができるから、欠点や弱さは完全に蔽いきれるものではなく、ばあいによってはかなり人間的な弱さまで暴露してしまう結果になりかねない。もちろん、法廷でのやりとりには、学会の討論や個人的対談とは比較にならない大きな限界があるが、しかし権力側もこちら側と対等の次元の資格でみずからの正当性の根拠を争わざるをえず、そこでは多かれ少なかれ権力の担い手の素顔がのぞかざるをえない。そこでは、教科書検定という権力行為も、貫達人氏という、おそらくは愚かでもないだろうがそれほどの達識もないごく普通の人間の営みとしてみえてくる。逆にいえば、教科書調査官としての貫氏は、こうした裁判の機会でもなければ、みずからの検定理由をふかく問いただされることがなく、自分の方の根拠の薄弱ぶりや人間的な弱ささえも権力の砦の背後に隠したまま、不合格の教科書は発売できない→教科書会社と執筆者の重大な損失という圧力によって、その意志を他人に強制することができる。こうして、貫氏の近世思想史についての無知ぶりは、鎌倉時代の法制史あたりを専攻する一人の研究者としてはたいして恥ずべきことではないが、教科書調査官という権力側の人間になったとたんに、決定的に無責任で無節操だということになってしまう。自分は「半学者」で近世史についてはよく知らないというような、一人の歴史研究者なり人間なりとしてはごくありふれた、ばあいによっては美徳でさえありうる発言が、教科書検定という権力行為の場では、まったく無責任なヒドイ意味をもってしまう。生身の人間と権力とのこのような関係を眼前で観察するのは、なかなか面白いことである。

2 「検定史観」について

こんどの貫証言でとりあげられた近世史関係の項目は一一、そのうち五つが思想史関係のもので、これが私の関係した項目である。そのうち、さきに挙例した「日本の実情」云々の項目がどのような重要性をもつのかは理解に苦しむが、あとの四つは思想審査的な性格の濃い重要なものである。中世・近世関係の証言をきいたり、被告側準備書面を拾い読みした印象では、思想史関係の項目が内容的には重要な意味をもっているといえよう。そして、近世思想史関係の項目を検定文書や被告側準備書面から検討してゆくと、そこにおのずから文部省史観ないし検定史観とでもいうべきものが浮かびあがってくる。具体的には、①家康および初期幕政と崇伝・天海・羅山などの関係を、思想的信仰的影響関係のようにのべて、初期の幕府権力とこれらの仏僧・儒者とをともに美化しようとしていること、②近世儒学や儒家神道についての護教的見解、③垂加神道や国学に関連して、尊王思想の系列を重視し、明治維新と日本の近代化をそうした思想系譜から説明しようとする意図が読みとれることなどである。③に関連して、私の担当ではなかったが、近世の「天皇は君主としての地位を失い……」という家永氏の記述が誤りだというのも、重要な狙いをもった検定事項であることはいうまでもない。全体としてみると、権力者の立場を弁護し、幕藩制社会における権力支配の現実を隠蔽しようという傾向がつよくみられるとともに、とりわけ天皇制・尊王論の問題が重視されていて、国体史観ないし皇国史観的な歴史像への意図がよみとれるものといえよう。この後者の問題については、垂加神道にかんする項目が適切な事例であろう。垂加神道にかんする家永氏の記述が不合格になった理由は二つあるが、そのひとつは、垂加神道が竹内式部・山県大弐やそれ以後の尊王論の源流になったことを記述していないとするものである。この検定側の主張については、まず、すくなくとも山県大弐のばあいは、垂加神道の影響がそれほど重要なものだとは思われないという思想史上の事実認識の問題がある。このてんについては、この小論の読者のなかにも、なんとなく竹内式部や山県大弐は垂加神道の系統の思想家だと思っている人もいると思う。しかし、それは国体史風の通念の残滓といってよいような性質の知識であって、すでに戦前においても、岩橋遵成『徂徠研究』や飯塚重威『山県大弐正伝』が、大弐の思想が主として徂徠学派の系譜のものだということを論証しており（尾藤氏から教えていただいた）、最近の今中寛司氏の見解も同様である。さらに、最近の林基氏や市井三郎氏の大弐研究が、国体史観風の大弐研究に根本的な反論を行っていることはいうまでもないが、また、『柳子新論』を虚心に読みさえすれば、国体史観風の大弐理解が誤っていることがすぐわかるともいえよう。しかし、もっと重要な問題は、垂加神道あたりに近世尊王論の起源をもとめて、そうした尊王論の発展をすくなくともひとつの基軸として歴史をとらえる立場を、検定の名において強制することは許されないということであろう。近世史部会の人たちの用意した材料で私が調べたところでは、検定当時の他の一一教科書のうち、垂加神道と近世中後期の尊王論との関係を記述しているものは、肥後和男・平田俊春両氏編著のものをふくめて二つにすぎず、垂加神道自体の尊王論的性格をのべた他の一種を加えても、垂加神道と尊王論との関連をのべたものは、一一冊中三冊にすぎない。つまり、検定側は、大部分の教科書執筆者たちが記述する必要なしと考えた特定の見方を、検定制度を通して強制したわけである。このような特定の見方の権力的強制は、垂加神道と近世尊王論との関連をどのようにとらえるのが思想史上の事実認識として正しいとするにしろ、許されないことであろう。

だが、貫氏の証言からは、私個人は、それほどはっきりした国体史観風の筋道を聞きとることができなかった。右にあげた垂加神道と近世尊王論との関連の問題も、被告側準備書面にみられるもので、証言では触れられなかった。貫氏の主要な論法は、誰でも知っているような歴史事実をすこしばかりあげて、家永氏の記述が断定にすぎるとか不正確だとかのべるもので、特定の歴史の見方を筋道たてて展開するものではなかった。法廷という特殊な場での表面的な印象にすぎないけれども、戦後に東京大学の大学院に学び、鎌倉を中心とした地方史的な中世文書の研究や鎌倉時代の法制史の研究をしてきた貫氏にとっては、国体史観的な信念はそれほど身についたものではないようにみうけられた。貫氏の歴史観は、むしろ、たとえば、①家康にも信仰心があったとして日課念仏の例をあげ、家康には高度の純粋な信仰心はなかったが、そうした曖昧で折衷的な信仰が「日本人一般のもの」だといったり、②垂加神道などの儒家神道が、「民衆の生きた信仰」とは関係のない「机の上で考え出」されたものだという家永氏の記述にたいして、「(宗教の)教義と民衆の生活と密接な関係があるのはまれだ」とのべたり、③国学者の非実践的な姿勢を指摘した記述にたいして、そのようにいえば「学問は日本の現実社会ととりくまねばならないとの印象をあたえる」とのべたりしたところにあらわれているといえる。

このような見解はごく平凡なものでなんの興味もないという読者も多いだろうが、家永教科書のどのような記述にたいしてのべられているかということに注意してみると、なかなか重要な問題がふくまれているように思う。家永教科書の学問・思想関係の記述は、日本の学問や思想を家永氏流の個性的なヒューマニズムの立場から評価し位置づけようという志向が一貫しているてんで、他の教科書に比べて個性的ですぐれていると思われる。そのさい、判断の基準になるのは、日本社会の現実の課題にとりくんだか、民衆の解放の可能性にとりくんだかというようなことなどであろう。ところが、検定箇所をみていくと、家永氏流の歴史の見方がよく表現されている箇所がほとんどチェックされていることがわかる。家永氏は、わたしの教科書の面白いところがかならずひっかかっているのだという意味のことをのべられたが、まったく同感である。上の挙例①では、家康が仏教や儒教を内面的に理解し影響をうけたのではなく、それらを権力主義的に利用したにすぎないことが、家永氏の記述の主旨であり、②では、垂加神道など儒家神道は、牽強附会の諸観念をもてあそんで支配階級のための教説をつくりあげたものだということが、家永氏の記述の主旨である。ところが貫氏は、家康にも日課念仏のような信仰心があったというようなあたりまえの事実や、「(宗教の)教義と民衆の生活と密接な関係があるのはまれだ」という通俗的なものの見方をもちだして、それを根拠に、家永氏の明晰でそれぞれの事項についての本質的な歴史把握をめざしている記述(私にはまったく正しい把握だと思われる)を、教科書から抹殺しようとしているわけである。そのばあい、ひょっとすると、貫氏はただ「実証」的にあるいは「常識」的に家永氏の記述を批判しているつもりかもしれないが、しかしこうした「実証」史観や「常識」史観は、歴史の筋道を見失わせる歴史的不可知論となりマヌーバーとなるほかないと思われる。貫氏流の「実証」史観や「常識」史観による検定にひっかかるまいとすれば、事実の無味乾燥で雑駁な羅列を免れることがむつかしいであろう。そして、現行の諸教科書がそうした性格をつよくもっていることには誰しも異存がないだろう。現行の諸教科書が無味乾燥な事実の羅列になっている理由は、もちろん検定制度だけのせいではなく、現在の進学制度などのせいでもあろうし、進学制度などはまた日本社会の学歴社会的な性格などに構造的な根拠をもっているだろう。しかし、検定制度もまた、学習意欲を喪失させてしまうような教育内容をつくりあげている元兇の一つであることはまちがいないだろう。

教科書検定のイデオロギー的な意味のなかに、国体史観風ないしナショナリズム史観風の歴史像の強要という性格がふくまれていたことは事実だと思う。そしてこのような方面からだけ考えると、貫証言はかなりピントのずれた後退した証言だということになろう。しかし歴史認識の核心的問題を避けてまわる貫氏流の「実証」史観や「常識」史観が、国体史観よりも有害でないとはいえないと思う。進歩派の歴史学にたいしては「実証」や「常識」をたてにとって一貫した歴史像の構築をこばみ、より大衆的なレベルでは、通俗的な「近代化」論やナショナリズム論にたった歴史像をまきちらすというようなことは、もっともありそうなことのひとつである。

以上にのべたのは、教科書裁判に関係した体験から生まれた感想の一端である。書きのこした問題はいくつかあるが、準備の過程で感じた私たちの研究上の問題点などもそのひとつである。最後に、準備活動のために献身的に努力された中・近世史部会の方々に支えられて、この公判活動がすすめられたことを附記して、ペンをおく。

解説
『〈方法〉としての思想史』を読む、それぞれの意味

谷川　穣

新型コロナウイルスの世界的流行に触れずにおれないのが、昨年（二〇二〇年）から今年にかけてものを書く人たちの流儀である。いや、ものを書かずとも、日常生活にその影響を大小感じるのはごく自然なことであろう。同様に、人文学、とりわけ日本近代社会の歴史研究に多少なりとも関心をもつとしたら、本書の著者・安丸良夫（一九三四～二〇一六）の名に触れる場面が自然と訪れよう。「民衆思想史」という新しい研究領域を切り開き、一九六〇年代以降の日本史研究に大きな足跡を残したこの歴史家の、研究の来歴や思い入れのほどがうかがえるのが本書、ということになる。

とはいえ、二〇一三年には本書所収の文章を含む『安丸良夫集』全六巻（岩波書店）がまとめられ、世を去った後も多くの研究者たちが追悼文や「安丸論」を記している。前者の最終巻は「方法としての思想史」と題され、巻末にはそれをめぐる座談会まで付されている。つまり、本書の書評も含め、安丸の書き物についての解説、史学史的位置をめぐる

議論の類は、十分すぎるほど存在する。以下はそれらを咀嚼したものでは到底なく、極私的な小文を少しく記すものである。

本書が最初に出たのは、その奥付によれば一九九六年五月。当時私は大学四回生で、卒論をどうしようかと迷っていたころである。最終的には、明治初期のベストセラー『西国立志編』が学校教育にいかに受容されたかを卒論のテーマに、子どもの作文を史料として「読書の社会史」風にまとめることになった。『西国立志編』には〈失敗からの再起〉のエピソードがまま見られるにもかかわらず、それを読んだ子どもの作文からは〈失敗を許さない〉規範の受容が強烈に読み取れて、そんな近代日本の資本主義社会の特質が見いだせる、といった旨のことをうすぼんやり記した気がする。

思えば、本書を当時読まなくてよかった。初めて受けた史料演習の授業で『神々の明治維新』を大いに参照して発表した（そして政治外交史の専門家であった指導教官を大いに戸惑わせた）くらいだったから、あのヤスマルとかいう人の本が刊行されることは知っていた。しかし、三千円の本を買うという敷居の高さ以上に、何だか卒論を書く邪魔になるんじゃないかと本能的に感じ、要するに怯んでしまって、結局手に取るに至らなかったのである。改めて本書を読んでみて、やはりその予感は当たっていたのだなと再確認した。歴史家がいかに戦後日本社会の問題や状況を我がこととし、そのうえで自覚的に方法論を模索していくのか。その高みを見せつけられたら、バブル崩壊後の社会をまだ呑気に生きている自分の卑小さと引き比べ「ダメだ、敵わない」と感じて、卒論に向かう気も、大学院へ進む気も失せたことだろう。学年でいうとちょうど四〇年上の、研究室の大先輩に向かって実に厚かましいとしか言いようがないが、大学院に進み本書に接したとき、ああ全部お見通しか、と天を仰ぎ研究対象の再考を迫られたのは事実である。まずもって本書は、当時の私にとってそういう意味があった。

安丸には、仰ぐに足る多くの名著がある。日本の近世から近代への移行過程において、人々が家の没落や農村の荒廃に瀕して払った厖大なエネルギーと、それゆえに資本主義社会の構造に絡め取られていく「通俗道徳」の両義性を鋭く指摘してみせた『日本の近代化と民衆思想』(一九七四年)。近代へ移りゆく世の生きづらさと欺瞞とに向きあった女性が神がかりとなり、新興宗教・大本教を開いていく生き様を丹念な史料の読み解きから描き出した『出口なお』(一九七七年)。維新政府の宗教政策や各地の廃仏毀釈の様相などを論じて、宗教意識の大きな改変や日本型政教分離、そして日本社会の「過剰同調性」という特質にまで筆を及ぼした『神々の明治維新』(一九七九年)。国家の支配イデオロギーとしての近代天皇制が、階級的秩序や祭政一致・文明開化などの観念を含み込み新たに構築されるさまを、その受容基盤とともに捉えようとした『近代天皇像の形成』(一九九二年)。

これらが生み出されるに至る過程と、背景にある問題意識は、本書を併読することでより鮮明に浮かび上がる。本書は一九六〇年代前半（東西の冷戦構造下、いわゆる第三世界で多くの旧植民地の独立が果たされ、日本では高度経済成長期にあった時期）から、一九九〇年代前半（東欧革命・ソ連崩壊による冷戦構造解体後の、日本ではバブル崩壊後の「失われた一〇年」のさなか）までの間に、安丸が歴史学の方法論や現代社会に対する問題提起を行った折々の論考・文章群である。どの作品のどのあたりに結びつくのか、張り巡らされた伏線を回収する推理ドラマのように読んでみることも可能かもしれない。

もとより、それぞれの文章の採録意図なども、長い「はしがき」や章末の注記に周到に述べられており、読み誤りのないように読者を導いてくれる。発表年代順に並んでいないのも、安丸にとってそれらがいずれも同時並行的、あるいは同根の問題としてあるからだと理解できよう。「三十年以上にわたっておなじような問題のまわりをぐるぐる廻っていただけ」（三八頁）とは安丸らしい言い回しだが、それだけコトは根深いのだよと伝えてくれてもいる。もっとも、どこを読んでも同じというわけでもない。たとえば第Ⅰ部だと、一九七七年の第三章と、一九八二年に書かれた第二章とでは、「民衆思想史」研究への言及の距離感や語り方も微妙に違うように映る。その研究をどう方法的に鍛えていくかを意識して書かれた前者と、「意味の織物にとらわれて生きるほかない」人間という存在のその「織目を読みしだく」ことで謎のように見える意味を理解しようとした試み「だった」、と述べる（八四頁）後者を、読み比べてみる価値はある。

第Ⅱ部ではとりわけ、生産力至上主義、産業化社会を手放しで礼賛する「近代化論」への対峙が、安丸自身そして歴史学全体の大きな課題としてあるのだと明確に示される。とくに第十三章では、その問題が最も強調されている。「戦後民主主義を支えた歴史の通念を心にしみいるような快感とともに一気に吹きとば」（三一六頁）したその影響力の大きさを十分に認識したうえで、どう内在的に批判できるか、というのが安丸の近代化論への構えである。ただ峻拒するというわけではない。返す刀で、人間の内的構造にたちいって「主観的諸側面を歴史の形成力としてどのように分析するか」という点できわめて考察が乏しい、とマルクス主義史学側の問題を批判して、近代化論はその克服をあらためて促す存在と述べてもいる（三〇九頁）。また、近代化論者のマルクス主義批判の意図が、帝国主義論批判にあることも指摘する。ドイツや日本のような後発帝国主義国が権力主義国家となり、その支配体制の維持のために戦争が起こりつづけるのだから、世界はアメリカ型の「民主主義」国家とならねばならない。そのためにもアメリカの軍事戦略体制の確立と強化が必要だ。そうした考えを代弁するのが近代化論にほかならない、と鋭く喝破する。中ソ対立をも含み込んだ冷戦下の展開、そして何よりベトナム戦争という実際の戦争——

在日米軍基地から飛び立つ戦闘機による――、時代の切迫感がそこにはあった。

近代化論の流行には、言うまでもなく高度経済成長という重大な背景がある。ゆえに、民衆の主体性を解体させて、支配体制・日常的幸福主義・企業中心主義・技術主義に安住するイデオロギーとして根強く機能する。安丸は影響力の強さの理由をそう指摘しながら、その論理的限界を縷々批判もして、得心させられる。そして、論理的限界にもかかわらず力を持ってしまうものに対して、歴史には「誰にとっても思いがけないような内実」（二二四頁）が生じることはよくあるのだし、仔細に見つめつつそれに応じた歴史学の方法的革新を論じ合えばいいのだよ！　と、浮き足立つ者たちを落ち着かせようとしてくれている。一九九〇年代に入っても、依然として日本の歴史認識にもたらした近代化論の影響は深く刻まれ、憂慮すべきものであると見る安丸なりの発破が第十章に現れてもいよう。

その憂慮は、この二〇二一年にも当たっているだろうか。近代化論自体は、歴史学者たちの批判をうけて、もはや学問的には過去のものと考えられている。いわば、史学史の一コマとして消化されたようにも映る。しかしながら、生活者としての自分とその周囲を見つめてみれば、かつて近代化論者が振りまいたような勝手な理想を託した「物語」への誘惑を、つねにうけていることに気づくだろう。そして、現実の社会は近代化の一側面であるさまざまな「利便」の恩恵をもたらしつつ、また別の一側面である「合理化」によって

「選択と集中」が行われ、富の独占と格差の拡大・固定化も進むいっぽうであることも認識させられる。「利」が安息と思考停止の美味をもたらす一方で、「理」が冷酷に要不要を判定していく。その格差を、ナショナリズムの物語にすがらせることですくい取る。経済成長とナショナリズムの補完という近代化論の一つの構造は、大量の非正規雇用や実習生という形での外国人導入も含めた労働の搾取によって今もって生命力を維持している。

そして歴史学界では、その後どのような方法的革新があったか。近代史を中心に見れば、国民国家論のあと、グローバル・ヒストリーであるとか、オーラル・ヒストリーの重視、あるいは環境史への注目、そして最近の感情史の提唱なども、そうした動向として挙げられよう。それらが経済「成長」とどう向きあうものとなるのか。グローバルな成長戦略なるものと結びつける（その反発としてのナショナル、ローカルなものへの軽視を伴いもしよう）、成長の物語を選り好むものに偏するそんな研究を量産することになれば、安丸の憂慮は依然残るだろう。

今から五〇年ほど前に起こった「明治百年」をめぐる政策的動向（とそれに追随する言説）について、安丸は一九三〇年代以降の軍国主義を一時の病、谷間だったにすぎないと見てしまう思考停止に陥ったもの、と批判する。経済的な繁栄や「成長」を至高の価値としてものを見るとき、停滞させる要素をそうした一過性の病理として処理したくなる。それは、たとえば現在の社会・国際情勢を一時的な〈コロナ禍〉と見て、「正常」なる状態へと回復したい願望とも容易に絡み合う。それを危険な兆候だ、愚かしいと批判するのは（ひとまず必要だとしても）簡単である。だが、人が日常のささやかな幸福を希求するとき、そうした類の願望は否応なく入り込んでくるものだ。ではその「成長」信仰とは何であり、なぜ抜きがたいように感じられるものなのか。それを抜き去れば、誰のどのような「生きづらさ」が軽減されるのだろうか。資本主義世界のありようをそのまま問うそれらは、言うまでもなく私たちにとって難題である。だが、人間の本然なるものを安易に語って済ませてしまうことなく、立ち止まり考えるに値する問いでもある。

また安丸は宗教史研究に早くから踏み込んだ点でも、日本近代史研究者として稀有な存在である一方、教育の歴史の研究にほとんど取り組まなかった。戦後日本は「精神・道徳は荒廃した、とりわけ公徳心や愛国心はすっかり失われてしまった」という物言いは、戦後に新たに獲得した精神・道徳・認識を具体的に発展させるという思想形成を拒否するものだ、とする近代化論に対する批判（三四二〜三頁）に触れると、その点少し不思議な気がしないでもない。そうした「物言い」は、首相や文相周辺のプロパガンダとして耳なじみのある陳腐さがあるけれども、だから直接相手にするに足らない話とも言い切れない。「昔の美徳が失われた、だから教育の再生が重要課題だ」という類の物言いは戦前にも、あるいは近代以前にもあったようにも思われるからである。その歴史的根深さをどう捉えられるだろうか。「働きすぎ」社会を問題にしている第十一章とあわせ、少子化が進むなか、また労働の過酷さや社会的信頼の低下という、学校教員の置かれた現状に照らした歴史研究の方法も展望されるべきだろう。

こうして、本書から刺激をうけて大小の問いが浮かんでくる。どんな問いを導きだし、読む意味を見いだせるかは今を生きる読み手の自由であって、それでこそ本書は「史学史的な史料」にとどまらない意味をもつ。ついでにもう一つだけ。安丸は自身を「凡庸な大学教師」「やせた中年男」で「貧しく小さな家庭のなか」にあって、「なんの変哲もない平凡な存在」だと言ってみせる（一六六頁）。もちろんそれは、誰しもが送っているそれぞれの日常生活にも「複雑な心身の構造」や自身の生育環境や交友関係、体験などの「歴史的なもの」が結びついていて、より深い構造を持っているのだと続けて述べるための例示に過ぎない。それぞれの生の意味を問うことから歴史学を方法的に革新していけるはずだ、という重要な提言に結びつけるのも、読めば当然わかるのだけれど、ここだけ切り取ると違う見え方もする。安丸が「凡庸な」はずがない、一橋大学教授が「貧しい」わけがない、中年男性なのにやせているのは心身の健康を維持する豊かさの証拠だろう、と。自分は庶民の側でもある、というにはご立派すぎやしないか――。

そんな自嘲めいた言いぶりをも受け止められるか。その読みの技量と、他者の生き様に心を振り向ける余裕があるかどうか。またも周到に、そう問われている気もしてくる。安丸の作品には、その人間観に少しペシミスティックなところもある。だからこそ、「それでもなお生きていかなくてはならない」人々のありようを、より近くで捉えようとする（寄り添う、というのとはちょっと違うような）構えが見えて、読む者をひきつける。本書でもその筆致を味わいつつ、自分の日常生活をさまざまに問い、問われることだ。できれば、怯まずに。

（京都大学大学院文学研究科教授）

安丸良夫（やすまる　よしお）
1934年富山県に生まれる。京都大学大学院文学研究科博士課程修了。名城大学法商学部助教授を経て、一橋大学教授、早稲田大学大学院客員教授を歴任。2016年歿。著書に『日本の近代化と民衆思想』（青木書店〈のち平凡社ライブラリー〉）、『神々の明治維新』（岩波新書）など多数。

〈方法〉としての思想史

二〇二一年五月一五日　初版第一刷発行

著　者　安丸良夫
発行者　西村明高
発行所　株式会社 法藏館
京都市下京区正面通烏丸東入
郵便番号　六〇〇-八一五三
電話　〇七五-三四三-〇〇三〇（編集）
〇七五-三四三-五六五六（営業）

装幀者　熊谷博人
印刷・製本　中村印刷株式会社

ISBN 978-4-8318-2622-0 C1121